上海高校知识服务平台项目（海派时尚设计及价值创造知识服务
国家自然科学基金项目（71373227）、中国创意城市研究院等共

创意产业园区
区域协同机理研究

THE RESEARCH REGIONAL SYNERGETIS
MECHANISM OF CREATIVE INDUSTRY PARK

董秋霞 著

经济管理出版社
ECONOMY & MANAGEMENT PUBLISHING HOUSE

图书在版编目（CIP）数据

创意产业园区区域协同机理研究/董秋霞著. —北京：经济管理出版社，2015.7
ISBN 978-7-5096-4517-8

Ⅰ.①创… Ⅱ.①董… Ⅲ.①文化产业—产业发展—研究 Ⅳ.①G114

中国版本图书馆 CIP 数据核字（2016）第 168959 号

组稿编辑：陈　力
责任编辑：许　艳
责任印制：黄章平
责任校对：王　森

出版发行：经济管理出版社
　　　　　（北京市海淀区北蜂窝 8 号中雅大厦 A 座 11 层　100038）
网　　址：www.E-mp.com.cn
电　　话：（010）51915602
印　　刷：三河市延风印装有限公司
经　　销：新华书店
开　　本：720mm×1000mm/16
印　　张：17
字　　数：304 千字
版　　次：2015 年 7 月第 1 版　　2015 年 7 月第 1 次印刷
书　　号：ISBN 978-7-5096-4517-8
定　　价：48.00 元

《海派时尚与创意经济》系列丛书
编委会

《海派时尚与创意经济》系列丛书
总　序

　　自 20 世纪 30 年代初期，中国文坛"京海"之争以来，"海派时尚"作为上海特有的社会、文化、艺术现象，引领上海经济，始终走在亚洲最前列。传承了吴越文化和江南文化内涵的"海派时尚"文化，不仅具备雅致、细腻、隽永的特点，还具备开拓创新、善于吸收外部文化精髓的特质。"海纳百川、兼容并蓄"是对"海派时尚"文化最精辟的总结和描述。

　　"海派时尚"文化对城市经济、区域产业、文化创意产业的研究，兴起于 21世纪初，缘起后工业化时代人们对于经济过快发展带来负面作用的反思和时尚创意产业在世界范围内的蓬勃发展及其对城市经济的持续性推动作用。然而，对于"海派时尚"产业以及相关领域的理论研究，特别是针对上海城市发展特殊性和中国经济体制转型过程中的时尚创意产业发展方向与发展路径研究，更显得匮乏。

　　上海作为"海派时尚"文化的城市载体，时尚产业的发展越来越受到政府重视。2008 年 9 月，上海市人民政府办公厅向全市转发了上海市经济和信息化委员会（简称经信委）、上海市发展和改革委员会（简称发改委）制定的《上海产业发展重点支持目录》，其中的"生产性服务业"明确了"时尚产业"的条目，并明确使其作为产业发展的导向。时尚产业是典型的都市产业，跨越了高附加值制造业与现代服务业的产业界限，是多重传统产业的组合。围绕未来建设"全球城市"的目标，上海时尚产业总体沿着"世界时尚展览展示中心、亚太时尚体验消费中心、东方时尚创意中心"的道路迈进，形成了具备一定创新能力，具有多元性"海派时尚"文化生产要素、市场要素、制度要素和辅助要素的一系列开创性价值创新体系架构，并在此架构上，探索出符合上海城市发展特点的时尚产业价值创新发展路径。

　　目前，上海的"海派时尚"产业已经具备一定规模，尽管与伦敦、纽约等城市相比仍有一定距离，但是"海派时尚"文化的影响力和驱动力逐渐显现，海派时尚创意产业园区、海派时尚产业公会组织、海派时尚节事，成为上海时尚产业发展的标志性内容。价值创新的原动力逐渐明确、耦合机制日益成熟、发展路径日渐明晰，需要理论研究的及时跟进。

本系列丛书的出版，不仅能够帮助研究者了解"海派时尚"文化背景下时尚产业发展的基本脉络，也能够让更多的学者、学生和时尚爱好者了解上海时尚产业的相关政策和发展趋势。只有群策群力、共同参与，才能让"海纳百川、兼容并蓄"的上海城市文化精神永远传递。

另外，在丛书的编写和出版过程中，经济管理出版社陈力老师给予了大量帮助，东华大学刘春红副校长给予了众多关心与关怀。袁新敏副教授、谭娜博士、何琦博士、颜莉博士、张洁瑶博士、丛海彬博士、张贺博士生、高晗博士生、周琦博士生、江瑶博士生等参与丛书部分书稿编写及校对。对以上老师和学生们所付出的工作和努力表示由衷的感谢！

高长春

2014 年春于上海

前 言

　　创意产业作为一种非传统经济形态，摆脱了自然资源和客体资源带来的资源约束性，其价值创造依托的是人的创意、高科技等无形资源的高创造力。同时，随着信息经济时代的到来，移动互联网经济颠覆了传统的价值创造规律，在创意经济社会，互联网已经不是虚拟的了，社会和个人以真实的身份角色进入互联网，改变着人们的生活方式。创意产业园区作为创意产业发展的载体，其独特的价值创造方式实现了区域经济从客体资源驱动模式向主体资源驱动模式的转变。创意产业园区不断发展完善，并且带动着区域创意经济水平快速提高。在创意产业园区蓬勃发展的同时，各地区在创意园区规划建设和发展运营中暴露出的区域产业资源和空间资源不匹配等问题，严重制约了区域创意经济的发展。为此，对于创意产业园区如何实现区域协同发展的探讨，分析创意产业园区区域协同发展的影响因素以及对于区域协同竞争力的评价成为当前摆在各个地方政府面前的严峻问题之一，同时，这也是本书的研究目的和研究价值所在。在对这些实际问题进行观察和思考的基础上，本书运用文献研究法、规范分析法、问卷调研统计分析法、综合评价及比较分析法等研究方法，综合应用创意产业理论、区域经济学理论、系统理论、协同理论、价值理论、动态能力理论、组织行为学理论等多学科理论，对创意产业园区区域协同机理与协同竞争力评价等相关问题展开了一系列研究。

　　本书在对现有文献进行梳理的基础上，结合创意产业园区价值创造的研究现状，从竞争与合作交互作用下的资源集成协同效应入手，展开对创意产业园区区域协同实现资源优化整合的经济学分析和特性分析，并对创意产业园区区域行为主体通过集体学习的方式实现资源的网络化协同，主要通过产学研合作联盟、开放式创新体系和创意领先战略的作用路径实现创意产业园区区域协同发展进行分析。综合运用价值理论、协同理论、组织行为学理论和动态能力理论等多学科理论，创造性地分析了创意产业园区区域价值网络与区域协同竞争优势、区域协同价值创造的内在同一性，以区域价值网络为技术分析工具，研究了创意产业园区区域价值链网络化的低级协同价值实现，以及区域价值网络空间关联机制的高级协同价值放大的作用机理。结合对创意产业园区区域协同资源的分类，以及创意产业园区区域价值网络空间关联的影响因子，通过对创意指数、竞争力指数、创新指数等成熟评价指标体系的归纳分析，提炼出九大影响因素，由此构建由创意主体功能性协同系统、创意要素资源性协同系统、创意环境支持性协同系统和创意成果可持续性协同系统四个协同决定因素组成的区域协同竞争力评价指标体系，这四大协同决定因素子系统基于各个协同维度的耦合统一，实现创意产业园区区域价值网络的业务关联系统全面协同。利用复合系统有序度评价的线性加权方法，构建了创意产业园区区域协同竞争力评价模型，并对上海市18家典型的创意产业园区进行实证分析。通过熵值法确定各级指标权重，在此基础上，得到各个协同系统的协同竞争力（即协同理论中系统序参量的有序度），通过对各个决定因素子系统的横向测度比较，得到影响区域协同发展的关键要素和造成区域协同竞争力差距的原因，为提升创意产业园区区域协同竞争力提供理论依据。根据研究结果，在对世界各地创意产业园区区域协同发展的概况进行分析的基础上，总结世界各地创意产业园区区域协同发展的成功经验，提出我国创意产业园区区域协同发展的对策。

综上所述，通过本书的研究，得到创意产业园区区域协同的作用机理，并以价值网络为技术分析工具，分析实现创意产业园区区域发展低级协同和高级协同的作用路径，在此研究基础上构建了创意产业园区区域协同的决定因素系统及协同竞争力评价模型，对上海市创意产业园区区域协同发展情况实证测评，有针对性地提出促进我国创意产业园区区域协同发展的政策建议。

本书的出版得益于笔者的博士生导师高长春教授的悉心指导，依托于东华大学、上海工程技术大学的宝贵资源。在撰写和出版的过程中得到上海工程技术大学管理学院投资金融系的领导和老师们的全力支持，与众多同行的学术交流亦使笔者受益良多。笔者从区域协同机理以及协同竞争力评价角度对创意产业园区协同发展这一热点研究问题展开了深入的分析，在认真思考和研究总结的基础上，形成了本书的书稿，深感自身学术水平有待进一步提升，书中的待完善之处还需日后不断更新。期待这一研究成果是对创意产业协同发展研究空白的弥补和完善，笔者也将不断进行该领域的研究，期待能有新的研究发现和探索成果早日呈现。

董秋霞

2015 年 10 月

目　录

第一章
创意产业及创意产业园区的兴起与发展

第一节　创意产业的研究范畴

一、创意与创新的辨析

与创意（Creative）对应的名词是创造力或创新力（Creativity），创意也即"新点子"。Howkins 认为创意必须是个人的、独到的、有意义的和有用的（Personal，Original，Meaningful and Useful，POMU）[1]。创意的本质是思想的创造，创造是个体根据一定的目的和任务，运用一切已知的条件，产生出新颖的、有价值的成果（精神的、物质的、社会的）的认知和行为活动[2]。本书将创意定义为：创意个体根据自身文化和经验积累而获得的个人天赋，通过科学技术和艺术创造的结合，产生出有新价值和财富的原创性的认知和行为活动。目前，创意经济学者普遍认为创造力是创意的生产能力，创造力是创意产业的内核，其本质和内涵与创意是一致的。Howkins 在《创意经济》（*The Creative Economy*）一书中将创造力视为创意资本，且创意资本是继人力资本、结构资本和智慧资本之后的第四项资本；Howkins（2005）认为将创造力视为资产是十分合理的，因为其具有实际价值的特质，是投资产生的获利结果，也是人力资本的一个重要的元素[3]。

熊彼特（Schumpeter）在著作《经济发展理论》（*Introduction to Economic Development*）中提出：创新是指把一种新的生产要素和生产条件的新结合引入生产体系[4]。一些学者认为创意与创新是两个相互独立的概念，创意隶属于文化范畴，而创新隶属于科技范畴，区别在于凡发生在建筑设计、文化艺术、出版和软件等文化领域的创新属为文化创意，具有虚拟性；发生在实体产业领域的，具有实物技术载体的创新属于技术创新，具有实体性[5]。Throsby（2005）的观点如下：创意进入经济学论述，只有在它是创新起因，并因此成为技术进步先兆之时[6]。这种观点是片面的，创意是科技和文化的综合和过渡（如图 1-1 所示），把它等同于任何一方都是错误的。

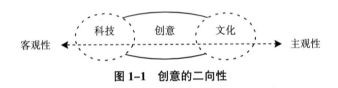

图 1-1　创意的二向性

创意与创新是两个紧密联系、相互影响而且有微妙差别的概念，创意是创新的基础，创新是创意的最终作用结果，两者具有联动作用，创意体现的是创新方式和创新内涵的人文化。Howkins（2005）指出：创意是个人的和主观的（Subjective），而创新是团队领导的、竞争性的和客观的（Objective）；创意能导致创新，但创新很少引起创造力，因此，创意比创新更为重要[7]。厉无畏（2006）沿用熊彼特"创新"定义，认为创新强调的是功能上的改变，而创意则强调文化上的应用[8]。综上所述，创意的本质是创造力，包括技术、文化和艺术上的创造力，具有科技和文化的二向性，创意活动是由高度创造性的行为主体创造的产品或服务价值体现的。

二、创意产业的范畴界定

创意产业的兴起基于文化的产业化和科技的蓬勃发展。伴随着文化要素日益成为经济全球化产业竞争力的核心，以及文化产业成为各发达国家和地区的政策设计热点，各国也日益实现了从工业经济或信息经济向创意经济的转化。创意产业的概念最早由英国政府于 1998 年在《英国创意工业路径文件》中明确提出：源自个人创意、技巧及才华，通过知识产权的开发和运用，创造财富和就业潜力的产业，并将其分为广告、建筑、美术和古董市场、手工艺、设计、时尚、电影、互动休闲软件、音乐、表演艺术、出版、软件和电脑服务、电视和广播 13 类。目前，各国学者及国际组织对创意产业的内涵和外延的界定存在一定分歧。如表 1-1 所示，本书通过综述代表学者及国际组织和地区对创意产业内涵的界定，比较分析创意产业的核心内涵构成，实现创意产业相关概念的辨析。

表 1-1　创意产业经典定义的比较分析

代表学者	角度	定义	侧重点	适用范围
Richard E. Caves (2004)	委托代理	给我们提供宽泛的且与文化、艺术或仅仅是娱乐价值相联系的产业和服务，包括书刊出版、视觉艺术、表演艺术、录音制品、电影电视，甚至时尚、玩具和游戏 [9]	文化的商业化	企业决策
J.Howkins (2005)	知识产权	产品受《知识产权法》保护的经济部门，主要包括著作权、专利、商标、设计 [10]	知识产权保护	产业研究
Allen J. Scott (2006)	微观经济	在现代资本体系下，为了迎合消费者的娱乐、修饰、自我等需要而产生的蕴含着审美和符号意义的产品的经济部门，这些产品是和功利主义相关的，具有高度的象征价值	符号价值	微观经济学理论研究
R.Florida (2004)	创意阶层	凡是创造新观念、新技术和新的创造性内容的创造性专业人才都是创意阶层，包括高创造力的核心群体和创造性职业从业人员	个人创造力	优势评价

资料来源：根据相关资料整理。

　　创意产业在不同国家和地区拥有不同的称谓，主要包括"文化产业"、"版权产业"、"文化创意产业"、"内容产业"等，学术界认为上述称谓基本等同于同一概念，只是由于文化的地域性、不可复制性及国家产业政策和宏观调控方向的不同，各国对创意产业内涵的侧重点略有不同（如表 1-2 所示）。目前对创意产业的理解主要有以下三方面：一是注重文化创意的核心地位，更突出强调文化和艺术创造力的精神服务功能，以英、美等发达国家为代表；二是兼顾文化产业和产业服务两个方面，即文化创造力的经济效应和社会效应，常见于工业化程度较高的国家，如加拿大、日本等；三是侧重于创意生产和商品化，更多地强调文化价值的物质生产功能，如中国、韩国、芬兰等。

　　"创意产业"、"版权产业"、"内容产业"、"感性产业"、"文化产业"、"文化创意产业"都属于知识型产业，都存在精神价值，它们在产业范畴的界定上存在着交叉关系，但其内涵体现在不同的核心价值维度。创意产业强调创意阶层的创

表 1-2　国际组织和地区对创意产业的界定

名称	国际组织/地区	代表观点	核心内涵
创意产业	英国、新加坡及中国上海、中国香港等	创意产业是源自个人创意、技巧及才华，通过知识产权的开发和运用，创造财富和就业潜力的行业	以个性化的创意为基础，知识产权受保护，强调产业的发展动力根源于个体的创造性、技艺和才能
版权产业	世界知识产业组织（WIPO）、美国、澳大利亚、墨西哥、加拿大等	版权产业是生产和分销知识产权的产业，包括所有与知识产权相关的产业，分为四类：核心版权产业、交叉版权产业、部分版权产业和边缘版权产业①	强调创意产品与市场权益的结合，高度关注知识产权的归属
内容产业	西方七国信息会议、欧盟	内容产业由那些制造、开发、包装和销售数据、文本、语音、图像或多媒体内容的企业组成，表现为以纸张、缩微胶卷、磁存储器或光存储器为载体的模拟或数字形式	关注数字类产品的文化内容，更强调文化与科技（信息产业）的结合，突出服务媒介对文化内容的推动力
感性产业	日本	包括了时尚产业、休闲产业和内容产业。内容产业除了前面其他国家提到的电视、电影、书籍出版以及广播等行业外还包括汽车导航、信号处理等信息制造业的内容，休闲产业除了游戏动漫还包括运动休闲等行业，而时尚产业除设计业外，化妆品行业也被归入其中	倾向于文化产业和产业服务，精神层面和物质层面的创造并重
文化产业	联合国教科文组织（UNESCO）、韩国、芬兰、中国等	文化产业是为社会公众提供文化、娱乐产品和服务的活动，以及与这些活动有关联的活动的集合	核心价值是"文化符号"，反映了文化与产业（经济）的关系，强调文化的产业化和产业的文化化，而创意产业不是对文化意义内容的生产复制，更强调个人创造力
文化创意产业	北京、青岛、杭州、台湾	以创作、创造、创新为根本手段，以文化内容和创意成果为核心价值，以知识产权实现或消费为交易特征，为社会公众提供文化体验的具有内在联系的行业园区	文化、经济和技术的相互融合，将科技创意融入文化产品和服务，弥补了文化产业中科技创意的缺失部分

资料来源：根据相关资料整理。

造性劳动；版权产业的提法更关注创意成果的产权归属，维护的是创意阶层的权利；内容产业更注重分销产业对数字内容起到的流通作用；文化产业侧重于文化

---

① "核心版权产业"是指受版权保护的作品或其他物品的创造、生产与制造表演、宣传、传播与展示或分销和销售的产业；"交叉版权产业"是指从事生产、制造和销售受版权保护的产品的产业，其功能主要是促进版权作品制造、生产或使用其设备的产业；"部分版权产业"指部分产品为版权产品的产业；"边缘版权产业"指其他受版权保护的作品或其他物品的宣传、传播、分销或销售而又没有被归为核心版权产业的产业。

产业化的大规模要求；文化创意产业的提法将科技创意融入文化产品和服务中。创意是文化和高科技的结合，文化创意和内容创新构成了创意产业主体，版权是创意产业的核心，"创意产业"称谓更能体现对各种提法的深度融合，且创意产业处于价值链顶端，创意的产业化和产业的创意化能大幅度提高产品的附加值，满足消费者对商品的差异化需求和文化诉求，"创意产业"是更符合经济社会发展和产业升级的提法。

在对创意产业相关术语辨析的基础上，结合创意经济学家对创意产业的经典定义来看，创意产业是一个与个人创造力、文化资源、知识产权密切相关的概念，强调文化资源与高科技的结合，以消费需求为导向，通过改善创意产品的观念价值来获得市场利润。通过学者和各国对创意产业的界定可以归纳出创意产业的三大特点：①创意产业以创意为产品核心价值，强调文化要素、主体资源、技术资本等软性资本的驱动作用；②创意产业以市场消费需求为导向，通过改善创意产品的观念价值激发消费者的潜在购买力，实现市场利润；③创意产业以知识产权为核心资产，通过知识产权的开发和运用，保障创意产品市场价值的顺利实现。

三、创意产业的特征

世界不同国家和地区对创意产业的各种分类以及概念界定没有完全统一，很多学者对创意产业的特有内涵及行业特征进行了归纳，通过文献梳理发现，创意产业的特征主要包括以下几个方面：

第一，创意产业属于知识密集型产业。创意产业发展的关键是"创意"，强调创新和高创造力，属于智力资本，是人的知识、智慧和灵感在特定行业的物化表现。创意产品的生产是具有自主知识产权的原创性研究和发明创造的过程，每件创意产品都是独一无二的，具有不可再生性。故其精神内容价值远远高于产品载体的物质价值，内容价值在其总价值中占有绝对的比例优势，创意产品是通过满足消费者的精神需求，从而实现产品的产业化和市场经济效益的。创意产品的内容原创性和知识密集型属性，决定着创意产业以知识产权为核心，其生存和发展依赖于知识产权的保护。

在创意的产业化过程中需要消耗大量的人力资本和知识资本，创意产品的生产需要多种技能，需要创意阶层从事大量的设计、研发、展示等多方的合作。同时，电子信息技术等高科技手段的应用为创意产业的市场化提供了巨大的支持，创意离不开科技,科技为创意产业的发展注入了新的内容。互联网信息技术和虚拟数字传播手段等的渗透,提升了产品的科技含量,极大地拓展了创意产业的发展领域,促进了创意产业的融合发展,提升了创意产业的渗透性和辐射力,实现高文化和高科技价值共创的创意经济新局面。

第二,创意产业具有高风险性。创意产品的生产以市场需求为导向,而创意需求具有不确定性。创意产业的知识密集型属性反映出创意消费者对精神需求的追求多种多样,对于创意产品的消费者而言,人们消费的是创意产品的功能价值和体验价值,而消费者自身文化品位及文化消费水平的不同,使得创意产品的市场需求呈现多样性和个性化,且创意产品承载的更多的是创意内涵、文化价值等附加价值,进而导致创意产品得到市场普遍认可具有很高的风险,人们很难根据现有的经济发展形势对创意产品的市场前景进行预知。此外,文化差异、地域特色等各种不确定性因素也提升了创意产业的风险性。

第三,创意产业具有产业融合的特性。创意产业作为一种新兴的产业,以创新的理念、先进的科技等服务于其他产业,这使得创意产业以其高渗透和强辐射的优势,能够与其他产业融合发展,这不仅提高了创意产业自身的生产力和创造力,而且可以实现各个产业的创意生产,衍生出新兴的创意产业融合发展的"创意+"产业,实现创意价值创新。创意产业的设计创意、生产工艺、传播销售等各个环节均是以相关产业的产品为基础的,创意产业的发展需要创意企业与众多相关企业相互合作的企业协作链,链条的各个环节将覆盖各种类型的产业。创意产业处于价值链高端的地位,参与各个环节中利润的分配,可以迅速带动相关产业的发展,实现产业融合价值创造。例如创意旅游就是创意产业与传统旅游业的融合衍生产业。创意旅游从创意的视角去构建新的旅游产业发展模式,利用文化资源和文化底蕴来提升旅游产业的产业附加值,各个旅游文化产品之间错位发展、相互融合、互为补充,形成了强有力的眼球吸引力和市场竞争力,实现旅游产业价值体系增值。

第四,创意产业具有高附加值的特征。创意产业处于研发设计和品牌营销等产业价值链的高端环节,占据了微笑曲线的两端。创意产品自身的物质价值相对较低,其价值不仅取决于知识产权价值和品牌价值等附加价值,创意衍生品的延伸价值所承载的附加价值也很高。创意产品以极低的成本进行无限次的复制,体现了创意价值的非消耗性,此外,创意产业一次投资、多次收益的延伸性的特点,使得创意产业突破原有的产业界限,向上或向下延伸产业链,创造众多的创意衍生产品，寻求新的价值。比如迪士尼产品的产业链延伸从迪士尼音乐、电视、玩具、服装等到迪士尼主题乐园和迪士尼商店，以及迪士尼与其他产业的融合，通过衍生品延伸产业链条，提升产品内容创造的高盈利价值以及品牌价值，实现利润的多次挖掘，创造出更为庞大的迪士尼创意财富。

第二节　基于区域视角的创意产业本质分析

有关创意产业促进经济与社会发展、城市建设的问题已经引起国内外很多学者的关注。从国际上看，研究主要围绕以下内容展开：一是文化产业和经济增长的内在联系分析，如 Beyers（2002）利用 OECD 国家 1980~1996 年的数据证明文化产业是促进成员国经济增长的一个重要因素[11]；Dominic Power（2002）使用 1970~1999 年的时间序列数据进行了实证研究，结果显示文化产业显著地提高了瑞典的就业水平，促进了经济增长[12]。二是深入分析文化产业促进经济增长的内在机理，如 Richard Florida（2002）认为创意经济的成长很大程度上取决于城市 3T 要素（Technology，Talent and Tolerance）在创造力方面的供给能力[13]。Allen（2004）采用 2001 年美国 48 个州的截面数据分析得到：文化产业的发展促进了投资和消费结构升级，拉动了国民经济增长[14]。从国内来看，目前的研究主要是肯定了创意产业对转变经济增长模式和产业结构升级的促进作用。厉无畏和王慧敏（2006）探讨了创意产业既为社会创造可观的经济收益，又能够改变现有经济增长模式，并分析创意产业促进经济增长方式转变的内在机理、模式和路径[15]。尹宏（2007）从降低对物质资源的依赖、提高空间资源的集约利用、优化产业结构、转型城市功能等方面，论述了创意经济是城市可持续发展的必由之路[16]。李卓华、田亚平（2009）认为创意产业从促进产业结构的调整和升级、促进产业间融合、解决就业、增强经济发展的可持续性等方面来加强区域经济的协调发展[17]。有些学者从定量角度进行了实证研究。王林和顾江（2009）在内生增长理论基础上，使用 1992~2006 年长三角地区 14 个城市的面板数据，实证分析得出：即使在当前准入门槛较高、允许社会资金进入的领域远远低于发达国家的情况下，文化产业的发展依然对长三角地区的经济增长产生了显著的促进作用[18]。韩顺法和李向民（2010）从产业关联和经济增长贡献两个方面对创意产业与我国经济增长的关系及影响程度进行实证分析[19]。

学者对创意产业与经济增长的关系已作了一些研究，这些成果对我们进一步探讨有着十分重要的借鉴和启示，但也存在不足之处。已有文献少有涉及文化创意产业的区域经济分析。事实上，创意产业是在特定的区域中形成与发展起来的，并且对所在区域的经济发展产生着重大而深刻的影响。

首先，创意产业突破了区域传统产业发展对自然资源的束缚，实现了区域内及区域间资源的充分流动。创意产业是一种将创意作为产业发展核心资源的新兴产业，是经济、文化、技术等相互融合的产物，它有效地促进了区域经济发展的要素由物质、生态、环境等自生性资源向知识、技术、智力等再生性资源转变，区域的差异性与协调性实现了文化创意资源配置效率的提高。同时，由于创意产业具有高度的融合性、较强的渗透性和辐射力，它与传统产业相互融合、相互渗透，促成不同行业、不同领域的重组与合作，消除了时空距离和常规资源对传统产业的制约，推动了区域经济发展。

其次，创意产业起到重塑城市区域结构，美化与活化区域环境的作用。一方面，创意经济的发展需要企业的地理聚集，而创意产业正偏好于对存量空间的利用。创意产业依托旧厂房、旧仓库在城市废弃空间集聚形成创意产业集聚区，避免了园区重复建设，降低了城市改造成本，使空间组合配置效率提高，实现了城市空间重构和空间资源的集约利用。另一方面，创意产业借助先进科学技术将文化、艺术元素植入传统文化资源，实现创意、创新价值与区域建设的耦合，同时，创意产业是零污染、低能耗产业，为人们生活提供了良好的居住环境。总之，无论从区域空间结构还是区域环境而言，创意产业都大大改善了区域的整体形象。

最后，创意产业促进城市功能转型，提升区域整体竞争力。城市功能转型是城市经济可持续发展的关键。而创意产业带动城市现代服务业的发展，是引导城市功能由生产型向服务型转变的有效渠道[20]。文化创意产业处于产业价值链的高端，使区域产业重心由生产、加工等制造环节向研发、创新等生产性服务转移，生产出的高技术、高文化含量的高附加值产品和服务，提升了产品利润，增强了城市的服务功能，促进了城市产业结构优化。此外，区域竞争优势的形成还将通过知识外溢、劳动力市场发展和多样化的产业结构等为城市创造所有产业都能从中广泛受益的外部环境，提升区域整体竞争力，为后起区域的跨越式崛起提供了创意图强的理论依据。

第三节 创意产业对区域经济发展的作用机制分析

在许多发达国家和地区，创意产业目前被认为是促进经济增长、就业和贸易的领先行业。2000~2005年，来自创意产业的产品与服务贸易以每年8.7%的比率增长。在欧洲，创意经济的年营业额为6540亿欧元，高于总体经济增长速度12%，并容纳近470万就业人口。在我国，创意产业近几年蓬勃兴起，2008年受国际金融危机影响，GDP增长放缓的同时很多行业受到严重影响，在如此严峻的形势下，创意产业成为应对金融危机、提高城市创新活力的新增长点。从国内外创意经济发展的经验来看，发展创意产业，可以实现区域资源的合理分配和利用、促进产业结构的调整和升级、加快产业间融合、提高区域经济发展水平、改变经济增长方式、充分解决就业。创意产业不仅刷新了传统产业的发展演变趋势，而且推动了传统产业加快自主创新的进程，在各个环节上都表现出区别于传统产业的显著特征，其对区域经济发展的作用机制主要通过以下几个方面表现：

第一，促进区域特色经济的形成，形成新的区域经济增长极。增长极理论是区域经济发展理论的一种，最初是由法国经济学家弗朗索瓦·佩鲁（Francois Perrpux）于20世纪50年代提出的。该理论认为要促进地区经济的开发，关键是采取不平衡发展战略，配置一两个规模较大、增长迅速且具有较大地区乘数作用的区域增长极，实行重点开发，然后随着与相应区域物质、人员的频繁交换，在促进自身不断成长的同时，也以不同的方式和规模让周边分享其创造产生的物质文明和精神财富[21]。区域增长极是具有空间集聚特点的增长极中的推动性工业的集合体，其对周边地区发展的作用机制主要体现在"集聚效应"和"扩散效应"的综合影响。在增长极的形成和发展过程中产生了巨大的外部经济效应，使周边地区不对称的资源、企业、人才和资本向其靠拢，形成了相对于周围地区的创新产业，降低了投资规模和风险，形成了具有相对优势的投资区位，从而剥夺了周边地区的发展机会。这种负效应称为"集聚效应"。"扩散效应"是指随着增长极内部资源的竞争加剧，其向周边地区输送人才、资本、技术等生产要素，从而促进周边地区经济的快速增长。区域经济发展必须扩大增长极的"扩散效应"，实现正的溢出效应。

增长极必须具有推动型产业才能促进周围地区的发展。推动型产业一般具有规模大、创新能力强、增长快速、发展潜力大、关联效应大等特点[22]。科技型产业和文化创意产业正好具有推动型产业的这些特点。但科技对不同区域经济的推动作用差异很大，而且目前我国区域科技创新停留在技术引进的层面，导致产业同构现象严重，区域间缺少经济联系，而创意产业克服了科技型产业成为增长极推动型产业的障碍。首先，创意源于人脑，产业发展的资金需求较科技创新而言要少得多，这对于资金匮乏、物质技术基础薄弱、交通地理条件较差、开发程度低的落后地区是很有利的。其次，在我国历史悠久的文化长河中，不同地区形成了具有地方特色的区域文化，这为发展具有区域特色的创意产业打下了坚实的基础。区域创意产业克服了科技创新无区域取向的特征，使其不易受到集聚效应的影响。最后，由科技创新和文化创意的有机结合催生出的综合创意产业，将区域特色鲜明的文化因素与科技含量融入产品的生产，不仅大大提高了产品的附加值，而且实现了关联产业的融合，对各行业的渗透也越来越深，从而避免了区域产业同构状态下的恶性竞争，增强了区域间的经济来往，促进了区域特色经济的形成。所以，无论对于中心城市还是落后地区，发展创意产业成为区域特色经济增长的引擎产业。

第二，促进区域产业结构的优化升级，实现区域经济综合发展。区域经济综合发展理论是区域产业结构理论的一种，是在马克思的社会再生产理论和西方发展经济学的平衡发展理论的基础上提出的产业配置理论[23]。该理论的基本观点是区域内各产业部门应以合理的比例关系相结合，彼此在再生产的过程中建立密切的经济联系，使当地的自然资源和劳动资源能够得到有效利用，实现区域经济全面协调发展。创意产业是不同于传统产业的新兴产业，其演变方向与区域产业结构高级化演变的方向是一致的，应该在技术进步、产业融合、消费转型的大背景下审视创意产业对区域经济综合发展的影响。一方面，产业间的关联作用及产业融合对区域经济综合发展起到重要作用；另一方面，区域经济综合发展也是最大限度满足区域内各种需求的必然要求。

首先，创意产业促进经济增长方式转变的结构优化模式是基于产业融合的视角的，产业融合是经济增长的新动力，产业融合发展直接促进了产业创新，在产业融合基础上形成的新产业、新产品成为经济发展的新增长点，它加快了产业结构升级的步伐，也使企业获得了更多的商机和市场，从而带动了整个经济的持续繁荣[24]。创意产业的高辐射、高渗透和强融合性促进了产业结构的优化升级。

创意产业强调无形资源和主体资源的开发和利用，高级人力资本、知识产权资本、技术资本和文化资本等软性资本成为其核心驱动要素，其中，特别注重人的创造力，强调文化要素的推动力。创意产业的发展需要借助科技、文化创造力和传统产业的融合，科技进步将软驱动要素与传统产业的有形物质资源结合，打破了传统产业的界限，促进创意产业与传统产业及创意产业不同门类之间的更迭和转换，催生出一些富有创意和高技术含量的新型交融产业，实现区域内不同产业部门的结合，各要素从生产率较低的部门向生产率较高的部门转移，带动区域经济综合发展。

其次，根据区域经济综合发展理论，对于一个区域而言，其社会和生产的需求是多样的，要从根本上满足多样化的需求，单一的产业配置和产业结构是不可能的。随着社会的进步与发展，以生产价值和产品价值为导向的传统产业已不能满足消费者的需求，消费者更注重的是产品的观念价值，而创意产业以消费者的需求为导向，将新的文化、创意、信息等要素融入产品，提高了商品的观念价值，具有高增值力。创意产业在满足消费需求的基础上，使居民用于文化娱乐、教育培训等服务业上的支出提高，激发了消费者的购买力，带动了关联产业的耦合发展。从某种程度来说，市场需求与产业发展存在着因果关系，市场需求会决定产业的发展趋势。所以说，正是创意产业的"消费为王"的发展思维模式，使得传统产业资源朝着正确的方向发展，在充分、合理利用资源的同时提升传统产业的竞争力。简而言之，创意产业通过影响需求结构来影响产业结构，实现区域产业的合理配置。

第三，改变区域经济增长方式，增加区域发展的可持续性。区域经济是经济活动所造就的、具有特定的地域构成的经济社会综合体。在现代社会，区域经济已超越了地域范围，经济行为在不同的地域空间中相互渗透。区域经济由区域经济要素、区域经济结构和区际关系三大部分构成。在区域理论研究中将经济、自然生态环境作为一个有机整体来研究的可持续发展理论，不仅包含经济发展，还具有生态可持续性含义。因此，区域经济的可持续发展由区域经济要素的可持续发展、经济结构的持续优化以及区域之间的协调发展三部分构成，其实质是生态可持续性和经济可持续性的和谐统一。

目前，走可持续发展的道路，必须协调好发展与资源和环境保护的关系，而科技进步对于增强区域经济可持续发展能力起着关键和决定的作用。首先，创意产业全面提高了区域的自主创新能力和资源利用率。传统产业发展依赖的是有形的物质资源，如土地、资金、能源等，自然禀赋对区域经济的发展有重大的影响，但并非每个区域都有丰富的自然资源，资源环境约束和资本约束成为经济发展的瓶颈；而创意产业依托的是智力资源和各区域的文化资源，属于知识密集型产业，其核心和源头就是创新，科技进步和创新对经济增长的贡献率高，促进经济增长由主要依靠资金和物质要素投入带动向主要依靠科技进步和人力资本带动转变，实现了资源的合理利用，加快了区域的自主创新体系的建设。其次，创意决定模式是一种环境友好型经济增长模式。从某种意义上来说，经济增长方式的转变可以理解为相同条件下，对产业附加值的提升和观念价值的挖掘，而创意产业既是产业高附加值的来源，也是产品观念价值的创造者[25]。创意产业具有高附加值特征，借助先进的科学技术将创意理念融入传统文化资源，生产出科技和文化附加值比例较高的产品，在延伸产业链的过程中，实现创意、创新价值与产业链的耦合，最大限度地满足消费者的精神需求。从创意产品的研发设计及销售服务的投入可以看到，创意产业在有效实现产品附加值提高和经济效益增长的过程中，不仅是低成本、高收益的，而且是低能耗、低污染的，缓解经济增长对能源、资源和生态环境的压力，使经济增长模式由粗放型向集约型转变，实现区域经济和生态的协调发展。

第四，转换城市功能空间，提升城市功能形象。城市是由功能区构成的地域的组合。城市功能区的形成，如商业区、工业区、居住区等受自然条件及经济和社会因素的影响，城市功能区的空间结构配置及城市空间结构的功能重塑，一直是城市经济发展与布局理论的核心问题。这种区位上的选择性偏好带来了城市功能空间的转换，促进了城市再生。

创意产业区的发展即是以创意产业为城市功能实现的新产业和主导产业，从而使因城市大转型而造成衰退的城市功能重新走向健康发展，进而提升城市功能[26]。创意产业的集聚效应，吸引相关产业在城市形成创意产业园区。世界创意产业区发展的经验表明，创意产业区的发展主要位于大城市的内城和旧城区历史建筑内。而创意产业仅仅依靠高创新性和对空间资源的集约利用，就使面临废弃的老城区从衰退走向繁荣，解决了商务成本高涨、城市建设矛盾等问题，这不仅提升了该地区的文化品位和经济效益，而且引导城市功能由生产型向服务型转变，实现城市功能与空间结构相吻合。另外，创意产业园区留存了特定城市空间的历史文化遗存，将古今中外的多元文化融入城市空间建设，提升了城市的整体形象。Ashworth 和 Voogt（1994）认为，发展创意产业能够通过形象提升起到

"地域营销"的作用[27]。也可以说，创意产业通过发挥地域营销的管理职能，实现城市的品牌建设以及城市形象的进一步提升。

第四节　创意产业园区协同发展的相关研究进展

一、创意产业园区相关研究

创意产业园区作为一个开放的区域经济系统，需根据动态平衡的原则进行区位选择，动态分析影响创意产业区位选择的因素，以及各因素的变化对区位选择可能带来的影响，从而做出一个合理的区位选择。目前，创意产业园区空间集聚的研究主要有形成因素、区位选择、优势分析和网络化作用四个方面。

（一）创意产业园区的形成因素及发展动力研究

国外学者对创意产业园区形成因素及发展动力的研究主要围绕创意产品、劳动力市场和创意人才三个维度展开。

创意产品对创意产业空间集聚的影响的研究主要包括产品文化、产品多样性和产品效应三方面。Molotch（1996）和 Scott（1997）从文化根植性视角进行研究，得到地区文化特色的注入形成创意产品的核心竞争力，文化创造力促使创意产业在特定文化起源的区域集聚形成特色创意产业园区，文化空间联系的制度促进创新，如日本的动漫、伦敦的歌剧等[28][29]。Caves（2002）阐明艺术品的多样性可以抵消集聚带来的不利因素[30]。Pratt（2004）强调创意群落的市场需求导向，将社会化消费的微观消费行为和创意产业园区发展联系起来，创意产品的势利效应、从众效应和凡勃伦效应对创意产业集聚是十分重要的[31]。

一些学者从劳动力市场角度展开研究得出：建立一种激励创意活动的、灵活的、有形或无形的生产者密集网络组织有利于创意产业集聚发展。Caves（2002）和 Pumhiran（2005）等研究表明：区域经济辅助机构的发展完善带来生产者网络的成本优势、集体效率和创新优势，这些构成创意产业集聚的动因[32][33]。

Scott（2005）强调"创意场域"（Creative Field）[①] 对创意产业集聚的驱动效应和空间组织结构的影响作用，同时指出生产者网络（Producer Network）、创意场域（Creative Field）和地方劳动力市场（Local Labor Market）三者有效融合是创意群落区位选择的关键[34]。Landry（2000）提出成功的创意情境（Creative Milieu）为创意产业集聚提供"软"设施条件和"硬"设施条件，有效地激发创意流[35]。

学者基于创意人才角度对创意产业在城市层面上的集聚条件进行研究，强调创意产业发展对创意、创造力的根本诉求。首先，Florida（2002）强调创意阶层在创意经济发展中的核心主导地位，指出创意产业园区对"3T"[技术（Technology）、人才（Talent）、包容（Tolerance）] 指数高的地区有特殊选择偏好，这些地区充满活力，具有多样化和开放的城市环境[36]。Knudsen 和 Florida（2007）等定量论证了创意人口密度对创意产业空间集聚的重要作用[37]。其次，一些学者否定了 Florida 的 "3T" 理论。Glaeser（2004）认为创意人群趋向于"3S"[阳光（Sun）、技能（Skills）、城市蔓延（Sprawal）] 地区；创意导向的城市再生投入应该受到限制，创造力成本可以很低，而非加大城市改建的成本[38]。另外，Gertler（2004）认为城市的"3C"[创造力（Creativity）、竞争力（Competitiveness）、凝聚力（Conhesion）] 进一步促进创意城市的发展，而这得益于地方各团体的相互作用形成的"创意鸣"（Creative Buzz），其很大程度上决定了创造力的产生和创意产业园区的形成[39]。

（二）创意产业园区的区位选择分析

创意产业趋向于在开放度高、公共服务完善、进入障碍低、容忍度高、文化多样化的城市和地区集聚[40]，同时，大城市的旧厂房、旧仓库和郊区等旧城区对创意产业集聚特别有吸引力。Zukin（1988）对"阁楼"（Loft）的研究是创意产业空间集聚的原始区位雏形[41]。Hutton（2004）从地理学角度，将注入创意产业的大城市内城和 CBD 边缘地域的特定城市空间称为"新产业空间"（Creative Industrial Zones），且具有特定地理空间吸引特定创意产业集聚的特征[42]。也有学者从空间密度的角度阐明具有原创性和创新性的区域对创意产业有很大的吸引力。Scott（2005）对好莱坞的研究也表明空间密度是使其发展为全球顶级的文化

---

① 创意场域：一系列产业活动和相关社会现象构成了有地理空间分异的一系列网，这一系列网的关系促进了企业家收益和创新的产出。

产业园区的重要因素[43]；O'Connor（2006）认为高密度空间集聚的艺术园区吸引创意企业集聚[44]。此外，创意产业园区的区位选择呈现出"边缘—中心—边缘"动态的空间扩散和迁移常态，且这种空间转化现象同时存在于城市内部和城市之间[45][46]。

（三）创意产业园区优势分析

创意产业园区主要通过文化创造力给区域经济发展带来显著的优势，其主要体现在以下四个方面：第一，转变经济增长模式和产业结构升级。Landry Charles（2000）、厉无畏和王慧敏（2006）等认为创意产业集聚化发展是创意产业发展的必然趋势，实现经济增长方式的转变和提升城市竞争力[47][48]。第二，促进城市再生和城市功能转型。Ashworth 和 Voogt（1994）认为，创意产业园区能够提升城市形象并起到"地域营销"（Regional Marketing）的作用[49]。Hutton（2000）、胡彬（2007）等研究了创意产业园区对地方社区再生、城市空间结构优化、内城空间的景观重建等的重要作用[50][51]。第三，促进文化旅游经济繁荣。创意产业园区不仅满足了市场的消费需求，同时创意产业园区区域的景观布局带动了区域文化旅游产业的振兴，如田子坊、大芬油画村等[52]。第四，完善城市就业体系。Scott（2005、2006）认为创意阶层的存在与特定的城市化相呼应，一方面，创意阶层对城市就业结构、物质外表和文化生活等方面的发展产生特定的影响；另一方面，创意产业园区的就业必然是由新经济的高端部分主导，这需要完善的城市创意阶层就业体系吸引创意人才集聚[53][54]。

（四）创意产业园区的网络组织研究

目前，一些学者从网络视角对创意产业园区进行研究，主要集中于生产网络、网络环境和社会网络三个方面。

大量学者的研究表明，创意产业园区是根植于创意生产网络而形成和发展起来的，其对网络依赖度比制造业更高。Scott（1997）认为世界文化产业园区发展过程中的研发合作和生产者互助网络促进了创意产业集聚过程中的网络关系形成，这种生产联盟带来的竞争优势比起自发集聚的效应更强，且不同的创意产业园区可以跨区域形成网络组织[55]。Caves（2004）、Pumhiran（2005）等认为创意产业生产网络的集聚产生的集体成本优势和创新优势，促进了园区的形成和发展[56][57]。Yusuf 和 Nabeshima（2005）从创意产业行业网络联系角度，分析了创意产业园区不同行业的网络组织[58]。

Grabher（1993）认为良好的网络环境是创意扩散和集聚的最基本动力[59]。

Molotch（1996）、Hutton（2004）等认为，内城新经济空间中知识密集型企业的强制邻近性（Compulsion of Proximity）等网络环境对创意产业园区有特别的吸引力[60][61]。陈倩倩和王缉慈（2005）分析了音乐产业园区发展需要的网络外部环境[62]。Scott（2006、2007）认为"创意场域"是一系列拥有不同资源的个体相互作用关系的集合[63]，由创意产业经济活动和社会现象构成的具有空间属性的网络组织，根据不同层次可分为创意情境、学习型区域和区域创新系统等[64]。创意是根植于生产制度和地理环境的，创意相关企业依赖于靠近中介机构、市场等创意情境而生存[65]。陈颖（2010）对创意产业园区环境进行了深入分析，并实证检验了创意园区环境对创意企业竞争优势的作用路径[66]。

创意产业园区区域社会网络与文化资本、创意资本和社会资本紧密相关。O'Connor（2000）探索了音乐文化产业园的情境、活动和相关服务机构通过促进信息、创意和知识的交换而形成社会网络[67]。Walcott（2002）认为创意产业园区文化为创意阶层的精神和文化的产生提供了"温床"，区域文化更需要支持实践环节检验和不断创新[68]。Florida（2005）阐明了文化对社会资本的参与和强化作用，社会网络的形成和良性的社会资本（如信任、合作关系等）积累提高了区域"软"实力[69]。

对创意产业园区区域网络结构及其价值创新理论缺少理论论证和实证分析，仅仅是对网络结构的构成要素、演进机制和网络创新机制进行研究，缺乏影响创意产业园区创新的因素分析及基于网络视角的创意产业园区创新能力的综合评价。盈利（2008）从核心网络层和辅助网络层两个层次探讨了创意产业园区的网络结构创新效应[70]。张梅青和盈利（2009）分析了创意产业园区网络结构的组成要素，以及演进的内部和外部动因[71]。王发明（2009）认为集体学习机制是创意产业园区区域网络式创新的实现途径[72]。余晓泓（2010）分析了创意产业园区模块化网络组织结构和运行机制，并从竞争创新、协同创新和知识创新三个角度分析了创意产业园区创新的方式[73]。

二、创意产业园区价值创造机制的相关研究

目前，对传统产业价值机制的研究轨迹遵循了一个从产业价值链到价值网络的发展转变过程，创意产业作为非传统产业，以文化为基础，以个人创造力为根本，注重知识产权的开发和利用，是一个文化的产业化与产业的文化化并重的新兴产业，同时，它与第一产业、第二产业和第三产业相互融合与渗透。国内外学

者借鉴了传统产业的理论研究经验，园区作为创意产业集聚化发展的一种载体形式，表现为一条完整的产业链或若干产业链片段的集合，其价值创造机制主要从以下两个角度展开：线性价值链和网状价值网络。

（一）基于价值链的创意产业价值创造机制研究

创意产业是处于产业价值链上游的高端产业，各国学者从不同角度对创意产业价值创造的内涵进行了相关阐述。Andy Pratt（1997）最早用价值链（Value Chain）分析法研究"创意产业生产系统"（Cultural Industries Production System，CIPS），并将创意企业的相关活动划分为四个步骤：创意构思、授权和导向，生产方式或者设备的调整，再生产与大众分销和创意产品的交换、消费，创意企业通过寻求地理位置的接近、交易成本的节约、知识和技术的溢出，最终形成创意企业价值链，促进创意企业的竞争优势的提高[74]，他认为创意企业的发展正逐渐由线性模式向网络模式转变[75]。Robert G. Picard（2001）认为一些创意产品具有单件性，决定了有时产业价值链实际上是创意内容创造到创意消费两个环节的衔接，没有中间环节[76]。贺寿昌（2006）认为创意产业的价值增值过程是由自身价值增值和产业前后的关联效应实现的，构建了基于创意内涵增值和引致增值的价值增值循环体系（如图 1-2 所示）[77]。潘瑾（2006）从知识产权的角度，提出创意产品市场价值实现体现为"创意作品—创意产品—创意商品—最终消费品"的价值增值过程中的物质载体形式的转变[78]。孙福良等（2008）从价值量水平的角度，分析了创意企业价值链中不同环节获取的价值量的大小，提出在市场驱动的创意企业价值链中，各个环节的价值量是呈下凸方向[79]。

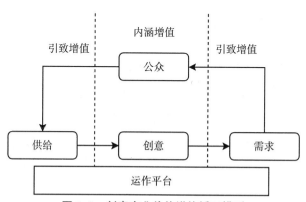

图 1-2　创意产业价值增值循环模型

一些学者从创意阶层角度对创意产业价值增值进行了描述。O'Connor（2000）认为艺术家将自己的创意理念融入产品中，通过企业家的市场运作实现创意产品到商品、消费品的市场转化[80]。如图1-3所示，Brecknock（2004）认为创意商业化是通过创意工作者的"编码"（Encoding）和"解码"（Decoding）两个程序完成的[81]。厉无畏（2007）认为完整的创意产业链由创意的产生，创意产品的生产，创意产品的展示、推广、交易、传播，创意衍生品的开发、生产、经营四个环节构成，顾客对整个价值网络具有反馈互动作用，各主体围绕消费者价值优化价值链上的各个环节互动、融合活动。同时，他将创意产业链上的创意人才划分为创意的生产者、创意活动的组织引导者、创意成果的经营者，创意产品的价值实现是不同环节上不同创意人才相互合作的结果，他们不仅创造价值，而且通过交互作用实现成员身份和关系的重新组合，以新的协同身份再创价值（Reinvest Value），他指出价值链的完善需要对不同人才的不同特点进行有针对性的开发[82]。

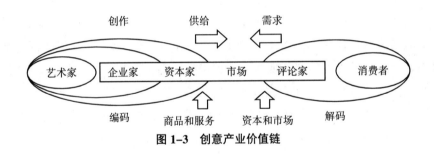

图1-3 创意产业价值链

（二）基于价值网络的创意产业价值创造机制研究

传统的价值链理论缺少对顾客价值、市场外部环境以及企业竞争与合作关系的关注，这些缺陷使得传统理论应用于现代新兴经济体的弊端日益呈现。为此，学者们立足于跨企业边界资源的交互作用，对价值链进行分解、整合以及形态重塑，摆脱价值线性创造的约束，实现产业组织网络式价值创造的商业模式的合理化。价值网络对顾客消费需求偏好快速响应的属性，很好地吻合了创意产业的消费者需求决定性，将其作为一种分析创意产业组织价值创造的技术工具具有理论适用性。

Mercer Management Consulting公司的顾问Adrian Slywotzky等（1998）在《发现利润区》（*Profit Zone*）一书中首次提出价值网络（Value Network），并指出

由于顾客需求的增加、国际互联网的冲击以及市场的高度竞争，企业应改变事业设计，将传统的供应链模式转变为价值网络模式[83]。David Bovet 在其著作《价值网：打破供应链、挖掘隐利润》（*Value Nets：Breaking The Supply Chain To Unlock Hidden Profits*）中明确提出：价值网络是一种为满足顾客对优质服务和定制产品的需求、企业高额利润和价值链管理目标的实现，而采用数字化供应链配送方式，通过选择板的交互作用使得顾客可以进行产品选择和设计，并驱动经营网络快速运作的业务模式。其中，价值定位、经营范围、利润捕捉、战略控制和有效实施是构筑价值网络的五个步骤[84]。Brandenburger 和 Nale Buff（1996）构建了一个由供应商、消费者、竞争者和辅助组织四个组织构成的价值网络模型，分析此网络受到环境及其他组织的影响，并将企业在价值网中所获利益与退出时所获利益之差定义为价值增量值[85]。Prabakar Kathandaraman 和 David T. Wilson（2001）在《未来的竞争：价值创造网络》（*The Future of Competition：Value-creating Networks*）中提出了一个由优越的客户价值、核心能力和相互关系三个概念构成的价值网络模型[86]。苟昂和廖飞（2005）认为价值网络是不断演化的企业网络与动态进化的企业内部网络连接后形成的一种网络形态，作为网络节点的各利益相关者具有动态匹配与自我调节的能力[87]。李海舰和原磊（2005）认为价值网络是一系列核心能力的集成[88]。总体而言，价值网络模式实现竞争优势的核心从对成本优势和简单产品差异化的追求转移到对客户需求的满足上，使网络价值模块的整合更具有效率和弹性，网内组织更易实现动态优化。

Andy Pratt（2004）指出创意企业的生产模式正经历由产业链线型向网络化或生态系统转变的升级[89]。厉无畏（2007）认为处于创意产业价值链上不同环节的相关利益主体和相对固化的创意单元，基于相互间的专用性资产或核心竞争业务，共同创造了顾客价值[90]。胡彬（2007）从区域视角研究了创意产业的运行机制及其价值增值体系，并指出创意产业园区是由创意阶层、功能设施体系、制度支持体系、市场价值以及顾客价值组成的价值网络结构[91]。谭娜（2012）对创意产业价值创造生态系统展开研究，构建价值生态模型，分析其影响因素，并实证验证基于价值生态系统的创意产业价值创造能力[92]。

综上所述，学者结合价值链和价值网络理论展开创意产业价值创造问题的相关论述，这为本书进一步研究创意产业园区区域协同价值创造提供了理论借鉴。但是，目前对于创意产业园区的论述，主要是对现象的描述和总结，缺乏从区域经济协同视角进行创意产业园区的组织生产和网络式发展的研究。视创意产业园区为创意产业组织形式的一种，结合资源基础理论、协同理论和组织行为学理论等多学科理论研究创意产业园区区域协同便是必然之选。此外，目前的研究已经意识到创意产业价值结构网络化的重要性，但能够运用坚实的理论依据对创意产业价值网络进行研究的深化程度还远远不够。

第二章

创意产业园区概述

第一节　创意产业园区的内涵与类型

一、创意产业园区的内涵

（一）传统产业园区的概念

Michael E. Porter 在其著作《国家竞争优势》（*The Competitive Advantage of Nations*）中最早提出"产业园区"（Industrial Cluster）的概念，其定义如下：一组地理上靠近的相互联系的公司和关联机构，同处在一个特定的产业领域，由于具有共性或互补性而联系在一起。园区通常包括下游产业的公司、互补产品的生产商、专业化基础结构的供应者和提供培训、教育、信息、研究和技术支撑的其他机构[93]。但目前，对产业园区的概念并没有统一的称谓和定义。除了常见的产业园区概念外，还有产业集聚、产业网络、产业区、新产业区、区域创新系统等，但都是研究相互关联的企业和相关法人机构在特定地域内集聚的经济现象，称谓的不统一和研究的学科以及理论研究的继承性有关。

新古典经济学家 Marshall 最早关注到产业集聚现象，并于 1890 年在其著作

《经济学原理》（*Principles of Economics*）中提出：外部经济性是导致产业集聚的根本原因，把专业化产业集聚的特定地区称作"产业区"（Industry District）。古典经济地理学家 Weber 在其著作《工业区位论》（*Industrial Location Theory*）中首次提出"聚集经济"（Agglomerative Economies）的概念，从空间地理的角度研究产业集聚。受产业区理论的影响，后来经济学家 Bacattini 针对"第三意大利"（Third Italy）[94]，从企业与其所处的社会环境的相互作用着手分析集聚动因，并将中小型企业高度聚集、企业间既竞争又合作、广泛存在正式与非正式联系的社会区域称为"新产业区"（New Industrial District）。Johanson 和 Mattsson 从网络组织视角分析产业园区，认为产业网络是一个行为主体与其他行为主体通过直接或间接的交易关系所形成的网络关系。此外，受新产业区理论的启发，欧洲区域创新环境研究组（GREMI）提出"区域创新环境"（Regional Innovation Milieus）理论，将产业园区定义为：在有限的区域内，行为主体通过相互间的协同作用和集体学习过程，建立的非正式、有利于提供本地创新能力的复杂系统[95]。纵观产业园区研究的发展历程，得到产业园区研究的总体格局，如图 2-1 所示。

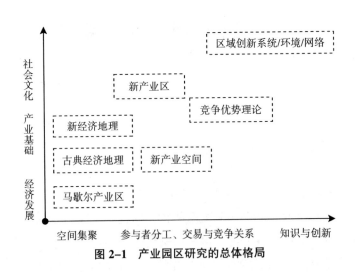

图 2-1 产业园区研究的总体格局

（二）创意产业园区的概念

创意产业园区又称创意产业集聚区，源于一般产业园区的概念。Florida 在其著作《创意阶层的崛起》（*The Rise of the Creative Class*）中指出，当具有新想法的创意阶层以组织或区域的形式聚集时，价值和财富随即产生，这些资源就形成了区域的"决定性竞争优势"[96]。国内外学者及相关政府部门对创意产业园区的内涵作了界定，如表 2-1 所示。

表 2-1 创意产业园区概念界定

学者/组织/地区	角度	定义
英国国家科学基金（NESTA）（2003）	产业群落	早期阶段的小型创意企业一个显著的特征是趋向于在特定区位园区，即相似的创意企业彼此相邻，通过融合商业化机会及柔性专业化的生产和销售而形成的创意产业群落
世界知识产权组织（WIPO）	资源优化	创意产业（工艺、电影、音乐、出版、互动软件、设计等）在地域上的集中，它将创意产业的资源集合在一起，使创意产品的创造、生产、分销和利用达到最优。这种集聚行为最终会促使合作的建立和网络的形成
R. Florida（2006）	创意阶层	创意产业园区是一个完整的产业群体，其核心是雇用从事自然科学和工程，建筑和设计，教育、艺术、音乐和娱乐等领域的人才来创造出新的想法、新的技术或新的有独创性的内容
Allen J. Scott（2006）	创意场域	由一系列产业活动和相关社会现象构成了有地理空间分异的一系列的网，这一系列网的关系促进了企业家收益和创新的产出[97]
上海市经信委，上海市创意产业中心（2005）	创意产业园区	又称创意产业集聚区，是指诸多艺术、设计、广告、公关等以创意为主的个人工作室或服务公司，集中在一个特色区域，形成多元文化生态和创意服务产业链
《北京市文化创意产业集聚区认定和管理办法》（2007）	文化创意产业集聚区	聚集了一定数量的文化创意企业，具有一定的产业规模，具备自主创意研发能力，并具有专门的服务机构和公共服务平台，能够提供相应的基础设施保障和公共服务的区域
《上海市创意产业集聚区认定管理办法》（2008）	创意产业集聚区	依托城市先进制造业、现代服务业发展基础和城市功能定位，利用工业等历史建筑为主要改造和开发载体，以原创设计为核心，相关产业链为聚合，所形成的研发设计创意、建筑设计创意、文化传媒创意、咨询策划创意、时尚消费创意等为发展重点并经市政府有关部门认定的创意产业园区

资料来源：根据相关资料整理。

　　基于以上观点，综合国内外对创意产业集聚区和创意产业园区的相关论述，本书将创意产业园区界定为：在创意产业领域，一定数量相互联系的创意企业及相关支撑机构在经过改造和开发的工业等历史建筑形成的旧城区内集聚，依托城市的公共服务平台和基础服务设施，以原创设计为核心，创意产业链为聚合，集中在一个特色区域，形成多元文化生态和创意服务产业链。需要注意的是，创意产业集聚区和创意产业园区的概念实质上有细微的差别。从产业业态构成的角度来看，创意产业集聚区是创意产业同一行业的上下游企业集聚，生产的产品是同类创意产品，企业间是配套与协作的关系；而创意产业园区侧重于创意产业不同行业内部以及各行业间的分工合作，园区企业经营领域和业态多样化。创意产业园区的业态综合性、文化多元性与空间创意性优势更契合创意产业集聚发展的现状和趋势，更符合本书协同的研究主题，所以，本书采用了"园区"而非"集聚区"这一称谓。

二、创意产业园区的认定

创意产业园区是以文化创意为基础，集创意经济、文化认同和社会发展于一体，有独特性质并对外界具有很大吸引力的多功能园区。创意产业园区以"创意生成—创意开发—创意消费"的产业价值链为基础，形成了集创意产品和创意服务产、供、销于一体的创意产业价值生态系统，以包括横向和纵向创意生产为特点。

对创意产业园区的认定条件，各地政府出台了相关的认定和管理办法。创意产业园区需要有鲜明的产业特色和定位，完整的产业形态，健全的管理及运营机制，完善的基础设施、工作环境和服务功能，同时对创意企业知识产权及品牌影响力、建筑结构和建设改造等方面有明确要求。本书对各地创意产业园区的认定条件总结评述，依托创意产业价值链，结合创意产业的集聚特征和社会效应，对创意产业园区进行界定，如图2-2所示。目前，政府文件和学术研究将"园区"、"产业区"、"艺术村"、"基地"、"中心"、"广场"等术语混合使用，为了研究方便，本书对于符合创意产业园区界定条件的以上称谓，均等同为创意产业园区。

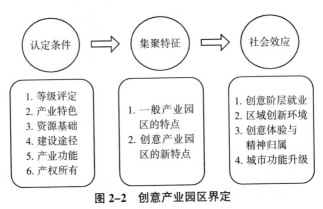

图 2-2　创意产业园区界定

资料来源：根据相关资料整理。

三、创意产业园区的类型

国内外学者依据不同的分类标准对创意产业园区进行了划分，Mommaas Hans（2004）从七个核心尺度对文化创意产业园区进行划分[98]；Santagata Walter（2002）根据功能将文化园区划分为产业型、机构型、博物馆型和都市型四类[99]；美国区域经济学家 Markusen 根据园区内企业组织和关联结构，将文化创意产业园区划分为马歇尔式、轮轴式、卫星平台式和国家力量式四种类型[100]。从行业布局看，园区几乎涵盖创意产业的所有门类（文化体育休闲园区单列），体现消费与生产相结合的业态[101]。本书从资源基础、使用功能、开发方式和发展类型四个角度，对创意产业园区的分类归纳总结如表 2-2 所示。

表 2-2 创意产业园区的类型

园区	体系（名称、含义与实例）
资源基础	校企运作型：依托高校智力优势背景和校园周边资源整合而成，如同济大学周边的建筑园区（建筑设计工厂）、东华大学附近的时尚园区（时尚产业园）、上海交通大学周围的软件园区（虹桥、乐山、天山软件园）等
	依托老厂房、老建筑改造型：城市工业衰落并外迁，利用老厂房、老仓库改建而成，如田子坊、8 号桥、798 艺术区、创意东 8 区
	依托传统布局型：在现有产业结构的基础上建立相应的创意产业基地，有各类旅游景点（如上海旅游纪念品产业发展中心）、非物质文化遗产主题园等
	全新创造型：利用现有开发区的优势，在开发区内圈地全新打造，形成区中园，如海上海、张江高科园、浦东新区创意园区、三亚创意新城
使用功能	创作型：注重艺术传承，塑造创作环境，为创作者提供技术设备以及咨询、文化设施等支持；主要服务对象是专业或业余的各领域的"创作者"，为他们提供创作、展示和交流的场所，如各类艺术村
	消费型：主要为创作者和观赏者提供交流的平台，即通过设计营造消费性空间，进一步让消费者体验、消费文化；主要服务对象是一般观众和文化消费者。它以营造文化消费环境为主要目的，对内是一般市民的文化消费场所，对外则是国际性的文化消费点，展示国家创意产业实力，如画廊、服装展场、各旅游景区等
	复合型：此类园区结合了创作型创意园区和消费型创意园区的功能，它强调创作，其中大量的传统产业建筑为艺术家及当代创意产业提供了理想的空间
开发方式	自上而下的政府引导推动型：市、区各级政府首先在区域产业总体发展战略和规划的指导下，通过分析创意产业发展所需的环境以及创意人群的需求、喜好等空间特征，综合评估区域经济、社会、文化等发展状况和环境条件，制定区域创意产业发展方式。其次政府在综合评估各投资开发主体策划开发创意产业基地的能力以及创意企业的招商能力等条件的基础上，通过公开招标，确定合适的投资开发主体。最后由投资主体通过规范化、市场化的运作模式，负责整个园区前期的规划开发、策划、招商等工作。后期的实际运作管理中实行"管委会为辅、企业为主"的模式，如田子坊、创意仓库、8 号桥
	自下而上的市场自发形成型：先由某些艺术家选中，进而带来众多艺术家和艺术机构的自发集聚；而园区内企业和个人的地理邻近性、企业间合作网络为创意阶层提供良好的信息交流平台，园区内创意阶层共同营造的文化氛围是集聚的自我强化机制，一旦创意产业在某个地方集聚，循环累积的因果关系将导致其在一定时期"锁定"某一地区，如 M50、798 艺术区、宋庄等
	政府推动与市场自发形成相互促进型：由于深厚的文化底蕴、宽松的创意空间、低廉的改造成本和租金吸引了众多艺术家和中小型创意企业自发集聚，政府发现并扶持这些已经形成的园区，聘请专家对园区的建设与发展做专题研究，成立管委会作为政府的派出机构进行园区的开发规划和管理，为区内企业提供公共服务。通过统一规划、政策扶持、基础设施的建设，配套服务的完善等使自发形成的创意产业园区在人才、资金、文化、创意理念、观念等方面的集聚效应达到最大化，如杭州 LOFT49

续表

园区	体系（名称、含义与实例）
发展类型	单一企业型：园区只有一个企业，全部园区为该企业自建自用；形成集研发、展示、销售于一体的大型研发基地；园区的发展与企业的壮大同步；打造城市地标级建筑，充分展示了企业精神和文化，起到良好的展示和宣传作用；为企业的不同研发团队搭建畅通交流和通力协作的平台，以期创造出最佳的研发效能，如北京欢乐谷生态文化园、慕尼黑宝马中心
	同一主题型：具有强大的带动作用以及强大的产业链、产业园区效应；园区内企业为一个专业产业服务，产业链完善；形成集研发、生产、展示、销售、培训等于一体的大型基地；园区依托当地的资源优势，先打造产业链中的某个环节，达到一定规模时向产业链两端延伸；服务产业园人群的商业、居住等生活配套完善，如北京怀柔影视基地、北京 CBD 国际传媒产业集聚区、首尔数字媒体城、百老汇戏剧产业园、东京杉并动画产业中心
	产业复合型：园区内企业分布于具有一定关联或相似特征的多个产业；研发为主，同时具有交流、展示、培训空间等；园区内同时发展多个产业，相互交流和影响，形成集聚效应；除生产类产业外，园区内有小规模的消费类产业，带来一定消费人群，保证园区的活力；具有一定的商业、居住等配套，如青岛国家广告产业园、香港数码港、澳洲昆士兰科技大学创意产业园 CIP

资料来源：根据马仁锋，沈玉芳. 中国创意产业区理论研究的进展与问题 [J]. 世界地理研究，2010（2）等相关资料整理。

第二节　创意产业园区的特点

创意产业园区不仅具有规范理论中的产业园区的三个特征：行为主体地理上邻近、产业间联系和行为主体间互动[102]，而且学者普遍认为创意产业园区与其他产业园区有本质的区别，需要不同的政策和环境[103][104]。陈颖（2012）认为创意产业园区突出反映了创意产业的创新力、文化力和知识产权保护力[105]。本书通过对前人的研究进行总结评述，将创意产业园区区别于传统工业园区和高科技产业园区的特征概括为以下几个方面：

第一，高创造力特征。创造力是创意产业发展的根本诉求，文化创造力和科技创造力是创意产业园区的主要特征，创意产业特别容易集聚在具有原创性和创新性的地方[106]。创造活动是由人、情境和环境（Milieu）因素的交互作用而产生的[107]；创意行为通常依据的是隐性知识，需要松散的联系[108]，创意阶层的创造力通过非正式网络进行社会化互动，创意产业的空间集聚为创造性行为的持续进行提供了良好的创新环境。

第二，地域根植性特征。创意产业的空间集聚具有很强的区位选择特征，对物质资源的要求较低，通常在具有深厚历史文化底蕴的"3T 型"，即技术（Technology）、人才（Talent）和包容（Tolerance）的区域集聚。城市文化的多样性、环境的包容性、科技的创新性是创意产业园区形成和发展的社会环境基础，地方品质①吸引着创意人才的入驻。同时，创意产业园区拥有其产出的集体知识产权[109]，创意产业园区产权保护的地区象征对创意产品具有典型的正外部性，阻碍其他地区同类创意产品的进入，从而保证本地创意产业的独特性[110]。

第三，功能一体化特征。创意产业园区占地面积通常较小，但是集生活区、孵化区和产业区等功能区于一体，为创意阶层提供研发、教育、展演、娱乐及休憩的场所。创意人群生活和工作结合、文化产品生产和消费结合、有多样化的宽松的创意环境和独特的本地人文特征，且与世界各地有密切的联系[111]。同时，创意产业园区的展示及营销功能决定了其具有公开性，全天开放供市民参观。

第三节　创意产业园区的形成和发展条件

创意产业的发展需要相关企业的相互协作，而产业集聚的特殊优势为创意企业提供了有利的条件。创意产业的中小创意企业众多，企业大量集聚，可以获得规模经济和范围经济。地理位置接近可以降低交易成本，实现资源共享，促进区域产业链网络化延伸，实现创意经济价值协同创造的目的。迈克尔·波特将园区描绘成"钻石"结构，认为园区是在生产要素，市场需求，公司战略、机构和同业竞争，相关及支持产业四个要素的基础上发展起来的。而创意产业园区的形成更多是依靠创意人才的推动。理查德·弗罗里达在其著作《创意经济》中提出创意经济发展的 3T 原则，即技术、人才、包容，这也是创意产业园区形成和发展的重要构成部分。创意产业园区是智慧密集型产业，其集聚化发展依托的文化资源具有很强的地域性，对环境的要求很高，同时要求众多相关产业给予支持。归纳

---

① 地方品质有几个要点：建筑环境与自然环境综合，适合追求创意生活的环境，各种人彼此互动，每个人在这个社区中扮演不同的角色，街坊活动、餐厅文化、艺术、音乐及户外活动等事件，创造出活泼、刺激、有创意的生活。

总结，创意产业园区形成和发展的条件主要包括以下几个方面：

第一，消费需求。对创意产品和创意服务的需求，是创意产业集聚化发展的原动力。创意消费需要不同创意企业进行资源共享、信息互通来刺激创意产品和创意服务的有效供给，进而促进创意产业园区的形成和结构优化发展。创意生产的需求导向属性，与经济发展密切相关。创意产业园区必须以多样化的市场需求带动产业发展，在市场环境尚未成熟时以公共机构带动需求，从而使创意产业发展为服务业的重要组成部分成为可能。

例如上海田子坊创意产业园区是在市场作用下形成的，田子坊创意产业的发展具有鲜明的市场化特征。近年来，上海经济保持高速增长，卢湾区创意产业快速发展，实现区域创意产值和税收等指标的稳步增长。田子坊是上海泰康路艺术街的街标，雕塑上方的飘带将把五大洲四大洋的艺术家们联结在一起。园区区域内商业盛行，泰康路上入驻的艺术品、工艺品商店已有40余家，入驻的工作室、设计室有20余家，政府"搭台"、企业"唱戏"。从田子坊对接国内外的文化市场发展需求来看，田子坊的艺术创作、古玩、酒吧休闲等企业集聚化发展主要是国内外市场需求所致。

第二，创意资本。从创意生产资料的角度出发，创意产业园区的形成依赖于文化资本、人力资本、金融资本等资源的集聚。

文化具有很强的地域根植性，历史积累的丰富地域文化资源是创意产品的开发和创意产业的自发形成的潜能所在。创意产业园区的形成必须立足于本区域独特的文化积淀和氛围，对其进行创造性开发和利用，同时园区要具备工作、生活和旅游休闲相结合的区位条件，为创意人群提供一个宽松愉悦的环境。这使得园区的文化发展和提升成为可能。

不同于传统产业园区，创意产业园区的形成依赖于创意人才的集聚，创意产品和服务的生产者要有较高的文化修养和创新能力，同时，创意产品市场价值的实现需要大量满足产业融合发展需求的创意资本运营人才。比如依托东华大学发展起来的环东华时尚创意产业园区，就是依托东华大学时尚研发、服装设计、品牌发布的人才优势而成立的。

创意产业园区必须具备培养或吸引创意人才的能力，以地区独特的人文、生活环境及优厚的保障条件吸引创意人才集聚，同时还须具备创意产业发展所需的数字、网络、多媒体等现代信息技术基础。拥有良好的基础设施使得园区的迅速发展和创意社群的形成成为可能。

金融资本在创意产业园区的形成和发展过程中扮演着重要的角色。拥有完善的创意企业投融资渠道和资金支持的区域才能吸引创意企业的地理空间集聚。创意产业作为新兴的朝阳产业，其产值近年来一直保持着高速的增长，2014年上海文化创意产业增加值占GDP的比重达12%，这也吸引着资本不断流入创意产业集聚区域，为创意产业园区的产业结构升级提供资金支持。

第三，支撑产业。创意产业园区的发展与现代服务业、制造业等产业的发展密切相关，前向关联产业和后向关联产业为区域内创意产业的发展提供了保障。在创意产业集聚区域建设完善的相关产业和支持性产业，形成完善的产业创新支撑体系，进而加快产业融合发展、协同创新的进程，实现创意产业园区综合竞争优势的提升。例如长宁天山软件园的主导产业软件开发，其发展壮大主要得益于区域内电子信息服务业对其的有力支撑。

创意产业的发展离不开互联网等高科技手段的应用，信息技术产业等相关产业的飞速发展，成为创意产品的设计研发、生产加工和销售推广的有效载体和手段，不断促进产业研发模式、运营方式和服务手段的创新，在很大程度上成为创意产业园区形成和发展的加速器。比如上海浦东张江科技园区已形成集成电路、生物医药、软件及文化创意和新能源、新材料等战略性新兴产业园区，张江高科技园区内的文化科技创意产业园区以软件、数字出版、网络游戏、动漫、影视制作为重点，累计引进300余家文化类企业，包括盛大网络、第九城市、网易。其中，经认定的文化创意、数字出版企业达到250余家，这些企业对高科技的依赖性很强，园区创新体系中新兴产业和完备的服务体系为创意产业园区的发展壮大提供着强有力的支撑。

第四，创意环境。创意产业园区的建立依赖于区域良好的制度环境和创新环境，创意产业的发展需要政府的引导和适宜的软、硬件环境。完善的基础设施，如便利的交通、良好的工作环境、发达的信息通信设备等，以及公共基础设施的建设，如图书馆、影剧院等，为创意工作者提供了良好的硬件设施，这些都是创意产业园区形成的重要条件。同时，创意产业园区的建设和发展需要大量的政策扶持和金融扶持，良好的制度软环境是园区发展壮大的有效保障。

创意企业的集聚化发展与园区产业政策密切相关。政府依靠宏观调控扶持和引导产业的发展，多渠道筹措并合理地支配创意产业发展资金，为创意产业的发展提供资金保障，在创意人才的培养和市场的培养等方面为创意产业提供保障。建立公平公正的市场监管制度，尤其是完善知识产权保护体系，对创意产业的发展尤为重要。良好的制度软环境支撑并促进着创意产业园区形成和发展。

　　创意产业园区作为知识密集型园区，对创新环境的要求很高。创意的产生和生产依赖于创意人才的相互交流和信息共享，在集体学习中获得创新知识，尤其是获得隐性知识，并将其逐步显性化，同时依赖于区域科技水平。良好的创新环境将更能吸引创意企业在空间上的集中，培养创意工作者的协同创新精神和竞争合作意识，创意园区内创意人才经过知识的内化、整合、外化和社会化，实现知识的共享，高科技手段的应用加速区域创新系统创新实力的提升，促进创意产品和创意服务的创新。

第四节　创意产业园区发展的生命周期分析

　　目前国内外学者对产业园区演化及其生命周期的研究已经取得了一些成果。G.Tichy 借鉴弗农（Vernon）的产品生命周期理论，从时间维度考察产业园区的演进，将园区的生命周期划分成诞生阶段、成长阶段、成熟阶段和衰退阶段四个阶段[112]。Richard Pouder 和 Caron H.St.John（1996）从断续性均衡模型的视角，把产业园区的发展阶段描述为产生阶段、收敛阶段、重新调整阶段[113]。波特（2003）认为产业园区的生命周期可归结为诞生阶段、发展阶段、衰亡阶段[114]。Maskell 和 Kebir 则将园区生命周期划分为存在阶段、扩充阶段和枯竭阶段，进行了园区生命周期的概念阐述，并对生命周期各阶段演化的驱动力进行了阐释[115]。国内学者盖文启根据区域创新网络演进过程将园区发展周期分为网络形成阶段、网络成长和巩固阶段、网络逐渐根植的高级阶段[116]。魏守华（2002）从园区竞争优势及其动力机制的差异视角出发，将其划分为发生、发展和成熟三个阶段，并对各个阶段的特征进行了比较分析[117]。陶永宏等（2005）界定了产业园区的生命周期内涵，认为产业园区的发展演变过程就是产业园区的生命周期，其受政策变化、区域环境、产业发展和产业转移、资源条件、技术和社会进步、市场竞争等多因素的影响。产业园区的生命周期是以园区内企业和机构的数量和质量为标志的，其发展经历萌芽期、显现期、稳定期、衰退期四个过程[118]。池仁勇等（2005）将企业出生率、成长率和死亡率、园区网络联结度和园区产业配套度指标作为产业园区发展阶段的评判依据，将产业园区划分为孕育阶段、快速成长阶段、成熟阶段和衰退阶段，并对影响各个时期的时间长度因素做了分析[119]。

当今世界上多数创意产业园区仍处于形成和发展阶段，一些西方发达国家的创意产业园区经过多年的发展，其演进过程形成了典型特征的生命周期发展规律。1982年之后的十年间，纽约苏荷街区经历了衰败—繁荣—丧失创造力—高档消费区等阶段，由一个创作型的创意产业园区转变为一个高档时尚展览与消费的创意产业园区。通过对产业园区生命周期的研究总结，本书将创意产业园区生命周期划分为形成阶段、成长阶段、成熟阶段和衰退阶段，并对各阶段创意产业园区的发展特征进行总结。

一、创意产业园区的形成阶段

创意产业园区的兴起往往是由于当地传统产业的衰败，同时借助于悠久的历史文化资源、优越的资源环境、创意人才的集聚以及较大的政策扶持优势等多因素的积累。在创意产业园区的形成阶段，园区内企业通常是一些规模较小的创意企业，企业创意劳动者人数较少、科技相对落后、企业资本相对匮乏，而且业务关联度相对较低，这些小型创意企业在规模、技术和人才等方面的异质性使得相互之间创意、知识等资源和信息的共享和流动较难实现，园区尚未形成完善的合作网络，网络节点企业间的关联度很低，知识的溢出和信息的传播无法实现，企业知识的获取只有通过自身的积累来完成，没有形成集体学习机制，园区的整体创新能力较低。同时，创意企业在产品的研发、生产和销售各个环节的竞争远远大于合作，而且此时园区发展的外部环境还不完善，对园区的监管制度尚未形成，这使得企业竞争更加杂乱无序。在园区的形成阶段，园区的交易成本优势、规模经济、创新效应、知识溢出等优势也不明显，园区边界模糊，通常主要是十几家甚至几十家的小企业，严格来说，这并不是一个完整的创意产业园区。该阶段园区的演化会出现两个结果：一是由于政府的扶持政策不能到位和企业间合作关系难以建立，集聚效应无法显现，立足未稳的企业将会迁离该园区或是倒闭，从而使得还未成形的园区快速衰亡；二是政府对园区有效的引导和扶持措施使得园区进入快速成长期[120]。

二、创意产业园区的成长阶段

经过创意产业园区的形成阶段之后，越来越多的创意企业被吸引入驻，故其成长阶段具有创意企业的不断涌现和创意工作者数量快速增长的特征。政府对园区扶持政策的效应不断显现，改善了园区发展环境，园区原有的创意企业快速发展，同时吸引更多企业进入园区，企业间的交流与合作不断增加，知识溢出效应显现，根植于当地的创新网络开始形成，初步建立起园区内的集体学习机制，整体创新能力逐步提升。凭借着园区内创意工作者的社会关系网络，吸引着更多的创意人才加入，丰富了园区内的知识网络，使得园区内外知识创新成为可能，以致园区内新知识和创意不断涌现、新创意企业不断衍生。伴随着市场需求的增加和园区的快速成长，为园区内创意企业提供各种服务的中介组织和支持机构也开始集聚于园区内，此时形成了包含创意企业、中介机构、非政府机构以及政府管理机构等多个主体的区域创新体系。由于园区内集聚着越来越多的文化创意企业和服务机构，园区内充满着文化创意产业发展的核心信息，随着这些信息在园区内的流动，园区的生产效率不断提升，园区整体的市场竞争力不断增强，此时园区的边界也更加明晰，园区的低成本优势、知识溢出和集体学习与创新的优势也得以实现，园区核心能力得以迅速提升。

三、创意产业园区的成熟阶段

在经历了快速成长阶段后，创意产业园区会形成良好的竞争与合作网络，进入一个相对稳步增长的成熟阶段。成熟阶段的各类配套基础设施更加完善，园区内集聚了更多的创意人才和企业，此时园区内部已经形成良好的竞争与合作关系，形成了完备的生产协作网络。园区各个行为主体间的信息和资源能够迅速流动，网络节点企业相互协同创新，园区内的集体学习机制已经成为知识获取的最重要的方式，知识溢出和集体学习与创新的优势明显，园区成为一个区域创新生态系统，形成了一种具有复杂性的创新网络，至此创意产业园区已经处于相对稳定发展的成熟阶段。该阶段园区的演化将可能会出现两个方向：一是园区以及园区产品信誉度迅速提高，品牌优势明显，创造出众多创意衍生产品，实现了产业的延伸价值，园区进一步发展壮大，创新能力不断提升；二是园区内企业逐步产生了"路径依赖"，更多地依赖其与园区内其他企业之间所建立的良好合作关系来维护自身在园区中的有利位置，较少寻求新的发展机会，企业的创新意识薄弱，竞争压力逐渐丧失，尽管该时期园区仍然有较为平缓的增长，但创新能力的不断减弱使得园区增长乏力，以致缓慢走向衰落。

四、创意产业园区的衰退阶段

在经过成熟阶段以后，园区内企业对知识和专业技能的学习和转化越来越少，企业创新能力减弱，产品出现雷同现象，企业生产成本增加，企业间过度竞争，这些问题累积成为园区增长的巨大阻力，导致园区走向衰退。Scott认为一个地区性的创意产业可能会由于生产系统的分化和锁定效应而导致发展停滞。在园区衰退阶段，由于一些企业的迁移或是破产，园区创新网络中节点数目减少，从而企业创新产品的机会也相应降低，企业对内部创新路径的依赖导致其创新能力进一步降低，这反过来又使得园区对外部资源的吸引力逐渐减弱，对园区外部创新资源利用程度降低，园区科技创新资源总量开始减少[121]。该阶段园区创新活力明显降低，园区内部的知识共享、知识创新和学习能力降低，园区出现衰退现象。除了衰退之外，创意产业园区也可能进入迁移期。比如由老仓库、老厂房改造的创意园区，在衰退时期租金低廉的优势已经不再存在，艺术家被迫迁移。开始是艺术，结局是商业的发展演变，打破了产业生命周期的演进规律。

＊案例分析：北京798艺术区演进发展历程的探析

创意产业园区的演进与持续发展，是在消费需求、创意资料、环境宽容、相关产业的发展等多方面因素的作用下发展完善的。由于艺术追求的趋同化发展，798创意产业园区在求同存异的创意情境中不断发展，并逐渐呈现出网络经济效应和协同创新效应。

798艺术区位于北京市朝阳区酒仙桥街道大山子地区，故又称大山子艺术区（Dashanzi Art District, DAD），是原国营798厂等电子工业的老厂区所在地。此区域西起酒仙桥路，东至京包铁路，北起酒仙桥北路，南至将台路，面积60多万平方米，因当代艺术和798生活方式闻名于世。艺术家和文化机构进驻后，成规模地租用和改造空置厂房，逐渐发展成为画廊、艺术中心、艺术家工作室、设计公司、餐饮酒吧等各种空间的聚合，形成了具有国际化色彩的"SOHO式艺术聚落"和"LOFT生活方式"。

在798艺术区的发展过程中，经过当代艺术、建筑空间、文化产业与历史文脉及城市生活环境的有机结合，798已经演化为一个文化概念，对各类专业人士及普通大众产生了强烈的吸引力，并在城市文化和生存空间的观念上产生了不小的影响。以798厂为主的厂区的建筑风格简练朴实，讲求功能。巨大的现浇架构和明亮的天窗为其他建筑所少见。它们是20世纪50年代初由苏联援建、东德负责设计建造的重点工业项目，几十年来历经沧桑。伴随着中国改革开放和人们生活方式的转型，大山子地区原有的工业外迁，无污染、低能耗、高科技含量的新型产业更符合发展需求，大批艺术家、文化人入驻，这批入驻者中，包括设计、出版、展示、演出、艺术家工作室等文化行业，也包括精品家居、时装、酒吧、餐饮、蛋糕等服务性行业。在对原有的历史文化遗留进行保护的前提下，他们将原有的工业厂房进行了重新定义、设计和改造，带来的是对建筑和生活方式的创造性的理解。这些空置厂房经他们改造后本身成为新的建筑作品，在历史文脉与发展范式之间、实用与审美之间与厂区的旧有建筑展开了生动的"对话"，成为北京都市文化的新地标。踏上这块土地，在时空的穿梭中找寻它的足迹，感受历史、社会、建筑、经济、艺术、文化的碰撞与交融，为798的未来探索理性的发展之路。

一、798 艺术区的前身

北京798艺术区的前身，是新中国"一五"期间建设的"北京华北无线电联合器材厂"，即718联合厂。1964年4月，国家撤销718联合厂建制，成立部直属的706厂、707厂、718厂、797厂、798厂及751厂。718联合厂是国家"一五"期间156个重点项目之一，是社会主义阵营对中国的援建项目之一。20世纪50年代初，新中国刚刚成立，以苏联为首的社会主义阵营对华实施了156个援建项目。当时，中国提出要建设作为国家级战略工程的电子工业基地，而苏联的电子工业是从东德引进的，于是798以及相邻的几个军工厂便成为单独立项的第157个项目，由东德负责设计建造并提供技术援助。由于在这个阵营中具备电子工业的领先地位，东德被赋予建设联合厂的重任。当时，东德副总理厄斯纳亲自挂帅，利用全东德的技术、专家和设备生产线，完成了这项工程。因为东德不存在同等规模的工厂，所以厄斯纳组织东德44个院所与工厂的权威专家成立了一个718联合厂工程后援小组，最终集全东德的电子工业力量，包括技术、专家、设备生产线完成了这项带有乌托邦理想的盛大工程。德绍的一家建筑机构负责联合厂庞大的建筑设计，它和当年的包豪斯学校在同一个城市，两者在建筑精神层面上是共通的。在抽象艺术的影响下，一种新的工艺美术风格和建筑风格诞生，其主要特点是：注重满足实用要求；发挥新材料和新结构的技术性能和美学性能；造型简洁，构图灵活多样。这种学派后来被称为包豪斯学派。

包豪斯学派主张适应现代工业大生产和生活需要，讲求建筑功能、技术和经济效益的融合。在设计理念上，包豪斯提出了三个基本观点：第一，艺术与技术的新统一；第二，设计的目的是人而不是产品；第三，设计必须遵循自然与客观的法则来进行。这些观点对于工业设计的发展起到了积极的作用，使现代设计逐步由理想主义走向现实主义，即用理性的、科学的思想来代替艺术上的自我表现和浪漫主义。在中国北京的798，包豪斯的艺术与设计相结合的思想得到了非常充分的体现。798的厂房高大宽敞，弧形的屋顶、倾斜的玻璃窗，透射出独特的韵味。其建筑风格简练朴实，讲求功能。由于既要考虑采光充足，又要避免阳光直晒影响操作，设计师采取了半拱形的顶部设计——朝南的顶部为混凝土浇筑的弧形实顶，朝北则是斜面玻璃窗，构成了高大粗犷的完美空间。特别是那向北开的窗户，大而通透，保证了不管阴天下雨还是阳光高照，光线都能均匀地撒到房间里，这种恒定的光线产生了一种不可言喻的美感。

2000年12月，原700厂、706厂、707厂、718厂、797厂、798厂六家单位整合重组为北京七星华电科技集团有限责任公司。七星集团是北京市及电子城园区最早一批认定的高新技术企业，由于对原六厂资产进行了重新整合，一部分房产被闲置下来。为了使这部分房产得到充分的利用，七星集团将这些厂房陆续进行了出租。

2002年2月，美国人罗伯特租下了这里120平方米的回民食堂，改造成前店后公司布局的艺术网站公司。园区建筑设计风格独特、交通便利、规划管理有序、空间宽敞和租金低廉等多方面的优势，吸引了越来越多的艺术家前来，纷纷租下一些厂房作为工作室或展示空间，"798"艺术家群体的"雪球"就这样滚了起来。由于部分厂房属于典型的现代主义包豪斯风格，整个厂区规划有序，建筑风格独特，吸引了许多艺术家前来工作定居，逐渐形成了集艺术工作室、画廊、时尚店铺、娱乐休闲消费、文化公司等于一体的多元文化空间，在此基础上，原798厂所在地慢慢演变为今天的798艺术区。

二、798艺术区的形成阶段

798是计划经济和国家特殊战略的产物。20世纪80年代后期开始，一方面，由于传统电子工业的退化，产品不能适销对路，经济效益持续低迷。另一方面，随着改革开放，经济结构开始调整，城市功能也开始转变，一些能耗高、污染严重、劳动密集型的工业形式慢慢退出了都市。到20世纪80年代末，工厂已陷入半停产状态，大部分工人下岗分流。在职从业人员从2万余人减少到不足4000人，大量的下岗工人，加上1万~2万名离退休工人仍需要工厂来负担他们的生活。到了20世纪90年代，798这个国有军工企业在完成了自身的历史使命之后，彻底陷入困境，车间停产、人去楼空。由于多数工厂车间长期处于闲置状态，工厂开始靠出租闲置厂房以渡过难关。

由于798具备广阔的空间、独具特色的建筑风格、有利的区域等优势，一些艺术从业者独具慧眼，将其艺术工作室迁入798厂址。中央美术学院1995年从王府井原址迁入望京花家地新校址，学院雕塑专家隋建国教授为了方便进行大型雕塑品的创作，将其个人工作室的建立地址选在了处于闲置状态的798工厂，工作室主要进行的是艺术品创作活动。这一举动为798厂注入了最初的艺术细胞，为今后艺术园区的形成起着奠基石的作用。同年，著名出版人洪晃女士将其杂志社也搬迁至此。随着园区推广度的不断提升，以及园区自身租金低廉等优势，798厂慢慢为人所接受，也吸引了大批的艺术家集聚于此，通过对租用来的厂房进行改造更新，使其成为适合艺术工作室的办公场所，组建形成了最初的798艺术区。但此时，由于入驻的艺术工作室或创意企业数量较少，企业刚刚开始聚集在一起进行产品生产，彼此之间的合作相对匮乏，企业主要依靠自我探索来完成艺术产品的研发和生产阶段，产品及其生产过程还没有标准化，798艺术区的未来具有很大不确定性，可能会朝着多个方向发展。

三、798艺术区的成长阶段

2001~2005年，来自北京周边和北京以外的艺术家开始集聚798厂，艺术工作者充分利用原有厂房的风格（德国包豪斯建筑风格），稍作装修和修饰，将其变为富有特色的艺术展示和创作空间。"先锋派小说"代表人物、著名音乐家刘索拉女士将自己的音乐工作室搬入园区，罗伯特先生把东八时区艺术书店安置于此，星星美展的核心人物黄锐先生对原厂房进行改造并搬入其工作室。近200家涉及文化艺术的机构进入此区域。据2005年3月的不完全统计，在进入798艺术区的103家机构中，主要包含创作、展示和交流类与设计类两大类，其中属于艺术创作、展示和交流类的有59家（占全部机构的57.3%），设计类（包括空间设计、广告设计、家居家具设计和服装与形象设计）的有29家（占全部机构的28%以上）。此外，还有传播发行和书店及餐饮酒吧等跟艺术创作沾边的一些小门类。

艺术家及其公司租用798艺术区的面积，从几千平方米到几十平方米不等。其中，租用面积最大的是世界知名的、全球最大的艺术品收藏与展览公司之一的比利时尤伦斯艺术品公司（租用面积4500平方米）和美国南加州建筑学院（租用面积4000多平方米），其次是李霞租用的从事画廊和展览的空间（2000平方米）、洪晃和杨小平合租的为出刊《I LOOK》、《SEVENTEEN》、《LE》等杂志而租用的空间（1610平方米）、史金松画廊（1350平方米）、徐勇租用的《时态空间》（1000平方米）、李莫维租用的艺术工作室（1000平方米）。世界知名的古根海姆艺术品公司拟在798艺术区租用5000~10000平方米的场地，但798艺术区已经没有这么大面积的地方可以出租。

由于艺术家的"扎堆"效应和名人效应，加上自2004年以来已经进行的两届"北京大山子国际艺术节"（Dashanzi International Art Festival, DIAF）所产生的影响，798艺术区的影响越来越大。首届艺术节（2004年4~5月）吸引了80000人次前来访问，约60%为中国观众，40%为境外观众，其中还有来自巴黎等国外各大城市当代艺术的代表。120多家中外媒体报道了艺术节和在此处活跃的艺术家及他们的作品。一些国内外文化机构和基金会等对艺术节进行了赞助。

第二届艺术节（2005 年 4 月 30 至 5 月 22 日）的 23 天中，共进行了表演、展示、研讨等艺术活动 109 项，吸引观众 80000 人以上，最多的一天达近万人。2005 年 9 月 22 日至 10 月 7 日，798 艺术区进行的"双年展"也取得了丰硕成果，许多观众慕名而来，观众达 6 万人以上。以上几大活动，使 798 艺术区的名气越来越大，艺术品成交量也与日俱增。

2003 年，798 艺术区被美国《时代》周刊评为全球最有文化标志性的 22 个城市艺术中心之一。同年，北京首度入选《新闻周刊》年度 12 大世界城市，原因在于 798 艺术区把一个废旧厂区变成了时尚社区。2004 年，北京被列入美国《财富》杂志一年一度评选的世界有发展性的 20 个城市之一，入选理由仍然是 798[122]。

798 艺术区在成长阶段最显著的特征是大量企业入驻园区，艺术家和艺术工作室之间除了竞争外还建立起相互合作的关系，艺术区内的企业基于信息网络、分工协作以资源共享所产生的聚集经济获得竞争优势。798 艺术区发展迅速、增长率高，艺术区内的资源（知识、信息、技能等）会日益集中并更多地投入到主导产业（或产品）中去，但这也可能使园区没有压力去创新，而只集中资源于最畅销的产品，并以日益增长的速度和规模扩大生产。

四、798 艺术区的成熟阶段

2006 年，北京 798 艺术区被列入北京市第一批创意产业集聚区，同年 3 月 28 日成立了北京 798 艺术区领导小组，以"协调、服务、引导、管理"为宗旨，推进创意艺术区的健康发展。这极大地促进了 798 艺术园区由无序状态向有序状态转变，推动着艺术区向高级协同发展的成熟阶段演变。

2006 年至今，至少有 400 位以上的艺术家直接居住在 798 艺术区或者以 798 艺术区为自己的主要艺术创作空间，其中还有一些来自国外的艺术家，他们分别来自法国、美国、比利时、荷兰、澳大利亚、韩国、新加坡等。入驻的机构中，有设计、出版、展示、传媒、绘画、雕塑、建筑、摄影、戏剧、创作等文化生产行业，也包括精品家居、时装店、酒吧、餐厅、书店、俱乐部、瑜伽健身中心等服务性行业。在这里，绘画展、摄影展、实验戏剧、音乐会、影视播放、时装发布会等艺术和商业活动非常频繁，798 已经成为中国当代艺术的集中地，是近距离观察中国当代艺术的理想场所。近两三年来，到 798 艺术区来参观、访问、观摩、学习、交流、购买艺术品的人越来越多。

在 798 艺术区发展的相对成熟阶段，创意产品的生产走向标准化，艺术家开始追求大规模生产，注重成本控制，本地同类产品企业间竞争加剧，利润下降。这个阶段，798 园区内企业对专业技能和知识的学习和转化减少，产品技术含量降低，产品出现雷同现象，存在"过度竞争"的威胁。

798 不仅仅是艺术的创作地，而且正在形成日臻活跃的文化经济市场。在艺术家从事艺术创作的同时，这里的艺术展示机构又为他们提供了展示、交流以及交易的平台。各门类的艺术设计和配套的服务性设施，又为来宾及内部艺术家提供了良好的生活环境，从而形成了比较完善的艺术社区和活跃的文化市场。798 艺术区已经成为一个有中国特色的旅游地，以及在全球和全国有一定影响力的创意产业集聚区域。

五、798 艺术区发展的未来

发展和完善 798 艺术区，要发挥其对北京及全国乃至全球的文化辐射和文化创新作用。把 798 艺术区办成一个特色鲜明、高度国际化的"文化艺术特色区"（简称艺术特区），应做到管理有序、干净卫生、交通便利、道路整齐、设施齐全、服务到位。而要达到以上目标，必须做好 798 艺术区的保护性开发和利用工作。

（一）文、商、旅、绿产业融合发展

798 艺术区那些吸引广大客人的资源，既是北京难得的、独特的文化艺术资源，也是北京独具魅力的旅游资源。我们要在保持艺术家艺术创作环境宁静、艺术创作生态状况良好的基础上，推进 798 艺术区的商业、旅游业和绿色产业的融合发展，使更多游人受到时尚艺术的熏陶，增加游人和艺术品交易额，增加旅游消费。

在维持 798 艺术区优秀历史遗产保护性工作的基础上，整治内部环境、进行商务性开发、注入旅游要素，如区外的交通规划和区内的发展规划，应有旅游管理部门、旅游企业和旅游专家的参与。商业和旅游业注入的好处是，艺术区将更多地考虑到消费者的需求，如在何处设立商店、何处设立厕所、何处设立停车场，道路建设如何符合大客车进出的要求等各方面会有一个比较全面的考量，会按照高要求和高标准设计规划艺术区，如按照 A 级景区和旅游示范点的要求规划建设 798 艺术区。通过产业融合发展，实现艺术区产业业态园区的丰富发展，为 798 艺术区的产业协同创造有利的条件，跨产业的协同价值创造将成为未来 798

创意产业最主要的方向。

（二）置换产权，专业管理

798艺术区在管理上存在着一些问题，比如以租代管，基本不给艺术家提供必要的服务，而且租金逐年上涨；不具备、不筹办旅游配套设施；噪声和空气污染严重，脏、乱问题比较严重；不懂艺术家和艺术区管理的基本规律和要求，一味地禁止或者放任自流、不管不顾，做出许多不合常理的举措，如不让出租车进入798艺术区，等等。这些情况表明，由七星集团对798艺术区进行管理已经非常不合适。原718厂区的产权和管理权应完全划拨给实力雄厚、对文化艺术区管理有丰富经验的文化管理方面的机构（如歌华公司），由其完全用管理文化艺术区的目标、方式来管理此区，协调相关问题。或者将798艺术区的物业管理权、区内规划权从七星集团出让、剥离出来，让较有文化区管理经验的文化机构进行统一规划和统一管理。

（三）政策宽松，压抑租金

798艺术区是一个自发形成的时尚特色艺术区，时尚艺术家除了看上这里的特色老厂房外，低廉的租金是他们进入这一区域的主要因素。从整体上看，时尚、先锋、前卫的艺术工作者往往是没有多少钱的穷艺术家，租金上涨速度和幅度过快、过大，会把大批时尚艺术家轰出艺术区，让他们无法在此扎下根来，踏踏实实从事艺术创作和展示，798艺术区也会迅速消失，特色区将不复存在，艺术区将很快成为有钱人的房产、地产区。

为了让798艺术区至少存在30年以上，政府应对艺术区采取一些特殊政策，以实际行动鼓励时尚艺术家在此生存下来。为此，政府应在税收、贷款方面给予一定的倾斜，降低或减免艺术区内文化艺术公司的税收，对文化艺术公司实行低息或贴息贷款。在一定的历史时期内，将艺术家们的房租保持一个较低的水平，实行低房租和房租补贴政策。如果房租需要上涨，也应规定一个较低的增长幅度。缺额部分由政府给予补贴和支持。只有实行这样一系列的优惠、特殊政策，798艺术特色区才能长期地保留下来，持续下去。

对798艺术区的保护体现着都市文化保护的思路，是历史遗迹和新的时代精神的结合。798可以被看作北京的一个文化符号，其意义非常深远，是城市个性和特征的象征，体现着城市的竞争力。一个城市的灵魂和魅力是由人文氛围和文化生态决定的，彰显着城市文明和城市软实力，对798艺术区内创新主体活力的激发将变得尤其重要。2003年美国《新闻周刊》"首都风格"评选中，北京首度入选十二大世界城市，理由中首先是以 798 的空间重塑说明北京的新风格，正是这个艺术区的发展证明了北京作为世界之都的能力和未来潜力。《纽约时报》也将这里与美国著名的艺术家聚集区——苏荷街区相提并论。

在这样的艺术区，奔走于其间自然就会获得一种国际大都市的繁华感、文化底蕴的厚重感和时代的生机感。

第三章

创意产业园区区域协同发展的研究意义

第一节 研究背景与问题的提出

随着全球经济逐步迈入移动互联网时代，各个发达国家以及一些发展中国家的经济发展由工业经济形态转变为信息文明和知识经济形态，同时，物质层面的享受远远不能满足人们对于精神文化的追求，作为体现区域文化创造力和区域经济竞争优势的软硬实力的综合体——"创意经济"，成为各个国家和地区区域经济发展的聚焦点。中共十七大报告中指出："大力发展文化产业，实施重大文化产业项目带动战略，加快文化产业基地和区域性特色文化产业群建设，培育文化产业骨干企业和战略投资者，繁荣文化市场，增强国际竞争力。"中共十八届三中全会再次提及了要增强文化软实力，建立现代文化市场体系，指出文化产业已成为国家战略发展的重要组成部分。创意产业作为一种非传统经济形态，摆脱了自然资源和客体资源带来的资源约束性，其价值创造依托的是人的创意、高科技等无形资源的高创造力，同时，在创意经济社会，互联网已经不是虚拟的了，社会和个人以真实的身份角色进入互联网，改变着人们的生活方式。创意产业这种独特的价值创造方式及其对人类社会发展的全方面影响，促使各国政府和学者纷纷展开对创意产业的理论议题和相关实践研究。

创意产业园区是创意集聚和创意扩散的一种有效经济组织形式，要想实现创意经济发展从客体资源驱动模式向主体资源驱动模式的转变，实现区域经济发展的高级演进，亟须大力发展创意产业园区。然而，目前我国各城市创意产业集聚自成体系，创意产业园区重复建设、封闭现象和市场分割等问题严重；园区普遍存在价值链低端发展和价值网络协同结构性缺陷，创意园区价值链在全球产业链上处于低端环节；园区内部创意企业多以生产制造企业为主，内部产业链畸形发展导致产品同质化问题严重；企业离散化发展，企业间竞争远大于协作；无论是企业层面，还是产业和园区层面都缺乏创新体制的有效协同，妨碍了创意资源的自由流动和有效配置；园区发展受外部市场环境影响大，失去了市场主导权地位。面对多变的创意产业园区环境，如何引进及吸引创意要素，提高组织动态能力，实现创意资源的优化配置，促进创意资本的价值创新能力提升，获取区域竞争优势，实现创意园区做大做强，成为创意产业园区发展面临的重要问题。协同理论涉及知识整合以及资源的优化配置，为创意园区价值创造、区域创意经济快速增长提供理论基础，价值网络主体协同竞争成为创意产业园区资源整合的最有效手段。如何利用区域协同理论进行创意园区区域空间资源的优化整合，以更小的资源内耗来完善创意经济空间创新体系，实现创意经济区域财富创造，一直是一个非常值得深入探讨的课题。

第二节　研究的目的与意义

发展区域创意经济和创意城市经营的核心在于促进创意产业发展，在空间上集聚化发展是创意产业发展的自然规律，创意产业园区通过在相对集中的空间范围内高密度匹配大量优质创意产业资源，辅以有针对性的创意产业发展政策，是促进创意产业快速集聚发展的最有效的手段。创意产业园区的不断发展完善，带动区域相关产业快速发展，围绕创意产业的城市形态得以形成或提升，进而吸纳更多更优质的产业资源，促进产业不断升级，最终形成创意产业园区与区域经济的相互促进和循环提升。然而，目前我国创意产业园区发展过程中存在着众多问题，以长三角地区的上海、浙江和江苏为例，各地纷纷建立了大量创意产业园区，且各创意产业园区在地理位置上呈现带状分布形态，但由于受到各个区域行政体制、历史文化底蕴和地域的限制，各省创意产业发展各成体系，存在产业定位不明晰、重复开发建设等问题，园区之间缺乏协同互动，各地域内相关产业链之间缺乏有效的资源整合，各个创意产业园区难以实现特色化、专精化、规模化做大做强，严重制约着长三角整体区域和区域内部各子系统创新能力的提升。因此，如何加强区域内外创意产业园区企业之间的联系和互动，构建创意产业园区区域协同的无形网络平台，促进创意产业各要素在空间上的自由流动、资源共享与合理配置，分析创意产业园区空间资源与产业资源匹配的作用路径与实现机制，寻找影响区域协同发展的因素，探求区域创意经济发展中的薄弱环节，促进创意产业园区区域协同竞争力的提升，对特定区域性创意产业发展的理论研究和实践建设具有一定的指导意义。

一、理论意义

第一，创意产业园区区域协同研究所应用的学科理论拓展了旧有的创意产业园区的研究体系。移动互联网颠覆价值创造规律，作为信息文明和知识经济时代的新规则，顾客通过互联网参与创意产品市场价值实现的各个环节。创意产业价值创造的基本逻辑已经转向价值链网络化，区域或行业的创意产业园区核心决策层战略分析的重心也不再是企业或是产业，而是构建整个价值创造体系，并对其进行有效管理，显然，传统的产业价值链理论、区域经济学理论作为创意产业园区发展战略分析工具的局限性日益凸显。为此，本书将拓展创意产业园区区域的研究领域，使其从侧重产业经济学和区域经济学向系统科学和组织行为学的方向拓展，使得创意产业园区区域理论与协同理论相结合，形成创意产业园区新的研究体系。

第二，价值网络作为创意产业园区区域协同研究的理论工具的应用创新，为研究区域协同价值创造提供了最合适的方法论指导。协同也即资源整合，价值网络是实现空间资源整合的最有效的手段。目前关于创意产业园区的研究中，缺乏基于协同学、价值网络和系统论的理论工具，展开对创意产业园区区域系统资源整合以及空间价值创造机制的深入研究。创意产业园区是一种以无形资产价值为主的非传统空间经济形态，突出体现了创意工作者的创造力以及知识产权对创意产业在区域经济价值创造中的核心地位。因此，研究创意产业园区区域经济系统特有的发展规律，剖析参与区域创意产业资源整合的行为主体、影响因素以及实现协同价值创造的作用路径，并对特定的创意产业区域价值实现及其对国民经济发展贡献做出客观如实的评价，将为深入理解创意产业园区区域协同机理提供一定的理论指导意义。

第三，从区域创意产业协同发展的视角全面构筑创意产业园区区域协同竞争优势。迄今为止，对于创意产业园区竞争优势的来源，经济学家一般都是从某个区域或者某个行业的创意产业园区内部以及周边环境的影响来考量的。创意园区是区域创意经济的载体，若仅仅从创意园区的角度研究区域创意产业的竞争优势，常常就忽略了区域间创意产业重塑的动态竞争。本书立足于整个创意产业价值链体系完整程度的视角，研究区域间资源优化衍生出的创意产业延伸价值，跨越园区地域的局限性，区域间创意园区空间关联作用使得特有的内生优势能够积极回应创意产业网络的变化，完成基于区域产业协同发展视角的创意产业园区区域协同竞争优势的全面构筑。

第四，建立在创意产业园区区域协同机理基础上的协同决定因素理论，以及创意产业园区区域协同竞争力评价体系，为区域创意产业的协同发展提供了理论指导。目前，区域经济学者都是从区域经济合作或区域经济一体化角度来论述区域经济发展问题的，学术界对于区域协同问题的研究尚属于空白状态，更是欠缺对于区域经济系统协同发展能力的度量。本书构建了区域协同的决定因素子系统及协同竞争力评价指标体系，设计了创意产业园区区域复合系统协同竞争力的评价模型，对我国上海地区的创意产业园区区域协同竞争力情况进行实证测评，并有针对性地提出区域创意产业协同发展的对策建议，从理论上为我国创意产业园区的发展壮大和政策制定提供依据。

二、实践意义

在移动互联网经济大环境下，区域创意产业巨大的价值创造及统筹产业链的核心能力，促使区域总量经济按倍数积累型增长，且创意空间的资源节约与环保、文化和经济的高附加值等特性，使得各地区政府纷纷出台一系列制度和金融扶持政策，创意产业园区亦被视为提升区域竞争力的核心载体。但是，在我国各地创意产业园区区域实地开发建设和运营中，由于不同区域行政区划和空间资源的不协同，创意产业园区区域系统中存在各子区域产业特色不明、结构趋同、产业关联度低、竞争与合作机制失灵和管理缺失等一系列问题，如何有效治理创意经济空间，开展更为有效的新型发展形态的价值主张，统筹产业链的核心能力，是摆在政府和实践者面前的重要问题。因此，实现区域创意产业资源合理配置，以最小的资源内耗实现区域价值创造系统的整体效益最大化，促进区域创意经济系统中各子系统和各要素的协同，将有助于区域内部各个系统的有序演化和整体功能的形成（创意产业园区区域协同效应的实现），形成与市场竞争机制相适应的创意产业园区区域管理体制，提高区域创意产业增加国内生产总值的能力，从而最终实现创意产业园区做大做强。可见，区域创意资源整合实现价值协同创造的能力对城市规划学者和各级政府制定高水平的园区整体规划、商业开发和系统评级等政策都具有一定的实践指导意义。

第三节　研究内容与技术路线

一、研究思路

经过对创意产业园区的实地调研和大量相关文献理论的研究后发现，创意产业园区存在产业特色不明晰以及重复开发建设等问题，为此产生了本书研究的三个问题：首先，创意产业园区区域协同是如何实现的，也即创意产业园区区域是如何完成资源优化整合，最终实现区域创意产业价值协同创造的？其次，创意产业园区区域协同的决定因素及其之间的关系是怎样的？最后，创意产业园区区域协同的决定因素之间相互协同、相互竞争的效果如何，也即对创意产业园区区域协同竞争力的度量。本书的总体研究思路如下：一是综合运用资源禀赋理论、竞争与合作理论、区域经济学和组织行为学相关理论，分析创意产业园区区域协同的作用机理；二是基于经济系统协同观的价值创造维度，以区域价值网络为工具，运用资源基础理论、动态能力理论、组织行为理论和价值创造理论等理论，分析创意园区价值链网络化的微观基础，也即企业价值创造实现系统低级协同，以及创意园区区域价值链的空间关联结网机制，也即价值放大实现高级协同；三是在区域价值网络资源关联协同的视角下，借鉴国内外创意指数等相关成熟评价体系，结合系统论、协同理论等理论分析得到影响创意园区区域协同的决定因素，以及各个协同决定因素子系统间的协同关系，构建创意产业园区区域协同竞争力评价指标体系和线性加权评价模型；四是对上海市创意园区区域协同竞争力进行实证分析，通过对复合系统子系统的协同竞争力和子系统序参量的协同竞争力的比较分析，得到影响区域协同竞争力的具体原因，为区域创意产业协同发展提供指导。本书最后提出了我国提升创意产业园区区域协同竞争力的对策建议。创意产业园区区域协同机理与协同竞争力评价研究的思路与技术路线如图 3-1 所示。

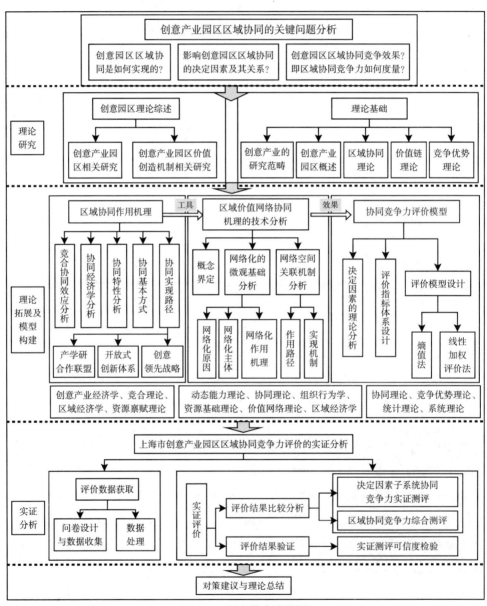

图 3-1　研究技术路线图

二、研究内容

创意产业园区区域协同机理是运用协同理论研究创意产业园区区域资源的整合问题，将价值网络作为资源整合的理论工具，分析创意产业园区区域价值网络各个节点协同价值创造，最终实现创意产业园区做大做强的目标。本书是对创意产业理论、资源禀赋理论、竞争与合作理论、区域经济学、系统理论、协同理论、价值创造理论、竞争优势理论、资源基础理论、组织行为学等多学科理论综合应用的研究成果。其主要内容包括：创意产业园区及其价值创造机制的相关研究回溯，创意产业园区区域协同的作用机理分析，创意产业园区区域协同作用机理的技术分析，创意产业园区区域协同竞争力决定因素架构及其评价指标体系，创意产业园区区域协同竞争力的实证测评及提升对策研究。

本书具体研究内容主要包括以下五个部分：

第一部分：创意产业园区区域协同的作用机理分析。结合目前创意产业园区价值创造相关研究的现状，从竞争与合作交互作用资源集成的角度入手，展开对创意产业园区区域协同实现资源优化整合的经济学分析和特性分析，并讨论区域协同实现的基本方式和实现路径。

第二部分：创意产业园区区域协同的技术分析，从技术操作层面对创意产业园区区域协同的实现路径进行深入剖析。第一，对创意产业园区区域价值网络进行了概念界定，分析了区域价值网络的形成与区域协同价值创造、区域协同效应的内在同一性，创造性地提出了区域协同价值网络的概念。第二，分析了创意园区区域价值链网络化的原因，建立了区域价值链网络化模型，创意网络化主体通过对创意产业链进行横向和纵向整合，实现资源网络化协同价值创造。第三，基于区域价值链网络化价值协同创造的微观基础，分析了区域价值链空间结网的作用路径和影响区域价值网络空间关联的因子，并构建了创意产业园区区域价值网络空间关联机制概念模型，分析了网络协同放大价值的实现路径。

第三部分：创意产业园区区域协同竞争力决定因素分析。分解和归纳创意产业园区区域协同竞争力的决定因素既是区域创意产业协同发展的研究前提，又是创意产业园区区域协同综合治理和区域协同竞争力横向比较的基础。第一，对创意指数、竞争力指数、创新指数等成熟评价指标体系进行综述及比较，提炼了九大影响因子，并结合区域价值网络空间关联协同的要素和影响因子分析，得到影响区域协同的因素集中在主体性要素、资源性要素、外部环境和创意成果可持续性四个方面。第二，基于上述研究总结，本书提出了决定创意产业园区区域协同的四大协同决定因素子系统：创意主体功能性协同系统、创意要素资源性协同系统、创意环境支持性协同系统和创意成果可持续性协同系统，并从理论上对四大决定因素进行深入的论述。第三，分析了这四大协同决定因素子系统基于创意价值网络的业务关联协同，以及基于各个协同维度的耦合统一，两者共同实现了园区区域创意经济系统的全面协同。

第四部分：创意产业园区区域协同竞争力评价模型研究及实证分析。第一，界定了创意产业园区区域协同竞争力评价的内涵、功能与原则，针对影响区域协同的四大协同决定因素子系统，从创意主体功能性协同竞争力、创意要素资源性协同竞争力、创意环境支持性协同竞争力和创意成果可持续性协同竞争力四个维度构建了创意园区区域协同竞争力评价指标体系。第二，运用熵值法确定指标权重，借鉴复合系统有序度评价方法，创意产业园区区域协同复合系统采用线性加权综合评价法求取协同竞争力，从而完成对区域整体、协同决定因素子系统及各子系统序参量的协同竞争力综合评价。第三，通过调研获取实证分析数据，运用上述指标体系和评价方法完成对上海 18 家典型创意产业园区区域协同竞争力的实证测评。

第五部分：创意产业园区区域协同发展的政策建议。在对世界各地创意产业园区区域协同发展的概况进行分析的基础上，总结世界各地创意产业园区区域协同发展的成功经验，提出我国创意产业园区区域协同的发展对策。

第四节　研究方法与主要创新点

一、研究方法

本书主要运用文献研究法、规范分析方法、问卷调研统计分析法、综合评价及比较分析法，综合协同理论、价值网络理论等相关理论，对创意产业园区区域协同机理进行深入剖析。

1. 文献研究法

对创意产业、创意产业园区、协同理论、价值网络和竞争优势理论的文献研究是创意产业园区区域协同的理论基础与研究前提，本书正是在对大量相关文献进行归纳总结之后，对现有的理论成果和分析范式进行创新，创造性地将协同理论和价值网络理论融合，并将其运用在创意产业园区区域经济体的问题研究中，文献研究是本书理论创新研究的根基。

2. 规范分析方法

本书运用规范分析方法，对国内外创意指数、协同创新评价、竞争力评价等相关理论进行归纳与比较，在创意产业园区区域价值网络关联协同实现区域资源与主体核心能力耦合的基础上，建立了创意园区区域协同的理论分析框架、区域协同决定因素子系统及其序参量指标体系的理论分析模型。

3. 问卷调研统计分析法

本书对上海市创意产业园区进行实地调研，通过问卷调研和深度访谈，获取创意产业园区区域协同竞争力评价体系中的相关指标数据，同时从政府部门获取部分决定因素指标数据，在此基础上，对调研收集到的数据进行合理的统计处理，得到最终进入实证测评的数据。

4. 综合评价及比较分析法

本书采用复合系统有序度评价的线性加权法进行创意产业园区区域协同竞争力的评价。在选取客观赋权法中的熵值法获得指标权重后，测度上海 18 家创意产业园区区域协同竞争力，更进一步通过对各区域横截面数据中不同指标测度结果的比较分析，得到导致区域协同发展差异的影响因素。

二、研究主要创新点

第一，对创意产业园区区域价值网络的概念和创意产业园区区域协同的概念进行界定，在此基础上运用区域价值网络研究创意园区区域协同的相关问题，形成了区域协同价值网络的规范研究范式，这是一种理论创新。

区域创意产业协同发展在国内外均是一个崭新的研究课题，目前关于创意产业园区的研究大多集中在园区自身运行机制和发展模式等方面，都是对创意园区发展表象的文字描述或总结，而关于创意园区区域网络系统价值创造以及不同区域创意园区之间竞争与合作的问题的研究欠缺。本书将价值网络理论与协同理论综合应用到创意产业园区区域发展问题当中来，试图揭示创意产业园区区域协同从而实现创意园区竞争力提升、创意产业增加区域 GDP 的本质过程。创意产业园区区域基于横向拓展和纵向延伸产业链的资源整合实现了区域价值链的网络化，更进一步，网络化资源的空间整合，也即基于核心能力业务关联协作的价值链的空间结网，通过区域产业链延伸，最终实现了资源性要素协同、不同价值链环节上主体的功能协同（如研发设计协同、生产协同、渠道营销协同等）、市场与外部环境的协同等。

第二，对创意产业园区区域协同竞争力的概念界定，协同理论与竞争优势理论融合的概念创新，为区域协同竞争力评价体系的展开进行了铺垫，这也是一种理论创新。

创意产业园区区域协同发展系统是一个自组织系统，其有序协同是由一系列子系统及其序参量决定的，本书创造性地选用复合协同系统有序度作为衡量其协同竞争力的指标，两者有着本质的一致性。在这里特别说明，系统的协同度与协同竞争力是两个不同的概念，协同竞争力决定着系统的发展方向，反映的是系统协同发展的能力或协同发展的活跃度，是一个动态的状态变量，它可以是任何一个时刻的效用值；而协同度是在子系统有序度作用下系统呈现的整体状态，它是一个静态的状态概念，必须以某一时刻作为基期，经过一段时间之后衡量系统在这一段时间之内的整体协同状态，它是任意时间段的作用结果呈现。可以说协同竞争力对协同度而言仅仅是一个维度的衡量，而协同度是子系统和序参量协同竞争力的综合作用结果。

第三，对创意产业园区区域协同竞争力的协同决定因素子系统的分析界定，形成了对创意产业园区区域协同竞争力的理论研究构建和实证评价体系，形成了区域协同竞争力测评的规范研究范式，这还是一种理论创新。

本书在继承创意相关竞争力共性指数的基础上，探索性地构建了区域协同的四个协同决定因素子系统，基于业务关联协同的四个子系统的不同协同维度的耦合关系，实现了区域协同整体系统成为一个全面协同统一体。更进一步，深入分析了影响创意主体功能性协同系统、创意资源要素性协同系统、创意环境支持性协同系统和创意成果可持续性协同系统的序参量指标，也即协同竞争力指标体系的二级指标和三级指标。在指标体系的基础上，应用协同理论中复合系统有序度测评模型，也即计算出指标权重之后，用线性加权综合评价模型对系统协同竞争力进行测量。本书选用了客观赋权法中的熵值法获得指标权重，从权重的计算结果，显而易见各个要素对提升区域整体协同竞争力的作用大小。

第四，对上海市具有代表性的18家创意产业园区区域协同竞争力进行测评，指导创意产业园区区域协同发展，这是一种理论创新工具的实践应用创新。

基于创意产业园区区域协同竞争力评价模型，利用熵值法求得指标权重值，应用此方法进行数据标准化处理得到的即是序参量分量的有序度，在此基础上，计算得到四个协同决定因素子系统的协同竞争力，并通过复合系统序参量协同竞争力和决定因素子系统协同竞争力的横向测度比较，得到影响区域协同发展的关键要素和导致区域协同竞争力差距的原因，为提升创意产业园区区域协同竞争力提供理论依据。本书实证测评得到的结果，与上海市经济和信息化委员会等政府权威机构对创意产业园区的评估结果基本吻合，这不仅说明了实证测评结果的有效性和可信度，同时也为今后应用本书的理论构建和评价体系指导实践评估工作，提供了说服力保障。

第四章

创意产业园区区域协同的理论基础

第一节　区域协同相关理论

一、协同学理论基础

（一）协同理论

"协同"（Synergy）一词来源于希腊文，意为"构成系统的要素或与系统之间的协调和同步作用"[123]。协同学作为一门系统科学是由德国物理学家 H.Haken 于 1969 年创立的。协同学是研究协同系统从无序走向有序，或者从一种有序结构转变为另一种有序结构的演变规律和机理[124]。其基本观点是由大量子系统构成的系统，在物质、信息或能量交换等要素的驱动下和子系统相互协调的作用下，形成宏观的空间、时间或功能有序的自组织结构[125]。Haken 认为，复杂系统在平衡相变或者非平衡相变（非平衡定态和不稳定性）之前的混沌状态，是由于构成系统的各子系统间缺少非线性相互合作，而在外界因素的影响下各子系统以自组织的方式协同行动，导致系统结构有序演化产生质变，形成微观个体或子系统所不具有的协同效应[126]。

自组织理论是研究复杂自组织系统（生命系统、社会系统）的形成和发展机制问题，即在一定条件下，系统是如何自动地由无序走向有序，由低级有序走向高级有序的。其基本观点是一个开放非线性的远离平衡状态的系统，当外界控制变量达到一个阈值的时候，在随机涨落的触发下系统可以通过突变进化到新的更有序的结构。系统的有序过程如图4-1所示，通常用一组状态参量来描述系统状态，有序的系统状态称为"自组织"，"相变"即系统不同状态间的转变，系统非平衡状态下宏观变量的偏离叫作"涨落"，涨落是由于系统要素的独立运动或在局部产生的各种协同运动以及环境因素的随机干扰造成的。

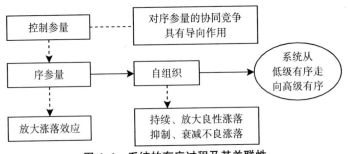

图4-1 系统的有序过程及其关联性

资料来源：邹辉霞. 供应链协同管理——理论与方法 [M]. 北京：北京大学出版社，2007：33.

协同学是一种复杂系统理论。它把一切研究对象看成由组元、部分或者子系统构成的系统，这些系统之间通过物质、能量或者信息交换等方式相互作用。远离平衡状态的开放系统在与外界有物质或能量交换的情况下，如何通过自己内部协同作用，自发地出现时间、空间和功能上的有序结构。这时候，协同系统具有微观子系统层次所不具备的整体效应。协同学研究的目的也即建立一种处理复杂系统结构有序演化的方法论。协同也就是系统的各个部门相互竞争与合作，协同完成任务；协同效应指的是复杂系统内的各个子系统之间的协同行为系统产生的超越自身单独作用而形成的整个系统的聚合效应。

协同学是自组织理论的一个理论分支，它由不稳定原理、支配原理和序参量原理三个基本原理构成。不稳定原理即系统是不稳定的，在控制变量的作用下系统产生新旧结构、功能和模式的演替。不稳定性原理具有积极的建设作用，其充当了新旧结构演替的媒介。对创意产业园区而言，其作为一个生态创新系统，当原有的生态系统因为影响创新的条件的改变而变得不稳定，比如市场需求的改变、创意理论的出现、新兴技术的应用、创意产业发展和扶持政策的调整等都会促使创意产业园区建立新的稳定的生态创新系统。支配原理的核心思想认为各参量对系统的影响是有差异的、动态不平衡的，在远离临界点时，这种差异和不平衡受到抑制，未能表现出来。当控制参量的改变把系统推过线性失稳点，逼近临界点时，这种差异就会暴露出来，依据参量变化的速度分为快变量和慢变量。在接近于质变的临界点时，慢参量的数目越来越少，并缓慢增长，它们决定了系统的有序化程度和演化行为；快参量由序参量支配，并以指数形式迅速衰减，这被称为支配原理。将这些为数不多的慢参量称为序参量，序参量源于系统内部的合作关系，是主宰系统自组织演化过程的宏观变量。序参量的形成不是外部作用强加于系统的，而是来源于系统内部的。当多组分系统处于无序的旧结构状态时，众多子系统独立运动，各行其是，不存在合作关系，无法形成序参量。当系统趋近临界点时，子系统发生长程联系，形成合作关系，协同行动，导致序参量的出现。序参量是描述系统整体行为的宏观序参量的演化方程即序参量随时间变化的非线性方程，是协同学的基本方程。协同理论重点强调了协同作用是任何复杂大系统本身所固有的自组织能力，是形成系统有序结构的内部作用力[127]。

协同理论作为解决系统问题的方法论，被广泛应用于自然科学和社会科学的诸多领域。目前，对于协同的经济学含义并没有一个统一的描述，"协同"一词可用"$1+1>2$"来形象地诠释。Porter从价值链的角度研究了各业务单元的相互联系，将协同定义为"企业在业务单元之间的资源共享"[128]。H. Igor Ansoff（1986）将协同论应用到管理学领域，提出协同即建立在资源共享基础上的企业间共生关系[129]。Robert Buzzell和Breadley Gale（1987）将协同效应界定为：企业群体通过共享等方式实现独立企业不具有的价值创造能力[130]。Hiryouki Itami（1991）将协同分为互补效应和协同效应，他认为协同即"搭便车"，区别于实体资产带来的互补效应，企业的隐性资产是协同效应的来源，因为隐性资产在不被损耗的情况下可应用于其他领域[131]。刘友金和杨继（2002）认为协同反映的是系统以资源效益最大化为目标，各要素有机结合、相互合作以实现主体共赢的作用方式[132]。Bendersky（2003）认为互补性系统是各成分之间有相互作用并减轻各个成分限制性，能产生非线性的效力提高[133]。韵江等（2006）提出企业异质性是协同的前提，并从内外结构维度、动态演进维度、价值创造维度来分析协同效应的内涵，而隐含创新能力和价值创造速度的价值创造是协同的核心[134]。

借鉴现有学者对协同问题的分析，本书将协同定义为在资源异质性的基础上，开放系统内各主体以系统平衡性和有序性为目标，通过资源（协同性资源、非协同性资源）共享，在相互竞争、彼此协作过程中产生的隐含创新的价值创造过程或能力。

（二）协同学在创意产业园区系统应用的适用性

协同学研究的方法是将协同系统方法论应用于开放的复杂系统，将系统由无序状态向稳定有序结构转化的机理和条件应用于创意产业园区区域系统。创意产业园区生态系统正是这样一个自组织系统。园区生态创新系统内部诸要素之间的非线性相互作用是系统自组织进化的内在动力和源泉，协同是自组织的形式和手段。产业园区的创新系统具有自我发展、自我适应、自我复制、自我进化的协同学特征[135]。

创意产业园区的自我发展是生态系统不断自我否定的结果。在协同学中，系统的演进是以一种从低级向高级、从无序向有序发展的，协同学的不稳定性指出，系统发展必须打破原有的低级平衡，成为一种不稳定状态，与外界不断进行能量和物质以及信息的交换，从而促使系统向进入更高级的状态发展。自我适应是创意产业园区生态系统与外界环境相互作用并适应环境的一种能力。在创意产业园区生态系统内部，各子系统之间以及系统与环境之间存在着正负反馈机制。创意产业园区创新生态系统的各个要素、子系统间存在着非线性的相互作用，而且存在正负反馈机制，这使得创意产业园区生态系统的自我适应得以实现。这种反馈机制使得创意生态系统接收外界环境的信息并传递给系统内部的子系统，并通过自组织结构调整与外界环境相协调。随着互联网全球经济时代的到来，创意产业园区所处的环境日益复杂多变。由于环境条件、自身实力的改变，比如需求的多样化和个性化、政策的调整、新产业链的形成、新技术的出现等因素，原有的旧结构不能适应变化而呈现出不稳定特征。这给创意产业园区的持续发展带来了严峻的考验，在此环境之下，创意产业园区生态系统内部各个子系统和相关行为主体相互协作，以协同发展提升园区的适应性，发挥园区的整体协同效应。实现协同创新发展的企业成为创意产业园区内部或行业内的主导企业，促进创意和创新的不断扩散，提高园区生态系统整体的技术升级和创新进度。创意产业园区系统正是在其创新动力的驱使下，依靠动力作用机制形成新的稳定的结构，实现自我发展，创意产业园区生态系统的协同学演化如图4-2所示。

由此可见，运用协同理论来分析创意产业园区协同发展的问题，拓展了创意产业园区的理论研究体系，具有理论的适用性，对解决创意产业园区发展中的现实问题有一定的借鉴作用。

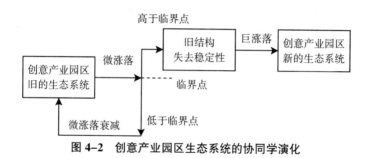

图 4-2 创意产业园区生态系统的协同学演化

二、区域协同创新理论

（一）技术创新模型

技术创新是在市场需求和技术发展的双重作用下，将新思想通过研发生产，转化为新产品的过程。技术创新经历了从"线性模型"到"网络模型"的演变。

1. 第一代技术创新模型——线性模型

该理论基于技术创新是前一环节向后一环节逐步推进。技术创新的诱导机制或动力来源：①技术推动；②市场需求或生产需求的拉动。因而技术创新模型可分为技术推动模型、需求拉动模型和技术推动—需求拉动综合作用模型。

20 世纪 50 年代，美国经济学家熊彼特（Schumpeter）、曼斯菲尔德（Mansfield）提出技术推动模型。技术推动模型只是一个比较简单的线性过程，研究发现和技术发明是技术创新和经济增长的主要动力。创新过程起始于基础研究，经开发、生产和销售这一线性过程最终将新技术引入市场，在该模型中市场只是被动的接受者，几乎没有参与创新过程的能力。技术创新过程遵循"基础科学—应用科学—制造—销售"的线性模型。这类技术创新往往起源于根本性的技术推动，并形成一个新的产业。如计算机、互联网的诞生催生了信息时代的各种生活和工作方式。

20 世纪 60 年代，美国经济学家施穆克勒（Schmookler）、马奎（Marquis）、梅尔斯（Myers）等提出需求拉动模型。1996 年，美国经济学家施穆克勒在其著作《发明和经济增长》一书中提出：技术创新是受到市场需求的作用形成的，研发创新是为了生产出能够满足市场需求、获得潜在利润的新产品。需求拉动模型比起技术推动模型有所深化，需求拉动模型将经济发展中的重要因素——市场纳入创新的过程，认为创新的过程是由市场拉动的。客观存在的需求导致创新主体开展技术研究，并应用技术成果从事技术创新活动。市场或生产是研发构思的来源，其目的是满足市场需求或解决生产中存在的问题。需求拉动技术创新的线性模型为：市场需求—研发创新—知识产权—新产品/新工艺—生产—销售。需求拉动产生的创新多属于渐进性创新，风险小、成本低。

20 世纪 60 年代，美国经济学家罗森伯格（Rosenberg）和英国经济学家弗里曼（Freeman）在此基础上进行了更深入的研究。他们认为技术创新的产生是受到市场需求拉动和技术推动两者的共同作用，缺一不可。技术和需求常常是以一种相互作用的方式共存。技术创新来源往往是技术推动和需求拉动共同作用的结果，强调技术与需求的配合、协调和综合作用。需求决定创新的报酬，技术决定创新的可实现性及成本。

2. 第二代技术创新模型——交互模型

交互模型是由英国经济学家罗斯韦尔（Rothwell）、罗伯逊（Robertson）于20 世纪 70 年代末到 80 年代初提出的。该理论的核心即技术推动和需求拉动部分在创新过程和产品生命周期的不同阶段具有不同的作用。技术和需求这两大创新要素的有机结合对创新过程中的各环节产生交互影响。

3. 第三代技术创新模型——链环—回路模型

1986 年，美国经济学家克莱茵（Kline）、罗森伯格（Rosenberg）将技术创新的各个阶段与现有知识存量和基础研究相联系，提示了创新链各个环节之间的反馈关系。各个环节之间存在一定的反馈回路，市场、技术研究和创新已经互相结合并进行反馈。这一阶段的创新理论阐明了在技术创新过程中各个阶段之间的相互关系，对于科学知识、市场需求在技术创新各个阶段的作用机制也进行了系统的分析，综合技术拉动和需求推动学说的辩证研究，是被学者普遍认可的技术创新理论。

4. 第四代技术创新模型——平行模型

这是比利时经济学家勒梅特（Lemaitre）、斯托尼（Stenier）于 1988 年提出的。其技术创新过程被看作同时涉及创新构思的产生、研发、设计、制造和市场销售的并行的过程。他们强调技术创新相关职能部门之间，以及与供应商、用户之间的沟通和合作，这要求拥有较强的内部协调和管理能力。不同创新阶段的平等交叉作业，加速了创新的进度，缩短了技术创新的周期。并行创新过程模型不仅包括企业内部各功能模块的相互交叉作用，还包括产业链上下游不同企业之间以及末端客户和消费者对企业技术创新的协同支持，从而促进产品创新生产周期的缩减，提高消费者满意度。

5. 第五代技术创新模型——网络模型

20世纪90年代，美国经济学家道奇森（Dodgson）、贝赞特（Bessant）提出的技术创新模型是系统集成创新与网络一体化模型。技术创新是一个包含技术、制度、组织、管理、文化、政策等因素在内的大系统中各要素全方位整合与协同的结果。技术创新强调研发与生产制造的同步或一体化，强调上游供货商与下游主要顾客之间的密切合作，强调横向之间的创新资源整合，是交叉职能联结和多机构网络化的过程。第五代技术创新模型强调的是战略因素，核心是战略集成（如图4-3所示）。

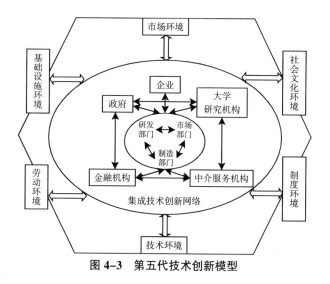

图 4-3　第五代技术创新模型

当技术创新模型发展到第四代时，在研究方法上出现了从分析范式向系统范式的转变。系统论强调系统的整体功能大于部分功能之和，系统各个要素之间存在着非常复杂的非线性相互作用关系，系统遵从于内部各个要素之间以及要素与外部环境之间相互作用的规律。网络系统创新是一个复杂的交互作用过程，技术网络式创新要求技术、制度、文化、组织的协同，以系统整体协同创新效应的实现、创新系统功能结构的优化作为最高目标。线性创新模式和网络创新模式特征的比较如表4-1所示。

表 4-1　两种创新模式特征的比较

	线性创新模式	网络创新模式
理论基础	还原论，整体等于部分之和	生成论，整体不等于部分之和
组织结构	层次，等级，比较稳定	扁平，不断演进

	线性创新模式	网络创新模式
信息传递	自上而下	交互作用，协同运作
创新目标	均衡的、有计划的目标	不确定的涌现的目标
主体关系	因果关系，线性关系	非因果关系，非线性关系
可预见性	个体行为或系统行为是已知的，创新结果是可预见或可控制的	个体行为或系统行为是未知的，创新结果是不可预见或控制的
创新组织	少数中央计划者决定创新的方向	共同体互动影响创新实现或自发涌现创新
动力学特征	群体遵从可预测的发展阶段	各主体自主地适应不确定性
环境适应性	差，在一定的环境中逐渐退化	强，与环境形成互利共生关系
地理后果	大多数创新活动发生在中心区域	创新活动在地理空间上扩散
典型的工业部门	福特时代的制造业	柔性工业部门

资料来源：Asheim T.（1998），徐占忱（2006）。

（二）区域创新系统

区域创新系统理论的发展，与技术创新理论研究密不可分。1992 年，英国 Philip Cooke 教授首次提出区域创新系统（Regional Innovation System，RIS）的概念。区域创新系统具有深厚的理论基础，如国家创新系统、制度经济学、创新理论、交互性学习理论、演化经济学、新产业区理论等，共同为区域创新系统奠定了理论基础，也有大量文献中使用了"区域创新政策"、"创新环境"、"创新网络"等提法，而知识经济时代的到来，以及经济全球化背景下区域经济体竞争日益激烈的现实背景，使得区域层面的创新研究成为研究的热点。

区域创新系统（Regional Innovation System，RIS）的概念主要来源于创新系统和区域科学的研究成果。区域创新系统的理论基础众多，其中最重要的有国家创新系统和创新系统理论。区域创新系统作为国家创新系统的子系统，两者具有相同的理论基础，只是研究角度和研究范畴的区别，同时区域创新系统又有其自身的独特之处。创新系统理论对技术创新过程的认识已从单个企业及内部向多个行为主体及网络化转变，创新活动创新主体间的"互动式学习"对于理解区域创新系统至关重要[136]。

1. 区域创新系统的内涵

区域即"土地的界划，指地区"，也含有某一"界限和范围"的意思，是个相对性意义的词汇。区域创新系统有广义与狭义之分，广义的区域创新系统涵盖全球创新系统（Global Innovation System）、国家创新系统（National Innovation System）、区域创新系统（Regional Innovation System）和地方创新系统（Local

Innovation System）等；狭义的区域创新系统是指介于企业创新系统和国家创新系统之间的空间创新系统。可见，区域创新系统的研究范围取决于对区域的界定，本书所研究的创意产业园区区域协同系统是个狭义的区域创新系统，所指的"区域"也是介于区域协同行为主体与国家之间的中观研究区域范畴。

（1）从国家创新系统到区域创新系统

1987 年，英国经济学家弗里曼（Freeman）在研究日本经济发展经验时，在其著作《技术与经济运行：来自日本的经验》（*Technology and Economic Performance：Lessons from Japan*）中阐述了日本企业组织、生产组织、企业间关系、政府在技术创新中发挥的作用，并在其 1988 年的论文《日本：一个新的国家创新系统》中首次提出了"国家创新系统"的概念，即国家内部系统组织及其子系统间的相互作用，主要是以公共产业部门和私营部门中各种机构为行为主体，它们的活动及互动决定着新技术的开发、引进、改进和扩散时形成的网络[137]。1988 年，美国经济学家纳尔逊（Nelson）在《作为演化过程的技术变革》（*Understanding Technical Change as an Evolutionary Process*）一书中研究了美国的国家创新系统，强调技术创新是在企业、政府、高校等有关机构的协同作用下实现的，技术的公有和技术的私有之间的平衡是在制度设计的保障下实现的[138]。1992 年，伦德威尔在《国家创新系统：一种走向创新和交互性学习的理论》中指出学习对于国家创新的重要性，并且学习具有制度根植性。1993 年，纳尔逊在其著作《国家创新系统：比较分析》（*National Innovation System：A Comparative Analysis*）中指出，不同国家由于发展历史、文化资源、地理区域、经济水平和社会政治系统的不同，国家创新系统没有统一的模式，具有复杂性和多样性，并对 15 个国家的国家创新系统进行了分析比较[139]。1992 年，丹麦伦德威尔（Bengt-Ake Lundvall）在《国家创新系统：建构创新和交互学习的理论》（*National System of Innovation：Towards a Theory of Innovation and Interactive Learning*）一书中介绍了国家创新系统的构成结构与运作机制，各个行为主体的相互作用及互动关系。1994 年，帕特尔和帕维特（Patel 和 Pavitt）研究了国家创新系统与经济增长的关系。1996 年，OECD 在《以知识为基础的经济》年度报告中强调国家创新系统与知识经济的关系，对多个国家的创新系统进行了大规模的研究，并发表了一系列的报告。同年，美国国家研究理事会提出了国家知识系统。国外学者对国家创新系统的界定如表 4-2 所示。

表 4-2　国外学者对国家创新系统的界定

代表学者	时间	界定
弗里曼（Freeman）	1987 年	以公共产业部门和私营部门中各种机构为行为主体，它们的活动及互动决定着新技术的开发、引进、改进和扩散时形成的网络
纳尔逊（Nelson）	1988 年	技术创新是在企业、政府、高校等有关机构的协同作用下实现的，技术的公有和技术的私有之间的平衡是在制度设计的保障下实现的
伦德威尔	1992 年	学习对于国家创新的重要性，并且学习具有制度根植性
帕特尔，帕维特	1994 年	国家的各种机构组成，其结构和能力决定着一个国家技术创新的速度和方向
麦卡夫	1995 年	一系列有利于新技术开发和扩散的制度，在此制度框架内政府制定和实施政策来影响创新过程
OECD	1996 年	一组独特的机构，它们分别或联合地推进新技术的发展和扩散，提供政府形成和执行关于创新政策的框架，是创造、储备和转移知识、技能和新技术的相互联系的机构系统

随着知识经济时代的到来，经济增长理论和创新理论的发展完善，国家创新系统演化经历了国家技术创新系统阶段、国家创新系统阶段和国家知识创新系统阶段。20 世纪 80 年代起，世界各个国家都掀起了国家创新系统的研究热潮，研究成果不断扩展和深化。国家创新系统研究的方向主要集中在以下几个方面：理论研究、实证研究、比较研究、政策研究、区域创新系统的研究、产业（行业）创新系统的研究。国家创新系统的理论研究主要集中在国家创新系统的基础理论、国家创新系统的概念、构成要素、要素间的相互作用、知识管理、知识分配力、国际合作、创新管理、投入产出分析、评价指标和方法、国家创新系统与经济绩效的关系等。国家创新系统的实证研究主要集中在系统结构，结构评估，知识、技术、人员等生产资料的流动，创新网络，知识基础设施，创新调查，企业创新与区域合作，企业与高校和科研机构之间的产学研合作，科技投入与科技产出，评价指标，政策评估等。国家创新系统的比较研究集中在发达国家之间、发达国家和发展中国家之间的历史比较、结构比较、创新能力比较、效率比较、政策比较等。国家创新系统的政策研究主要有以下几个方面：政策结构、国家创新政策、产业政策、科技政策、企业政策、知识产权、评估政策、创新战略、发展战略、政策系统评估、政策调整方向等。区域创新系统作为国家创新系统的二级结构，为国家创新系统提供了技术工具，主要研究问题有：系统结构优化、合作网络、战略目标选择、创新管理、政策措施优化、激励政策调整、评价指标等。产业创新系统的研究集中于产业创新系统的构成要素、结构特点、创新网络、运行机制、系统比较、评估管理、产业政策等。

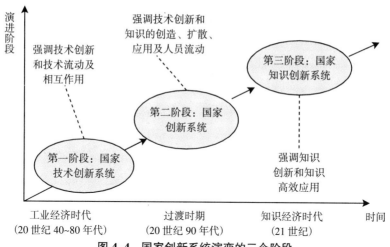

图 4-4 国家创新系统演变的三个阶段

（2）区域创新系统的内涵界定

创新系统理论认为互动式学习是创新的主要动力，创新是非线性的，所以区域经济和科技发展水平的不同，是许多创新主体交互作用的结果，不能仅仅用企业的战略和经营行为来解释。创新系统具有不同的创新能力，这主要是由于不同的创新主体运用不同的创新模式进行生产，在创新系统内部，创新主体的研发创新主要是基于隐性知识的相互学习，而隐性知识具有不可编码性，其传播途径依靠的是创新主体间的相互信任以及面对面的交流，这也说明了创新具有地理集聚性。创新主体在一定的制度安排内，对于知识和技术的吸收、改进、生产和扩散功能形成创新网络。随着系统范式的拓展，区域创新系统的研究在创新系统研究领域受到了广泛的关注。随着全球一体化发展，从经济意义上，区域经济利益体的发展日益超越国家经济系统的发展。区域创新系统是在国家创新系统理论研究和实践的基础上，研究某个特定区域内的创新活动，它是经济地理学研究的一个新领域，是对国家创新系统理论的丰富与完善。

1992 年，英国卡迪夫大学的库克（Cooke）教授最早提出区域创新系统（Regional Innovation Systems，RIS）的概念。在其随后的研究中，1996 年出版的《区域创新系统：全球化背景下区域政府管理的作用》一书中，将区域创新系统的概念界定为：由地理上相互分工与协作的生产企业、高等教育机构和研究机构等构成的区域性组织体系，这种体系支持并保障创新活动和创新成果[140][141]。此外，库克还借鉴国家创新系统的研究，结合制度、文化、组织等因素在区域市场机制起主导作用的背景，从区域、创新、系统三个角度对区域创新系统进行深入研究，分析区域创新能力对制度、组织、基础设施等环境条件的要求，形成区域创新环境和区域发展的理论框架。而后，阿希姆（Asheim）和艾萨克森（Isaksen）（1997）认为，区域创新系统是由支持组织围绕两类主要行动者及其相互作用组成的区域集群。第一类主要行动者是区域产业集群及其支持产业的公司；第二类主要行动者是制度基础结构，包括科技公司、高等院校、技术中介组织、职业培训机构、产业协会、金融机构等，它们具有支持区域创新的重要能力[142]。奥泰奥（Autio，1998）认为区域创新系统是基本的社会系统，由相互作用的子系统组成，这些子系统内部及相互之间的互动产生了推动区域创新系统演化的知识流[143]。Cooke 和 Schienstock（2000）也认为，区域创新系统就是在某一区域的范围内，企业与企业之间的交流与协作使之形成的具有密切关系的制度安排与创新网络[144]。道劳雷乌克（David Doloreux，2003）认为，区域创新系统理论是一组相互作用的私有和公有部门、正式的机构和其他组织机构的密切联系形成的具有创新支持作用的知识设施库，区域内的创新活动的维持需要特定的治理结构来协调并促进创新网络的互动关系，通过组织和制度的安排及关系引导知识的生产、使用和扩散[145]。随着信息化和区域化的不断发展，区域创新系统也经历了显著的演化，Cooke（2004）根据大量的实证研究提出了奥地利模式、北欧模式、拉丁模式和德国模式四个区域创新系统的模式，注重创新平台和创新网络的建设，强调各创新主体之间的协同效应，更注重绿色创新技术的发展，强调创新的持久性[146]。Stefan Kuhimann（2004）认为区域创新系统由区域产业系统、区域研究系统、区域政治系统和区域环境系统（包括区域基础设施、区域制度环境和需求）构成，四个子系统相互作用，并不断学习和发展，推动着整个创新系统的不断演进和发展[147]。

在此基础上，结合中国的实际情况，国内学者对区域创新系统的概念也进行了众多探索，主要从区域经济学理论、产业区位理论、创新系统理论等角度展开，提出的区域创新系统的概念侧重点不同，稍有差异，但基本观点还是保持一致的。国内学者普遍认为：区域创新系统由企业、大学和科研机构、政府、中介机构等创新主体构成，创新主体和创新资源、创新环境等一起构成了区域创新系统的生产要素。陈广（1999）将区域创新系统界定为在一定区域内参与技术创新的企业、高校和研究机构等行为主体及其所处的区域创新环境组成的创新网络体系[148]。黄鲁成（2000）认为区域创新系统就是处于某一特定经济区域，各种创新主体要素（创新机构和组织）、各种创新非主体要素（创新必需的物质条件）以及协调各创新协调要素之间关系所形成的制度与政策网络[149]。顾新（2001），王核成、宁熙（2001）从系统论的角度进行界定，将其定义为某一特定区域内地理位置临近、业务相互分工与合作的创新主体所组成的开放的创新系统，并阐述了区域创新系统的特征和创新的层次[150][151]。朱付元（2005）分析了区域创新的含义、构成条件、演化和识别方法[152]。

虽然目前关于区域创新系统的概念还没有一个统一的定义，但是综合国内外学者关于区域创新系统的研究，可以得出区域创新系统是指在一定地域范围内，参与技术开发和扩散的企业、大学和科研机构等多个创新主体以技术创新为核心，以价值创造为纽带，以政府政策为导向，在市场中介服务组织参与服务和政府适当介入的情况下，通过组建各类创新平台，创造、储备和转让知识、技能及新产品，引导创新主体的自主创新活动而相互作用形成的开放的创新网络系统。

具体来讲，区域创新系统的内涵应包括如下几个方面：①区域创新系统是个开放的空间，同时具有明显的地理边界。区域创新系统是各参与者之间相互竞争与合作而形成的系统，系统的边界是开放的，只要与系统内部发生知识的流动、技术的扩散和价值创造等联系均可以并入系统中。②区域创新系统的行为主体主要由企业、高等院校、研究机构、政府机构和第三方中介机构组成；企业和高等院校、科研机构是创新主体，中介组织是纽带，政府为创新提供平台。创新主体是新知识、新技术创造的源泉，也是创新系统的核心力量。中介组织作为区域创新系统的纽带，为创新主体提供服务，促进系统中信息和技术的流动与扩散。政府通过制定相关政策、完善治理机制等为系统提供适宜的创新环境。③高校、研究机构、企业和政府机构等不同创新活动主体通过相互学习、相互作用，构成创新系统的组织结构和空间结构。④创新活动主体通过创新组织和空间结构自身的组织及其与环境的相互作用而实现综合的创新功能，并对区域经济、社会及生态环境产生影响。⑤区域创新系统与外界环境之间存在着反馈机制。区域创新系统作为一个开放的自组织系统，在自组织的作用下实现与周围的相互联系和相互作用，区域创新系统影响环境，同时，也受到环境的反馈作用。

2. 区域创新系统的构成

通过文献梳理可知，区域创新系统的构成分析主要有以下两个角度：一是从创新系统的结构出发，从构成子系统的角度分析；二是从区域创新系统的微观构成要素出发，从企业等行为主体、相关制度和环境等角度进行探讨。

（1）构成子系统的角度分析

奥泰奥（Autio，1998）和库克（Cooke，2002）认为区域创新系统是由区域知识运用和开发子系统以及知识生产和扩散子系统构成的[153]。区域知识运用和开发子系统主要由企业构成，客户和契约商围绕生产企业组成垂直网络，竞争企业和合作企业构成生产企业的水平网络，知识在这个以生产企业为中心的纵横交错的网络系统中得到运用和融合。在知识生产和扩散子系统中，知识主要在公共组织，如研究机构和教育机构中产生，通过技术转移机构、劳动终结机构以及支持创新的其他区域机构得到扩散和传播。这两个子系统之间通过知识、资源和人力资本等要素流动来相互作用。经济合作与发展组织（OECD）将区域创新系统分为创新资源子系统、创新环境子系统、创新基础设施子系统、创新主体子系统、区域互动子系统。当然，区域创新系统不是封闭的，它与国家创新系统政策和机构，以及国家政策和机构等外部环境也会相互联系和相互作用。

国内学者对区域创新系统的构成子系统也进行了相关的探讨。胡志坚和苏靖（1999）认为，区域创新系统是由主体要素子系统、功能要素子系统和环境要素子系统构成[154]。黄鲁成（2000）从创新的结构角度，将区域创新系统划分为创新主体子系统、创新基础子系统（数据库、技术标准、科技设施、信息网络等）、创新资源子系统（人才、资金、专利、知识等）和创新环境子系统（管理体制、政策法规、市场和服务等）。周亚庆和张方华（2001）认为区域创新系统由教育、科技、资金体系、政府和文化五个子系统组成[155]。孙伟、黄鲁成（2002）从系统论的角度分析，认为区域创新系统由组织创新子系统、制度创新子系统、政策创新子系统、过程创新子系统和基础条件创新子系统构成[156]。

（2）从企业等行为主体、相关制度和环境等角度分析

Todding（2002）认为区域创新系统由区域内企业网络、大学和研发机构、金融机构、培训机构和相关的服务机构五类要素构成。Asheim和Isaksen（2002）认为区域创新系统包含两类主要的主体和它们之间的相互作用，第一类主体是支持产业发展的区域产业集群企业；第二类主体是研究机构、技术转移机构、教育和培训机构、服务机构和组织等制度基础设施，这些机构保障着区域创新的实现[157][158]。Kaufmann（2006）认为区域创新系统包括生产企业群、研究机构、教育机构、政府机构和服务机构[159]。

毛艳华（2007）认为，区域创新系统是由创新主体要素与创新非主体要素构成的复杂系统，企业、政府、科研机构、中介组织以及创新基础设施、创新政策

等共同构成了区域创新系统的基本要素[160]。区域创新系统的结构如图4-5所示。由外界输入能量、信息、资源，企业、科研机构、政府、中介机构等创新主体对能量、信息、资源处理后输送给资源整合中心，再由资源整合中心对信息、能量、资源进行整合以后，输出产品与技术。这是一个反馈过程。企业、政府、高校与科研机构、中介组织等主体要素相互联系与相互作用，在区域的政策法规、文化氛围等因素的影响作用下，融入区域的创新环境进而形成区域创新系统。

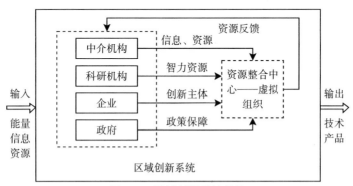

图4-5 区域创新系统结构

资料来源：石峰.基于自组织理论的区域创新系统的演化研究 [D].武汉大学博士学位论文，2012.

可见，任何一个区域创新系统均由企业、政府、中介机构、高校和科研机构这几个创新主体要素构成。创新主体要素在区域创新系统中的地位与功能各不相同，相互竞争、相互合作，形成创新网络系统。创新主体要素决定整个创新系统的创新能力，企业是区域创新主体的核心。创新非主体要素主要包括创新基础设施、政策制度和区域环境等。Doloreux（2004）认为区域创新系统依赖于企业内外不同的要素，企业、制度、知识基础设施和创新政策等都是构成区域创新系统的主要因素[161]。Buesa等（2006）认为区域创新系统的构成要素除了包括企业、公共管理部门、创新支持基础设施，还应包括区域和国家的创新环境，尤其是其中的制度因素[162]。

企业是区域创新系统中技术创新的核心，是知识的创造者和传播者。区域创新系统中的每个企业作为一个学习型组织，与其他企业不断进行着信息、能量的流动，这种社会网络交互作用促进了专业化的分工与合作，保证了整个创新系统集体创新的顺利实现。

高校和科研机构、政府与其他中介服务机构能够促进系统内部新知识和新技术的应用和扩散。高校主要从事创新人才的培养以及知识生产和传播活动；科研院所主要从事科学研究与技术开发活动，是企业创新活动非常重要的知识资源；政府制定有关政策，激发和规范各系统要素的创新活动，对创新过程进行宏观调控；中介机构为各个创新主体提供鼓舞，创造良好的环境，保证系统有序运行，促进知识的生产、传播和利用。

创新基础设施即为创新活动提供的便利条件，这些条件是创新活动必需且不可能由企业自行解决的基本条件，包括国家科技基础设施、教育基础设施、情报信息基础设施等。国家科技基础设施是国家创新体系的重要组成部分，是支撑社会创新活动的公共平台，是提高国家创新能力的必要的物质技术基础条件。它具有基础性、战略性、连续性、公共性的特点，是国家基础设施的重要组成部分。国家科技基础设施是国家创新能力的载体，是保障创新活动开展和创新体系有效运转以及提升国家创新能力的重要基础。国民经济的发展离不开能源、交通等基础设施的保障，国家创新能力的提高也离不开重大科学工程、研究与实验体系、科技支撑体系、产业共性技术研发及工程化体系、企业技术创新体系、技术创新服务体系等创新能力基础设施的支撑。

创新政策是实现区域创新的基本保证。所谓创新政策，就是指一个国家或地区的政府为推动创新活动的顺利进行，提高创新效率水平和不断增强创新能力而采取的公共政策的总称，其最终目标是通过创新提高区域创新系统的创新能力与创新效率。良好的创新政策能有效降低企业间的交易成本，激发技术创新的产生。政府的政策支持有利于营造良好的创新环境，推动技术转移和技术的广泛应用。创新政策的制定与实施能有效推动各领域资源自由流动和充分共享的公共服务平台的搭建，从而有利于创新元素的整合。

(三) 协同创新理论

协同创新是将协同学理论应用到技术创新领域衍生出来的。20 世纪 90 年代以来，创新理论领域兴起的创新网络、创新园区与创新环境、创新系统等理论，都强调创新主体间的相互合作和集体创造力，为协同创新研究提供了理论基础和方法论。彭纪生 (2000) 最早对技术协同创新系统进行了论述，他从技术协同创新的内涵着手，构建了不同层次的协同框架，并分析了系统内各要素协同创新的的交互作用机制及协同度问题[163]。而后，学者将协同创新理论与企业组织理论、网络组织理论、系统理论等相结合展开大量的研究。协同创新反映事物发展过程中各要素相互作用的原理，其理论的发展遵循"点→线→面"相结合的脉络，最终形成一体化的创新生态系统的演化过程[164]。通过对现有文献进行梳理，总结出协同创新研究的演化路径，如图 4-6 所示。

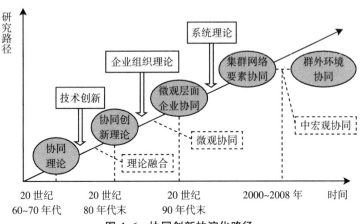

图 4-6 协同创新的演化路径

目前，对于协同创新理论还没有一个统一的概念界定。美国麻省理工学院研究员 Peter Gloor 对协同创新概念进行了最早的描述，他将协同创新网络（Synergetic Innovation Network）定义为"由自我激励的人员所组成的具有共同愿景的网络小组，借助网络共享思路、信息和工作，从而实现共同的目标"[165]。Serrano 和 Fischer（2007）从"整合"和"互动"两个维度构建了协同创新的实现过程（如图 4-7 所示），认为协同创新是一个"沟通→协调→合作→协同"的过程，协同囊括了知识、资源、行为、绩效的全面整合，整合能否实现取决于系统内不同要素的互动和合作的程度[166]。我国学者方澜将协同创新界定为各创新主体通过资源共享、优势互补以及创新要素的有机整合，在创新系统复杂的非线性作用下，产生单独要素所无法实现的整体协同效应的过程[167]。陈劲和阳银娟（2012）认为协同创新是以科技创新和知识增值为目标，通过企业、政府、大学、研究机构、中介机构等多元主体网络的资源整合和竞争合作，实现网络协同系统的非线性效用[168]。通过对现有文献进行研究，本书认为协同创新是系统内各个创新主体以价值创造为目标，进行协同竞争、合作创新和系统优化的过程，实现系统内资源流动和要素整合的行为。

协同创新本质上体现了一种集体创造力（Swarm Creativity），是一个多主体、多层次、多要素等协同的复杂创新组织模式，创新源于要素组合的协同作用力，集体中的沟通是通过网络直接接触实现的，通常网络中行为主体从事的工作会跨

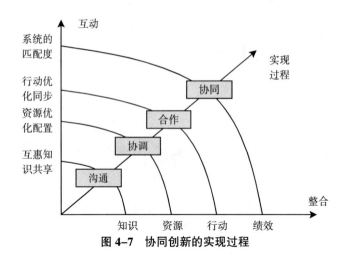

图 4-7 协同创新的实现过程

越传统的组织边界，且其网络组织模式也区别于传统的层级形式[169]。如图 4-8
所示，协同理论的研究框架是由跨时空协同、不同层次之间的协同、要素组合的
协同和组织内外协同四个维度构成[170]，个人、组织和区域不同层面的行为主
体，跨组织内外对战略、组织、文化和市场等要素整合，实现资源跨时空优化配
置的协同结果呈现。

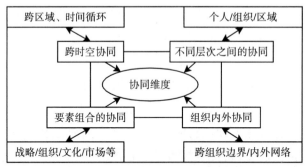

图 4-8 协同理论的研究维度示意图

第二节 价值链理论

一、传统价值链理论

1985 年，Michael E. Porter 基于传统的制造企业分析，在其著作《竞争优势》（*Competitive Advantage*）一书中首次提出价值链的概念，并运用价值链理论来分析企业的价值创造活动及其竞争优势。在其理论观点中，价值链是由一系列连续的经济活动构成的，被认为是从原材料转化为最终产品的一系列活动中价值不断增值的过程。企业是设计、生产、销售、交货以及对产品起辅助作用的各种活动的集合，这一集合可以用价值链来表示，资源在这一系列价值活动中实现有效配置，企业的竞争优势来源于企业内部价值链中的各价值环节[171]。同一产业内的企业有相似的价值链，但可能因为产品线的不同特征，买方、地理区域或分销渠道的不同而常常有所不同。竞争者价值链之间的差异是竞争优势的一个关键来源，企业正是通过比竞争对手更低成本或更高品质的差异化的方式，开展价值链上重要环节的战略活动来获取竞争优势。

Porter 的价值链列示的总价值包括价值活动和利润两部分，利润是总价值与价值活动所消耗的总成本之间的差额。价值是买方支付给企业所生产产品的价格，企业为顾客创造价值的活动中所消耗的资源即为成本，为顾客创造超过成本的价值是企业开展任何活动的基本战略目标。企业价值链不仅包括价值链内部的联系，还包括企业与供应商、渠道商等之间的联系。供应商和渠道商的价值链也存在一个差额，供应商和渠道商的利润也是由消费者所承担成本的一部分。可见，企业的各项活动均为企业创造价值，协调并优化各项活动间的联系促进企业的低成本或差异化竞争战略的实现，最终提升企业的竞争优势。

企业价值链由基础活动和辅助活动两类价值活动组成（如图 4-9 所示）。基本活动是涉及产品的物质创造及其销售、转移给买方和售后服务的各种活动。任何企业的基本活动都可以划分为内部物流、生产经营、外部采购、市场销售和服务五种基本类别。辅助活动对基本活动起辅助作用，通过提供外购投入、技术、人力资源及各种公司范围的职能来保障基本活动。图中的点划线是为了说明，人力资源管理、技术开发和采购均与各项基本活动相联系并支持整个基本价值链，企业的基础设施虽然不与基本活动相联系，但也同样对价值链起到支持作用。

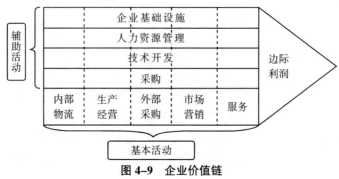

图 4-9 企业价值链

Porter（1985）认为，价值链并不是一些独立活动的集合，而是相互依存的活动构成的一个价值系统（如图 4-10 所示）。价值活动的联系不仅存在于企业价值链内部，同时存在于企业价值链与供应商价值链、渠道商价值链和买方价值链之间，它们共同构成了价值系统。在价值链系统中，不同的业务单元（供应商、企业、渠道商和消费者）相互协作共同创造价值，价值也已经不局限于产品自身的物质转换。

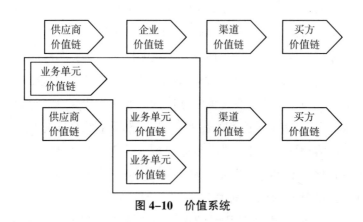

图 4-10 价值系统

Porter 的传统价值链理论仅仅局限于企业对自身内部资源的充分利用，而忽视了市场对企业外部资源的融合作用。后来，Peter Hines、John Shank 和 V. Govindarajan 等对价值链理论进行了拓展。John Shank 和 V. Govindarajan（1992）

将企业价值链界定为"从最初的原材料供应到将最终产品被顾客消费的全过程"[172]。除了扩大价值链的范围外，Shank 和 Govindarajah 进行了企业战略性成本管理，即将会计信息融入价值链分析中，通过计算出价值链上各环节的资产收益率（ROA）和利润来确定价值链的竞争优势所在。Peter Hines（1993）将价值链界定为集成物料价值的运输线[173]，与 Porter 定义的价值链相反，Hines 把消费者对于产品的需求作为生产过程的终点，而将利润视为满足消费需求的副产品。Hines 将原材料和消费者纳入价值链分析中，也就是说，产品价值链不局限于那些与生产行为直接接触的生产行为主体，而扩展为成员企业在不同的阶段包含不同的公司，从供应商手中的原材料到产品消费的全过程，意味着形成了产业价值链[174]。此外，Hines 价值链理论强调基本活动的交叉功能，使得各项活动不再是被限定在生产作业中，而是沿着价值链流程科学地建立，并将信息技术纳入企业价值链的辅助活动中。

二、虚拟价值链理论

随着信息经济的发展，信息、知识和智力资本已经成为独立的生产要素，在许多不依赖于传统物质资源的新兴产业的发展中，信息技术作为一种无形资源为顾客提供和创造大量价值。而传统价值链理论将信息技术作为企业的辅助活动，忽视了其对价值增值的源泉作用，并把它从传统价值活动中独立出来。为克服传统价值链理论的局限性，Jeffrey F.Rayport 和 John J.Sviokla 两位学者在《开发虚拟价值链》（Exploiting the Virtual Value Chain）一文中首次提出虚拟价值链（Virtual Value Chain）的概念。虚拟价值链是企业利用信息技术和互联网重新组织和安排企业的各项价值活动，从而获取竞争优势的有效工具。它由基本信息增值活动和附加价值活动组成，其中，基本信息增值活动包括网上供应链管理、虚拟生产、网上库存管理、网络营销和在线服务，附加价值活动由信息技术平台、智力资本、第三方物流、技术开发和网上采购构成（如图 4-11 所示）。

企业在发展过程中面临着两方面的竞争：一个来自市场场所，即管理者可以看到并且触及到的由资源组成的物质世界；另一个来自由信息组成的虚拟世界，称其为市场空间。与此相对应，企业价值链环节的价值增值由基于物质资源的价值增值活动和基于信息资源的价值增值活动组成。其中，基于物质资源的价值增值活动构成了传统的价值链/实物价值链，为顾客提供有形的产品或具体的服务；而基于信息资源的价值增值活动与基于物质资源的价值增值活动相对应并独立出

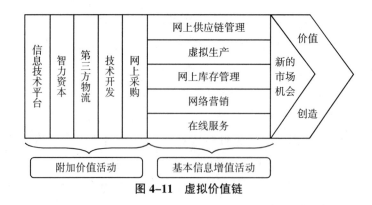

图 4-11　虚拟价值链

来构成了虚拟价值链，通过对信息的加工处理，为消费者提供无形的产品或服务。它把企业间的竞争从物质资源的消耗转向了信息利用效率的提高。虚拟价值链的各个价值增值活动既具有一定的独立性，同时又有机地联结为一个整体，其联系规则表现在各个部分分别代表了企业在市场空间中相互关联的一系列活动，前一价值活动是后一价值活动的基础。

虚拟价值链以实物价值链为基础，但两者的价值增值活动和经济原理完全不同，两者的区别如表 4-3 所示。虚拟价值链是实物价值链的信息化反映，是传统价值链在市场空间中的延伸，具有传统价值链不可比拟的优势，它缩短了企业价值链。传统价值链的任一价值增值环节的信息通过收集、组织、挑选、合成和分配五个步骤带来虚拟价值链上相应的价值增值活动，实现虚拟价值链各环节的价值创造，提高企业竞争优势；与传统价值链不同，虚拟价值链的价值增值活动具有独立性，即各项价值活动独立地向顾客提供有用的信息而不影响其他活动。虚拟价值链不仅包括信息的价值增值活动，更值得注意的是，它是一种为顾客"重新创造价值"的活动，顾客价值具有增值性，企业得到的市场反馈信息或者消费者直接参与产品设计，影响着企业价值活动的实现方式和路径。

表 4-3　传统价值链与虚拟价值链的比较分析

比较分析	市场价值链中的地位	价值形式	管理内容	增值过程	信息作用	中介	客户角色
传统价值链	辅助的	物质价值	实物产品	线性	辅助元素	物质中介	产品接受者
虚拟价值链	主导、战略性	信息和知识价值	数字产品	非线性	价值来源	信息中介为主，物质中介为辅	参与设计

资料来源：根据相关资料整理。

企业以信息形式完成的价值创造包括三个阶段（如图 4-12 所示）：透视信息阶段、映射价值链阶段和创建新型客户关系阶段。信息透视是对实物价值链的信息化反映，通过提升实物价值链的能见度，为管理者进行实物价值链上各环节的协调管理及其协同竞争奠定了基础。在映射价值链阶段，企业以信息为基础的虚拟经济活动——映射到实物价值链之上时，企业在市场空间进行的价值增值活动形成虚拟价值链。最终，企业利用信息建立新的顾客关系，企业通过虚拟价值链上各环节价值创造涉及的五个步骤挖掘新的市场机会，虚拟价值链的需求导向性实现企业价值链与供应商、渠道商和买方价值链的有效结合，提高了企业价值链的快速反应能力。

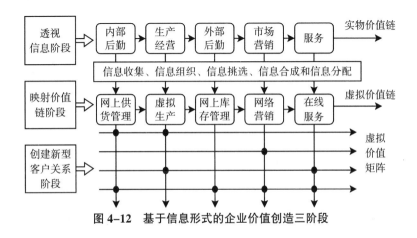

图 4-12 基于信息形式的企业价值创造三阶段

三、价值网络理论

顾客需求的多样化、互联网对市场经济的冲击以及市场竞争日益激烈等因素，使传统价值链制约企业转型升级的局限性日益彰显，价值网络的提出和发展合理有效地解决了市场经济发展中各企业和行业面临的各种问题。

企业价值网络的概念由价值星系的理论演化而来。价值星系（Value Conste-llation）由 Norman 和 Ramirez 于 1993 年首次提出，实现了战略重心从企业和产业向整个价值创造系统（The Value-creating System）的转变。价值创造系统是模块生产企业、供应商、经销商、合伙人、顾客等成员共同合作创造价值，不断重组业务系统，通过"组合"方式进行角色与关系的重塑，以新的角色和协同关系进行价值再创造。Adam Brandenburger 和 Barry Nalebuff 在其合著的《竞合战略》

(Co-competition) 一书中提出了一个强调合作共赢和企业共生（Symbiosis）的共生网络，围绕着"竞合"和"互补"等核心概念展开论述，其实质是价值增值网络，此共生网络被认为是企业价值网络的雏形。

后来，学者对价值网络（Value Network）的内涵和模型进行了相关论述。通过对相关文献的梳理可知，价值网络是由利益相关者围绕客户价值对价值链进行分解和重构，相互影响、相互协作而形成的价值生成、创造、分配、转移及使用的关系及其结构。其本质是在专业化分工的生产服务模式下，通过一定的价值传递机制，在相应的治理框架下，由处于价值链上不同阶段和相对固化的彼此具有某种专用资产的企业及相关利益体组合在一起，共同为顾客创造价值[175]。产品或服务价值的互补性以及不可分割性，要求创造其价值的企业联结成价值网络整体。其中，顾客价值是价值网络价值创造的目标，价值网络是企业通过内部业务分解、整合，并将其各个核心能力要素连接起来的价值体系，核心能力是价值网络得以存在和运行的关键环节。价值网络注重成员企业核心能力的优化整合以及企业要素之间的协同效应，其网络化发展的最高阶段是形成价值协同网络[176]，它是价值链拓展的终极目标，通过多家供应商、合作企业、竞争企业以及顾客等多条价值链上各行为主体间的业务流程的价值协同关系，提升价值网络的整体竞争力。其中，核心企业处于价值中枢的位置，整合其他成员创造的价值并将市场反馈信息及时地传递出去；价值链设计、供应、生产等各环节的企业在注重自身核心能力的同时，按照整体价值最大化的原则与网络各节点企业相互融合、动态互动，冲破价值链上各环节的壁垒，提高网络在主体之间的相互作用及其对价值创造的推动作用（如图4-13所示）[177]。

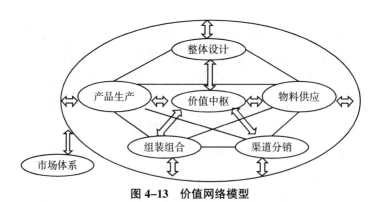

图4-13 价值网络模型

传统价值链理论中，企业的价值活动是基于线性的链条展开的，也即企业与外部的联系被认为是成对的利益相关者之间的"点对点"的联系。价值网络理论打破了传统价值链的线性思维和价值活动顺序分离的机械模式，围绕顾客价值对传统价值链进行重构，赋予了供应商、合作者、互补者、消费者等利益群体对企业资源的进入权，它不是供应商、企业和消费者等价值成员的简单增加而构成的，而是解构后的价值链上的不同层次主体，按照整体最优原则，借助互联网信息技术，形成的在多条价值链多个环节上的相互衔接、融合以及协作互动关系，企业与外部的联系是利益相关者之间"点对面"的联系。与传统的价值链相比，价值网络强调信息的流动与反馈，关注网络节点间的联系，注重与客户的交互作用，更能满足消费者的个性化需求，具有很大的灵活性，能够有效规避市场风险。特别需要注意的是，价值网络是一个以客户价值为战略出发点的价值创造系统，能够对消费者偏好和市场反馈信息迅速做出反应。在对现有文献大量阅读的基础上，本书归纳总结出价值链与价值网络的区别，如表4-4所示。

表4-4 价值链和价值网络的比较分析

项目	传统价值链	价值网络
作用结构形式	线性（点对点）	网络式（点对面）
作用逻辑关系	前后连续的	同时并行的
企业关系类型	竞争关系	竞争与合作关系
资源流通	可靠与准确	快速反应与灵活性
关键流通资源	生产资料流通	信息流通
资源组织方式	自我保护	共享、高度协作
经济价值焦点	目标利润导向	网络整体价值
价值驱动形式	前端驱动型	终端拉动型
战略出发点	低成本，高效率	顾客价值
企业战略	成本战略或差异化战略 低成本与高质量不可兼得	目标集聚战略 低成本与高质量可以兼得
顾客转变身份	营销对象	经营参与者
技术媒介	关联控制，成本高	互联网信息技术，成本低
适用范围	简单，标准的产品或服务	定制化，非标准的产品或服务

资料来源：根据相关资料整理。

第三节 竞争优势理论

一、竞争优势理论的研究基础

在对竞争优势理论的研究中，竞争优势的产生及获取机理是众多学者研究的重要内容，且关注的重点各不相同。对于竞争优势的研究，最早可以追溯到新古典经济学理论中以李嘉图为代表的学者对于比较优势的研究以及马歇尔对于集聚优势的研究，这对竞争优势的后续研究产生了深远的影响。伴随着技术创新步伐的不断加快，知识与信息在世界不同地域迅速扩散，顾客需求多样化和个性化发展，产品研发周期和生命周期日益缩短等，这些因素对企业所面临的外部竞争环境和竞争规则提出更高的要求。1939 年，E. Chamberlln 提出竞争优势的概念之后，Hofer 和 Schenel 将竞争优势理论引入战略管理理论，认为竞争优势是一个组织通过资源的合理配置而获得的高于其竞争对手的独特市场优势。20 世纪 80 年代，竞争优势理论受到以波特为代表的战略管理研究者的关注，这些学者从不同的研究视角对其进行阐述。尽管不同学者对竞争优势的表述各不相同，但基本内涵是一致的，即在有效竞争的市场上，在向消费者提供产品或服务的过程中所表现出来的超越其他竞争对手，并且能在一定时期内创造高于所在产业平均利润水平或超额利润的实力。竞争优势需具有如下三方面属性：首先，竞争优势必须呈现出区别于其他竞争对手的独特性；其次，竞争优势需具有超越同行业竞争对手的高额利润率；最后，竞争优势必须具有能够有效地满足顾客多样化需求的属性。对于竞争优势理论的研究也逐渐形成一套完整的理论体系，解释竞争优势的形成和演变规律的研究也不断深入。纵观竞争优势理论研究的发展脉络，本书将竞争优势的理论研究划分为三个发展阶段：一是将企业视为"黑箱"的新古典经济学派竞争优势理论观点；二是以产业环境分析为聚焦点的产业组织学派竞争优势理论观点；三是侧重于企业内部资源与能力的基于资源的竞争优势理论观点。

（一）新古典经济学派的竞争优势理论观点

基于完全竞争市场结构的假设，新古典经济学派竞争优势理论研究的是市场力量是如何自发地决定企业生产产品的价格、产量、质量与服务的。该理论认为在完全竞争的市场环境中，在企业所有的生产要素都按其机会成本的价格进行支付的情况下，企业的长期经济利润将为零。因此，在资源能够自由流动的情况下，不存在任何超额回报吸引新的生产要素流入该行业，凡是能够带来生产要素超额支付的经济利润终将会吸引新的企业加入该行业，随着企业进入数量的不断增加，最终导致该行业内的任何一家企业的经济利润回归到零。

可见，在新古典经济学派竞争优势理论中，企业被视为市场追求均衡状态过程中一个"黑箱"。新古典经济学派竞争优势理论强调的是均衡分析，在达到市场均衡状态时，没有任何一家企业可以获得超额利润，市场均衡是企业竞争的最终结果。因此，在新古典经济学派竞争优势理论的研究中，没有企业能够获得长期的竞争优势。然而，这与现实的市场竞争情况并不相符，一些在所处产业保持着长期竞争优势，并且能够获得长期高额回报的企业也屡见不鲜，因此，以企业竞争优势的获取与保持为核心的理论研究发展成为战略管理研究的主题。

（二）产业组织学派的竞争优势理论观点

产业组织学派对于竞争优势理论的研究可以追溯到 20 世纪 30 年代，产业组织学者们将产业视为一个由众多同质企业所形成的集合体，在分析企业竞争优势和超额利润时，侧重于分析企业进入行业的市场环境，而对于企业自身内部因素并没有进行过多的关注。可见，产业组织理论的观点是，企业所处的行业市场环境是影响企业竞争优势的重要因素。

20 世纪 80 年代开始，由于企业所面临的外部环境变化日新月异，理论研究者和实践企业家逐步认识到企业所面临的外部不确定性对企业产生了重要的影响，在进行战略研究与制定时，将关注点逐步转移到对企业外部环境因素的探讨。在此研究背景下，众多学者从不同的视角展开了竞争优势的理论研究。对市场结构的分析是产业组织学派竞争优势研究的核心问题。Bain 和 Mason 基于完全竞争理论、垄断竞争理论和有效竞争理论，提出了"结构—行为—绩效"（SCP）分析框架，与新古典经济学竞争优势分析不同，SCP 理论研究了企业的异质性和企业间的效率差异，该理论框架的实质是，竞争性市场中特定企业的绩效是由该企业所处的产业环境决定的。Porter 将 SCP 理论概括为：企业的绩效是其所处产业环境的函数，并且由于产业结构决定着企业行为，企业行为决定着企业绩效，故若忽略企业行为对绩效的影响，则可以认为企业绩效是由产业结构所决定的[178]。"贝恩/梅森"（B/M）理论认为，竞争性市场结构影响着企业行为，企业行为与市场结构共同影响着市场绩效，产业结构是导致企业竞争优势差异和绩效差异的根本原因，产业组织结构特征（规模经济要求）是企业长期利润的来源。不足之处是 SCP 分析范式忽略了结构、行为和绩效三者之间的相互作用力和作用关系。而实践研究表明，企业竞争优势是在产业结构和企业行为的共同作用下产生的。

基于传统的 SCP 理论，Porter 将其运用到战略管理领域，创造性地构建了竞争优势理论，对产业组织领域做出了巨大的贡献。Porter 认为无论是何种产业，总是有一些企业比其他企业获得更高利润的情况，他提出决定企业竞争优势的基本要素有以下两种：一是企业所处产业的结构及吸引力，如规模经济、行业壁垒、资本需求等产业特征；二是该企业在产业中的竞争位势，即企业的行业定位决定了此行业内企业的绩效差异。其理论观点是，企业只有进入一个利润水平较高的产业，并且将自己在行业中设定在具有较高利润水平的地位，才能获得竞争优势。故以 Porter 为代表的理论分析流派也被一些学者称为"定位学派"[179]。按照行业结构理论的逻辑推论，产业进入壁垒使得某些企业能够拥有竞争优势，但是如果企业所处的行业利润水平并不高，那么即使企业自身拥有很强的产业竞争位势，仍不会获得良好的市场绩效。因此，在产业结构理论的指导下，企业选择进入有潜力的产业是市场竞争的基本法则，这也是 20 世纪大多数企业采用多元化战略的动机之一。

围绕企业存在的基本市场竞争要素，Porter 提出了竞争优势的"五力"模型之后，产业结构分析最终成为 20 世纪 80 年代竞争优势理论的主导理论。"五力"模型认为，一个企业的盈利水平和竞争优势是由供应商、顾客、替代者、互补者、行业竞争对手五种力量共同决定的。在此基础上，Porter 提出了企业获取竞争优势的基本战略途径，即成本领先战略和差异化战略。然而，20 世纪 80 年代后期，随着产品更新、技术创新和市场需求的多样化发展，该理论战略并不能完全适用于企业的现实发展需求，企业难以对其外部环境进行控制，即使企业进入朝阳产业依然很难获取竞争优势，"五力"模型并不能有效地对处于同一个战略群组的不同企业间绩效差异的原因进行合理的解释。同时，为了进一步了解特定企业成本构成及潜在的差异化源泉，Porter 又提出了著名的价值链分析方法。价值链模型详细分析了企业内部的一系列价值活动构成，并在此基础上探讨了企业竞争优势的内部来源。理论研究和实践经验表明：从价值链的角度来探讨企业竞争优势的方法，对于竞争优势的研究产生了重要的影响，但是价值链模型对于企业竞争优势的分析还只局限在企业的价值活动构成方面，对导致企业价值活动差异的影响因素没有进行深入的研究，此外，不同价值活动创造的价值还难以量化与测度，因此，运用价值链分析方法来度量企业的价值活动、经营绩效和竞争优势的关系仍然存在一定的困难。

总之，Porter 的理论分析框架提供了一个企业获取并保持竞争优势的简单途径：进入一个利润水平高的产业，并采取某种竞争战略以占据产业中有利的竞争位势，通过设置进入壁垒和弱化市场中的各种力量，回避或限制其竞争对手给予的竞争冲击，并阻止竞争对手对其竞争位势进行复制与模仿，最终获得持续的竞争优势。但是，Porter 的竞争优势理论过分关注产业层面而忽略了企业自身内部因素对竞争优势产生的影响的分析，这遭到了众多学者的质疑。R.P.Rumelt 的研究表明：产业中长期利润率的分散程度远远高于产业间的分散程度。受到"五力"竞争优势理论的局限，Balney、Dierickx、Cool、Rumelt 等战略管理学者开始转向探寻企业竞争优势的其他来源，基于企业资源基础的竞争优势观点越来越受到重视，这一理论力图解释同一产业内具有不同产业位势的企业获得利润差异的原因，强调影响企业竞争优势的主要因素是企业的特殊资源而非其产业属性[180]。

（三）基于资源的竞争优势理论观点

自 20 世纪 80 年代开始，资源基础观（Resource-Based View，RBV）成为企业竞争优势理论研究的主流。基于资源的竞争优势理论以 Wernerfelt、Barney 和 Peteraf 等为代表，与产业组织学派的理论分析框架不同，资源基础论学者将企业视为资源的集合体，资源的差异性而非其所处的产业结构是影响企业竞争优势的主要因素，异质资源是企业竞争优势的源泉。可见，资源基础论打破了企业竞争优势来源的"黑箱"，为战略管理和竞争优势的研究提供了一种新的研究方法，将竞争优势理论研究关注的焦点从产业层面转向企业层面，从企业外部环境转向企业内部环境，将企业的能力、资源和知识的积累作为主要研究对象，聚焦于研究企业竞争优势的差异来源以及如何获取与保持竞争优势。

1. 资源基础观的形成

近年来，资源基础观的理论研究呈现百家争鸣的态势，相对零散，没有形成系统的研究范式，但是资源基础观的理论研究脉络成为竞争优势理论等后续研究的理论渊源。1959 年，美国经济学家 Penrose 的专著《企业成长理论》被认为是资源基础观理论开始的标志。Penrose 在其《企业成长理论》中首次将企业视为一个生产资源的集合体，资源被界定为"一个企业通过购买、租借或生产制造能够满足其自身生产发展的物理性生产资料以及凭借合约条款的约束能够成为企业一部分的人力资本"。其理论观点如下：企业最重要的存在形式是囿于行政框架内的生产资源的集合体，其行政作用是通过行政决策来完成这些资源在不同时间和不同主体之间的资源配置。以此作为理论依据进行企业发展评价时，最好的评判标准即是其所占有的生产资源，企业的竞争优势来源于内部生产系统[181]。而有利润地向市场提供产品或者服务而获取和组织人力资源和其他资源是企业作为一个资源集合体的经济功能。Penrose 资源集合体的观点为以后资源基础理论的发展奠定了基础。

Learned 等基于资源的分析方法的研究工作也极具代表性。其理论观点如下：每个企业都有自身的优势与劣势，企业要清楚区分自身与其他企业的优势与劣势，充分发挥自身优势，一个企业的能力是其抑制环境或竞争所带来的负面影响的能力。可见，一个企业不仅是其所面对机会的函数，更重要的是企业能够聚集到的生产资源。Lemade 等认为寻找或创造"一种真正独特的能力"是决定一个企业经营和未来发展的关键。这些都是对资源基础理论研究方法所进行的前瞻性探索。

后来的学者在 Penrose 企业资源集合思想的基础上，从揭示企业"黑箱"内部构成的角度出发，对企业竞争优势的来源以及产生机理进行探索。Birger Wernerfelt 在 1984 年发表的论文 "*A Resource-Based View of the Firm*" 标志着资源基础观的正式诞生。Barney 和 Peteraf 是资源基础观研究中最具有代表性的学者，他们强调企业所拥有的资源与能力是产生与保持竞争优势的最重要因素，这些研究为企业竞争优势理论以及战略管理的研究提供了一个新的研究方法论。

2. 企业资源基础观的主要内容及分析框架

基于资源的竞争优势理论试图打破企业竞争优势来源的"黑箱"，它将企业看成一组资源的集合体，主要侧重于分析企业的资源获取和要素市场，通过分析组织所拥有的异质资源和运作效率来探究企业间竞争优势的差异以及企业超额利润的来源。基于资源的竞争优势理论有两个基本假设：一是企业资源的异质性，即相互竞争的企业间所拥有的是具有差异性的资源集合体；二是企业资源的非完全流动性，即企业资源是不可流动的，企业内部的资源不能被其他外部企业获得。Birger Wernerfelt 在相关研究中将企业资源划分为有形资源和无形资源，分析了以资源位势壁垒形式出现的盈利能力和资源之间的关系，其将先动优势视为一种资源，并得出这种资源可以在其所主导的市场中产生高额回报的研究结论[182]。

Barney 将企业资源界定为公司拥有的有助于构建和实施企业有效战略的资源，包括资产、能力、组织流程、信息、知识等，并认为如果资源具有价值、稀缺、难以被模仿和难以被替代四大特性，那么这些资源就成为企业获取与保持竞争优势的战略性源泉。正是这些战略资源使得市场战略具有独特性价值，而正是这些不能被竞争对手同时实施的战略保障着企业竞争优势的获取。Peteraf 基于资源基础观对企业竞争优势的解释不同于 Barney，Barney 侧重于研究能够带来并维持竞争优势的战略性资源的特征；而 Peteraf 的研究侧重于探讨资源获取并维持竞争优势的分析方法，是对基于资源的竞争优势产生机制的阐释。Peteraf 的分析更加注重基本的价格理论，特别是对不同类型的租金进行了经济分析，并且直接将企业的资源而非战略作为基本分析层面。如图 4-14 所示，Peteraf 认为企业要获得持续性的竞争优势，其内部资源要同时满足以下四个条件：一是该企业能够依靠其控制的异质资源获取租金；二是凭借对竞争的事前限制以低于租金的成本获取到优质资源；三是依靠资源的不完全流动性将租金保持在企业内部；四是要凭借对资源竞争的事后限制以实现租金的持续获取。

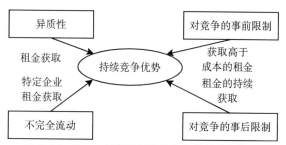

图 4-14　Peteraf 基于资源的竞争优势分析框架

通过对以 Wernerfelt、Peteraf 和 Barney 为代表的资源基础观的竞争优势理论分析可知，企业拥有不能被竞争对手所模仿的资源，且这些资源不能被其他资源所替代，这是企业获得持续竞争优势和长期超额利润的必要条件。Barney 的竞争优势理论框架与 Peteraf 的分析框架的研究机理在本质上是相通的，两者较为系统地整合了基于资源的竞争优势理论的不同观点，因此，两者的分析框架为后来的资源基础理论相关研究奠定了坚实的基础。但是两者的研究也存在一定的局限性：第一，资源基础理论的竞争优势研究过多地局限于对企业自身内部资源的探讨，欠缺外部环境对竞争优势的影响分析；第二，企业资源基础理论的分析采用的是静态分析方法，对资源形成的动态过程没有涉及；第三，在时间、环境等外界条件的影响下，资源在企业发展中的角色有可能发生改变，原本能够给企业创造价值的核心资源，有可能会变成妨碍企业竞争优势获取的因素。

3. 资源基础观的发展演化

（1）基于能力的竞争优势理论

基于资源的竞争优势理论从资源的存量和静态分析的角度，探究了企业竞争优势的获取，但是随着竞争环境的变化，企业内部资源论已经不能满足企业的发展需要。随着研究的不断完善与深入，自 20 世纪 80 年代末期开始，基于能力的竞争优势理论研究引起了学术界的普遍关注。资源基础论者将企业的资源和能力视为能够获取竞争优势的源泉，但是在基于资源的理论分析框架下，企业能力理论更突出企业内部的技能、集体学习能力及管理技术，重点强调能力在产生和维持竞争优势中的核心作用，认为企业竞争战略受到企业内部现有能力的约束。基于能力的竞争优势理论的研究内容和范畴亦不相同，通过梳理可以将其归纳为以下四个方面：核心能力论、动态能力论、学习能力论和组织能力论，其中核心能力论是基于能力的竞争优势理论的核心内容。

核心能力论以 C. K. Prahalad 和 Gary Hamel 的研究为代表。C. K. Prahalad 和 Gary Hamel 在 "*The Core Competence of the Corporation*" 一文中将企业核心能力界定为企业内部经过整合了的知识和技能，特别是关于协调不同的生产技能以及结合多种技术流派的累积性学识，它是企业在发展过程中形成的不易被竞争对手效仿的并能带来超额利润的能力[183]。企业核心能力具有如下判断标准：首先，这种能力要具有延伸性，即能够为企业将来延伸进入市场其他领域发挥作用或提供潜在进入途径；其次，核心能力要能够有效反映市场需求，即有助于企业理解最终用户的需要；再次，核心能力是企业独有的，并且其他企业难以进行模仿；最后，核心能力要具有持续性，即核心能力是经过技术、知识和人力的长期积累逐渐形成的。他们认为核心能力是企业竞争优势的源泉，企业获取竞争优势的关键是培养独特的、无法模仿的先进技术，企业能力来自企业在长期的发展过程中积累形成的各种技能的有机融合[184]。核心能力论将一个企业积累的核心技能水平作为衡量企业能力高低的最重要指标，核心产品是使最终产品在市场中获得价值增值的生产技术或关键部件。企业只有拥有足够的先进技术储备，并能将这些技术运用到各个不同的竞争市场领域和业务拓展中去，才能够获得持续的竞争优势。Amit 和 Schoemaker 等学者认为能力是指企业进行资源配置的能力，是企业基于信息处理特有的有形或无形的配置过程，并且通过企业资源长期的相互作用而产生与发展。核心能力代表着不同企业之间的异质性资源，并且具有难以被模仿与难以被替代的特性。因此，能力具有挖掘市场机会或回避竞争威胁的战略潜能，它通过使企业获取在所处市场中接近垄断的资源位势而获得竞争优势。可见，Prahalad 和 Hamel 的核心能力理论把企业能力理论推向了企业的操作层次，强调技术、流程、创新等问题，更注重与企业生产实践相结合，研究的核心问题是企业如何利用现有的资源存量来获取并维持长期竞争优势。

动态能力论以 David J. Teece 的组织动态能力研究为代表。针对内嵌于企业内部的能力经过长期发展易产生"核心刚性"的问题，即在复杂多变的市场环境中，核心能力可能发展为阻碍企业竞争优势获取的因素的现象，Teece 等提出了企业动态能力理论，其最初提出了改变能力的能力即动态能力的概念，并把动态能力定义为公司整合、构建、重新配置内部和外部能力以应对快速变化环境的能力。在当今世界市场竞争环境动态多变的时代背景下，动态能力理论成为理论界研究的一个热点。Teece 的动态能力论是基于资源基础理论，并借助 Schumpeter 的创新经济学及 Nelson 和 Winter 的演化经济学等相关理论构建而成的，其基本观点是企业动态能力存在于企业的组织和管理过程中，其形成是由企业的资产地位和发展路径决定的。动态能力的获得意味着企业拥有新的资源使用知识、新的组合资源的方式，组织的知识能力对获取竞争优势具有关键作用。Teece 等认为企业内外部的能力包括组织技能、资源和能力，动态能力置于其管理和组织过程之中，并且构建了动态能力的过程、位置和路径分析框架。获得动态能力可以从企业的内部与外部两个方面去思考。在内部，可以实行资源重组与学习；在外部，可以通过企业网络学习、资源整合来获得新的资源和能力。Teece、Pissno 和 Shuen 建立了企业动态能力的"3P"分析模型，即过程（Proeesses）、位置（Positions）和路径（Path），反映了企业在现有资源的存量和结构状况以及组织发展路径的情况下，通过企业的内外部学习和管理，对企业成长中拥有的一系列资源和能力进行更新，以形成新的动态能力，只有这样才能开发利用新的市场机会，实现企业竞争优势[185]。动态能力论将资源基础论拓展到动态的市场环境中，弥补了处于复杂多变环境中的特定企业获取竞争优势理论的不足。而对于动态能力论的经验性研究，学者试图通过过程性的详细案例来验证资源与能力与企业竞争绩效之间的因果关系。

以 Henry Mintzberg 为代表的学习能力论认为企业的学习能力对竞争优势有很大的影响。Mintzberg 提出战略的原型能够在组织的任意部分展现，并且如果这些部分的劳动者有足够的资源支撑和较强的学习能力，同时当这些战略模式扩散成为多数人的行为模式时，就形成了组织战略[186]。Dickson 认为学习能力作为企业一种最有价值的资源能够给企业带来持续的竞争优势。企业若拥有一定的学习能力，那么该组织就可以对其所拥有的资源不断进行更新，使得企业始终保持着领先的地位[187]。Peter Senge 认为建立学习型组织对于企业获取持续竞争优势具有重要意义，组织学习是进行知识积累与组织创新的动力。组织学习能力学说也为企业资源和能力的来源解说提供了一定的帮助。

也有学者提出企业的组织能力对于企业的竞争优势有很大的影响。Hall 用组织制度要素来阐述企业绩效差异的原因。谭京生认为，竞争优势的可持续性主要取决于企业的组织能力，保持它的不可替代性，可以克服 Eisenhaxdt 等提出的等效性问题。Zott 对此进行了进一步的探索，认为建立持续竞争优势的组织能力须具备时间、成本和学习的特性。肖海林和彭星间提出了基于企业可持续竞争优势的产业平台、制度平台和市场权力概念，构建并探讨了以产业平台、制度平台、核心能力和市场权力为核心要素的企业可持续竞争优势四面体结构模型和分析框架，并实证检验了该模型，分析了可持续竞争优势来源的构成、层次关系和竞争优势得以"可持续"的机制。李梅英和吴应宇指出，企业异质性是指在竞争市场中不同的企业在长期运行过程中积累形成的、其他企业难以模仿的对于内、外部资源利用、均衡和协调的能力，它是企业持续竞争优势的源泉。企业持续竞争力取决于企业的异质性优势。此外，也有学者认为优秀的企业文化是一个企业的组织能力，企业文化也能够成为企业持续的竞争优势。在资源基础论的理论基础上，Barney 提出组织理论和行为制度是竞争优势的一个重要研究方向。他从经济学的角度对组织文化进行了讨论，并定义了组织文化影响组织绩效的条件，认为由于社会复杂性、缄默性和路径依赖而形成的具有价值性、稀缺性和不可完全模仿性的企业文化能够成为可持续竞争优势的来源。Hansen 和 Wernerfelt 比较了组织内部效应和市场位置对绩效的影响，研究发现组织内部因素比市场位置对企业竞争优势更有影响力，而且这两者之间几乎没有相关性。Coombs 认为企业核心能力包括企业的技术能力以及将技术能力有效结合的组织能力。综上所述，可以将组织能力看作企业核心能力的一种，组织能力论是对基于能力的竞争优势理论的进一步完善与发展。

（2）基于知识的竞争优势理论

基于知识的竞争优势理论建立在将知识作为一种战略性资产的视角基础上，

认为企业是一个异质性的知识体，当一个企业拥有了优于其他企业对知识的获取、共享、存储以及应用的时候，就可获得竞争优势。由于外部竞争与外部信息和资源的公开，知识资源的缄默性、专有性和复杂性的属性，使其具有不完全流动性、难以被替代和难以被模仿的优势，成为组织获取竞争优势的关键。

早在 1945 年，Friedrieh A.Hayek 就论述了知识在社会中的重要作用及其对企业的影响[188]。自 1996 年经济合作与发展组织（OECD）提出"知识经济"的概念以来，大量学者从知识能否为外部获取与模仿的角度对企业核心能力进行界定，认为专有知识和信息是核心能力的基础，建立在知识和信息基础上的生产、分配和使用是企业能力提高的重要途径。Hamel 提出企业积累的知识使其具有经营能力的理论观点，特别是对不同生产技能进行协调并能够实现有机结合的知识。Grant R.M.也论述了知识是企业最重要的战略性资源的观点[189]。Teece 论述了知识和技能是企业持续竞争优势源泉的观点，他认为企业的竞争优势可以通过运用其专有的且难以被行业其他外部企业所模仿的知识资产（Knowledge Assets）来获取，并且将知识划分为显性知识和隐性知识[190]。Peter Senge（2000）认为企业的竞争优势源于其所拥有的知识，尤其是隐性知识。企业内部的知识通过社会化、明晰化、联合化、内在化四种形式转化为企业的竞争优势，说明通过一定途径进行的组织学习是知识积累乃至企业创新的动力。Borg Erik A.（2001）认为知识是决定技术密集型企业获利能力的基础性资产，企业绩效表现取决于企业对无形知识资产的保护、利用和创新[191]。Barton 认为作为企业核心竞争优势的知识系统由四个子系统构成：技巧和知识系统、组织的管理系统、组织的技术系统、组织的价值观系统，且这四个组织知识系统之间存在较强的相互作用。

基于知识的竞争优势理论对持续竞争优势本质的研究进行了补充与完善，并且从知识性质的角度出发对"核心刚性"的问题进行较好的解释。虽然企业知识观并未形成完整的理论框架，且对基于知识的竞争优势理论的企业层面上的个案研究相对较少，但其依然是企业竞争优势理论一个新的研究视角，即能够带来企业竞争优势的核心是其专有的知识体系，而进行知识系统的积累、更新和创新是企业保持竞争优势的关键。随着信息技术的发展，知识在高新技术行业领域中的作用越发重要，企业内部知识构成被认为是高新技术企业获得竞争优势的源泉，企业要想发展并获得比其竞争对手更多的竞争优势，需要不断进行知识创新。基于知识的竞争优势理论在一定程度上解释了信息产业和高新技术行业发展的规律，但是通过对传统产业相关领域理论的研究可以发现，知识并不是这些企业竞争优势的主要来源，因此基于知识的竞争优势理论具有一定的研究局限性。

通过对以上竞争优势理论的梳理，可以看出其经历了竞争优势外生论到竞争优势内生论的转变。即从基于贝恩/梅森范式的波特竞争战略理论，将企业所处的市场结构、市场机会视为企业竞争优势源泉的外部决定论，转变为以企业内部资源和能力的积累是企业获得超额收益和保持竞争优势的源泉为核心的内生理论。以上关于竞争优势的相关理论分别从企业竞争环境、内部资源、内在能力、内部知识等方面对竞争优势的来源以及获取方式进行了深入的研究，也有学者认为创新是企业竞争优势的源泉，而持续竞争优势则来源于持续创新。在相关研究领域，也出现了基于社会网络的竞争优势研究视角。虽然各个理论研究的角度不同，但均对竞争优势的产生机制进行了有效的阐述，对于竞争优势的相关研究具有一定的研究贡献。通过对文献的总结和提炼，本书认为竞争优势是组织针对其所处外部环境合理进行资源配置，将其所拥有的各种资源通过一定的方式转变为其他组织难以模仿的一种组织能力。

二、竞争优势理论的研究述评

国外关于竞争优势理论的研究最早可以追溯到古典政治经济学。英国古典经济学家 Adam Smith 在其代表作《国民财富的性质和原因的研究》(*An Inquiry into the Nature and Causes of the Wealth of Nation*) 中提出了绝对优势理论与分工理论。该理论指出：对于国家来说，每个国家都有其生产某些产品的优势特长，各国都应生产其有绝对优势的产品，进行分工并进行交换，实现社会福利的提高。这种专业性特长被视为绝对优势。另一位古典经济学代表人物 David Ricardo 在绝对优势理论的基础上，修正并提出了相对优势理论。他在其代表作《政治经济学及其赋税原理》(*Principles of Political Economy and Taxation*) 一书中提出：任何国家或个人都具有相对优势，都可以选择生产自身有比较优势的商品或货物，这样才能在国际分工与贸易中获得比较利益。1890 年，英国经济学家 Marshall 从集聚角度深入分析了产业园区的重要性，提出了集聚优势理论。在《经济学原理》(*Principles of Economics*) 一书中，他提出集聚有利于企业间的交换与合作，方便组织运输，产业园区逐渐形成；产业在地理上的集聚有利于提高生产效率，互通信息，产业集聚的优势得以体现。瑞典经济学家 Heckscher 从要素禀赋差异的角度解释比较优势，提出不同国家资源要素的不同是产生比较成本差异的原因，一个国家通过生产其具有丰富资源而价格低廉的商品获得比较优势，进而获得竞争优势。

英国经济学家 E. Chamberlin 于 1939 年第一次提出竞争优势的概念。在随后的几十年发展过程中，学者们对竞争优势的认识不断深化，与此同时，竞争优势理论不断得到发展与创新。以 20 世纪 90 年代哈佛大学商学院波特（Porter）提出的竞争优势理论最为经典，他在《竞争优势》（*Competitive Advantage*）一书中指出：竞争优势归根结底出自于一个企业能够为其客户创造的价值，所采取的形式或是以低于其竞争厂商的价格而提供相等的收益，或是所提供的非同一般的收益足以抵消其高出的部分价格[192]。Porter 在考察英、美、德、日、韩等 10 个工业化国家的基础上，将产业园区纳入其研究中，提出了新竞争优势理论，并从经济效率等方面重新研究产业园区所具有的竞争优势；他提出了国家竞争优势理论，即著名的"钻石（菱形）模型"（National Diamond）（见图 4-15）。他认为，一个产业或国家的竞争优势可以从生产要素、需求状况、相关与支持性产业及企业战略、结构与竞争要素四大方面进行评判；在地理上，具有相互关联性的企业、服务供应商、相关产业的厂商及其他相关机构聚集成不同的产业园区，构成不同区域特色的竞争优势。产业在地理上的集聚，能够对产业的竞争优势产生广泛而积极的影响。产业园区加强了园区内企业间的有效合作，提高了企业的生产效率，增强了企业的创新能力，降低了交易成本，从而提高了产业的整体竞争能力。同时，波特认为，产业园区要求政府重新思考自己的角色定位，要求政府更专注于消除妨碍生产力提高的障碍，通过政策扶持企业发展，要求企业扮演更加积极的角色。

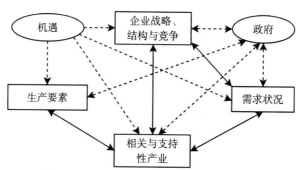

图 4-15　国家竞争优势的钻石（菱形）模型

国内学者对于竞争优势的研究是建立在国外竞争优势理论基础之上的，其基本内涵是指企业在向消费者提供产品或服务的过程中所具有的超越其他竞争对手的要素或能力，这种竞争要素或能力能够帮助企业在一段时间内获取超越产业平均利润率水平的盈利。目前，国内学者对于竞争优势的研究主要集中在理论拓展和竞争力评价两个方面：一方面集中在对 Porter 的国家竞争优势理论的研究、拓展与创新方面。程恩富（2003）指出，国家通过构建知识产权型竞争理论与战略可以提高国家的经济实力[193]。郭民生（2006）认为企业可以运用市场的制度与规则，将知识产权资源软实力转变为持续的市场垄断优势，并基于此构建了自主创新模型[194]。另一方面是竞争力评价指标体系的建立与研究。国内学者通过构建不同研究层次和类型的竞争力评价指标体系，分析、评判国内不同产业的竞争实力。张金昌总结了国际竞争力的来源及理论，并提出了评价国际竞争力的方法及模型[195]。魏后凯通过研究园区与竞争力的关系，认为产业园区的竞争力主要来自地理集中、灵活专业化、创新环境、合作竞争及路径依赖等方面[196]。刘爱雄和朱斌（2006）参考国际竞争力研究建立的产业园区竞争力的评价模型，依据多项指标从三个层次构建评价产业园区竞争力的指标体系[197]。杨智等（2009）从投入、产出、市场绩效和产业技术水平角度展开对都市圈产业竞争力的评价[198]。高秀艳和高亢（2012）从竞争环境、竞争潜力和竞争实力视角研究了区域高技术产业竞争力的影响要素并进行实证评价[199]。刘友金（2007）从创新网络的角度提出"基础—企业—市场—网络（GEMN）"模型对产业园区竞争力进行评价[200]。

三、创意产业园区竞争优势理论的文献述评

伴随着创意产业园区的蓬勃发展，一些学者从不同的角度进行了相关研究，得到了一些有意义的启示。现有的研究大致分为两个方面：定性研究和定量研究。从定性的角度看，陈祝平、黄艳麟、曾光等学者系统地论述了创意产业集聚区的模式、形成机理等，完善了创意产业园区研究的理论框架和体系[201]。厉无畏和于雪梅（2005）分析了上海创意产业基地的发展特征、集群优势以及存在的问题与对策[202]。童昕和王缉慈在地方发展的层面上，探讨我国城市发展创意产业集群的背景条件，并对国内两个创意产业发展迅速的城市——北京与上海的创意产业做了比较研究。花建（2007）从产业丛与知识源的角度，提出了创意园区的四个基本组成部分：政府部门、企业、大学和中介服务机构，并深入剖析

了创意产业集聚区的结构和功能，系统地考察了文化创意产业集聚区的内在规律和发展动力[203]。包晓雯和陈达舜（2008）分析了上海市创意产业集聚区的发展现状和趋势，并就上海市创意产业集聚区发展中存在的问题及对策进行了探讨和研究[204]。张祖林（2008）在波特集群理论的基础上对创意产业园区的发展路径进行了探析，认为结构制度资本、人力资本、社会资本、文化资本是推动创意产业发展的四大资本，并指出了政府在创意产业园区发展中的重要作用，创意产业园区的规划要走特色之路[205]。从定量的角度看，褚劲风（2009）立足上海创意产业集聚的现实条件，对上海市 19 个行政区县进行数据测算，选取文化环境、人力资源、科技研发、知识产权四方面要素的 7 个指标与创意产业的产出值建立了多元线性回归模型，得到各指标对产出的影响关系，并通过逐步回归分析，得出人口密度、单位面积发明专利数是影响创意产业集聚的主要因素，人口密度与创意产业集聚具有显著的逻辑内在性，发明专利与创意产业集聚则表现出效益外在性[206]。江柿（2009）在继承"钻石模型"合理的基本结构与基本因素的同时进行了适当的修正，以杭州文化创意产业集聚区为样本，构建了"1+6 因素模型"，并将生产要素、需求条件、企业、关联产业条件、政府和区域品牌这 6 个一级指标分解成 16 个二级指标和 44 个三级指标，建立了一套文化创意产业集聚区竞争力指标体系，运用层次分析法和全息雷达图法，以杭州市 3 家创意产业园区为例进行了实证分析[207]。

综上所述，学者对创意产业园区已经进行了一些研究，这些成果对本书进一步探讨有着十分重要的借鉴和启示，但也存在不足之处。一方面，大多数研究都是从案例分析的角度出发，对几个典型的特色园区进行分析，说明国内创意产业园区的发展现状、存在的问题及对策建议等，真正从理论上研究和探讨创意产业园区发展问题的文献寥寥无几，特别是国内创意产业园区竞争优势的研究相对欠缺。另一方面，迄今为止，对于创意产业园区竞争优势的分析没有建立在基于科学理论的评价体系上，且缺乏实证数据分析的支持以及对其理论合理性的检验。

第五章

创意产业园区区域协同的作用机理分析

第一节　创意产业园区区域协同的竞合协同效应分析

　　创意产业园区区域协同本质上是一种基于竞争与合作的资源要素匹配过程和价值创造活动，是由主体各自的资源和战略目标决定的[208][209]，资源和目标的差异化是竞争合作行为的必要条件。创意源自知识与其他资源间的新组合[210]，创新主体通过竞争与合作获得互补性资产，组织间网络关系产生一种系统协同效应[211]，这种效应称为系统的合作剩余，也即参与协同竞争的企业获得了孤立个体不能获得的研发成本节约和协同剩余。创意产业的核心是知识产权，创意产业园区区域协同的焦点也即基于知识产权的竞争与合作。竞争能保证参与协同的各主体资源的优化配置和运行效率，合作是因为物理和逻辑上的依赖关系需要相互配合[212]。

一、竞争对协同的驱动作用

　　竞争作为市场经济的一种调节机制，为创意产业园区区域协同提供了驱动力和压力。集聚的地理邻近性，使创意企业的创意很容易被区域内同类竞争企业发现并进行模仿，被市场认可的创意产品和服务是区域内竞争企业追赶的风向标。面对这种环境压力，企业需要不断研发新产品，关注市场动态，实现产品的差异化竞争优势。然而，由于企业个体的资源和核心能力通常是有限的，单独研发需要更多的成本投入，由于创意产品客户需求的导向作用，企业也将承担更大的市场风险。竞争压力迫使企业在区域内寻求互补性资产，与其他企业、研究机构等区域创意网络节点协同合作。

二、合作对协同的促进作用

创意产业园区区域合作实质是通过企业相互配合，实现创意的产生、扩散和积累的过程。由于资源在区域内的分布是不均匀的，企业各自拥有异质的资源，即使是同一种资源在不同的企业也将表现出一定差异性，这构成了区域协同的物质基础。通过协同实现资源互补和资源共享，企业将其他成员的优势资源和创新系统资源转嫁到自己的核心能力上，研发出独具特色的核心产品，缩短创意从意识形态到消费品形态转变的周期，提高企业竞争力。协同加剧了区域系统的专业化分工水平，而分工又进一步促进了系统合作的广度和深度的提高，实现了区域资源配置的优化，而园区跨组织边界协同，与组织外企业的合作，获取了系统外优质资源，实现了区域价值网络系统整体的结构有序化和创新绩效提高。

三、竞争合作关系下的资源集成

从动态角度，根据资源在竞争合作企业间流动是表现为协同增长还是此消彼长，将创意产业园区区域资源分为协同资源和非协同资源。协同资源表现为竞合企业对该资源的占有量在其转移和扩散中基本不减少或只增加，如创意、知识和信息等；非协同资源意味着一种资源在某企业的增加必然减少另一企业对该资源的拥有。资源集成是在互补性基础上对资源特别是协同资源进行配置的过程[213]。假设创意产业园区内企业 A1 和 A2 为两个竞争企业，通过多种方式的竞争合作形成资源集成（如图 5-1 所示），构筑了一个较高层次的 Q。在这个系统中，资源重新组合，资源组合的稀缺性大大加强，同时增加了竞争对手模仿的难度，这些为获取资源的租金提供保障，促进企业合作行为的产生，良好的资源关系也会实现创意产业园区系统优化。其中，A1、A2 都是 Q 的构成元素，彼此竞争与合作，但缺一不可。从这个角度看，竞争合作的本质是资源集成，创意企业只有充分利用合作企业资源，开展基于内外资源集成的价值创造活动，才能实现协同效应。

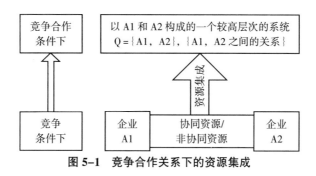

图 5-1　竞争合作关系下的资源集成

第二节　创意产业园区区域协同的经济学分析

合作网络是提升区域竞争力和创新能力的主要工具，网络作为一种资源影响着集群内企业的竞争优势[214]。Saxenian（1994）提出区域协同网络能够降低交易成本，对技术创新和知识扩散很有帮助[215][216]。刘友金和黄鲁成（2001）认为集群网络化式创新得益于集群层面的技术创新网络的整合和协同[217]。协同机制产生于创意园区区域价值网络系统中，园区协同发展在保证区域内核心资源的同时，必然从园区外部整合创意资源，它能有效减少系统摩擦，规避市场的不确定性风险，制止系统中的恶性竞争，提高异质性能力，是一种新兴的资源配置方式[218]。具体来说，创意产业园区区域协同的经济效应主要有以下几点：

一、资源获取优势

根据资源的劳动禀赋理论，资源决定了一个地区的竞争优势和可持续发展能力。区域劳动分工与专业化同时存在，区域协同节约了创意产业劳动成本，促进个人和集体创造力实现，提高了生产效率。区域创意产业协同发展是实现创意资源重置的有效途径，不仅提高了创意设计研发能力，同时获得了资源与企业匹配的协同效应。区域协同资源获取优势主要体现在以下两个方面：一方面，资源的路径依赖性吸引了创意资源的流入。Marshall 认为，特定区域内某产业集聚的经济利益将吸引相关企业入驻，促进产业发展，且集聚的地点可能长期定位于此。

创意产业园区一旦形成，也会将相关的创意人才、技术和服务机构等吸引过来，特别是创意资源。资源的吸引效应和集群的发展壮大呈协同增长的循环态势，给企业竞争与合作提供所需的创意资源，促使创意企业快速发展。另一方面，协同竞争的加剧对资源质量提出了更高的要求。当创意企业以较低的成本交易得到所需资源时，产生了协同的需求；在供大于求的市场条件下，激烈的产品竞争和创意产品的需求导向性，要求提高创意产品的附加值。企业在竞争机制和集体学习机制的作用下，不断进行创意研发和技术创新活动，创意产品内容创意和创新工艺不断涌现，创意产业链上各个环节不断协同竞争，使区域创意资源素质得到提高。

二、市场效率优势

创意产业园区区域协同的经济效应还体现在市场效率方面。第一，从专业化分工角度，创意企业在园区区域的地理邻近性大大节约了组织成本，提高了生产效率，实现了市场要求的规模经济和范围经济。Caves（2004）论述了艺术中心的存在节省了销售成本和顾客的消费成本，同时，艺术品的巨大差异性抵消了集聚带来的不利因素[219]。第二，根据交易费用理论，园区内的社会资本存量作用大大减少了市场交易成本。创意产业园区具有很强的地理文化根植性，区域内的经济活动深深根植于其社会网络中，创意园区内企业和创意人才合作是基于共同的社会文化观念，通过非正式交流机制实现的。在长期的交流、竞争与合作过程中建立起对彼此的信任，大大节约了市场信息收集成本，规避了市场失灵的困境，实现了区域内创意资源的有效配置。

三、知识溢出优势

Freeman（1991）认为在园区生产网络中存在着知识溢出效应，促进了园区网络系统的协同发展[220]。创意产业园区区域知识有显性知识和隐性知识，区域协同的环境有利于企业间的相互学习，产生知识溢出效应。创意园区区域协同效应主要依赖的是隐性知识，需要创意阶层的面对面交流，并借助创意产品的实物形式来体现，园区的文化氛围、娱乐消费空间等为非正式交流提供了有利条件。创意产业的知识产权是体现其核心价值的可编码的显性知识，编码知识的有效利用实现了创意经济的可持续发展，区域行为主体的创意思维和管理模式可视为隐性知识[221]。知识溢出是创意生产的关键，创意园区是隐性知识大量流出、显性知识部分流出的形态，因为创意产品的知识产权最终体现在产品上，其部分流出是为了阻止侵权行为的发生。创意产业园区区域协同系统的正式网络和非正式网络是创意阶层集体学习、合作模仿、交流创新的虚拟媒介，特有的创意情境有利于创意扩散和知识传播溢出效应的实现。

第三节　创意产业园区区域协同的特性分析

一、知识产权保护

知识产权保护与创意产业园区区域协同在合作与竞争中共存，创意企业的竞争与合作主要是针对知识产权展开的，知识产权被称为"合作不可逾越的壁垒"[222]。创意作为一种无形资产，大多是原创的，具有"一意多用"属性，知识溢出效应就大大增加了创意外泄的风险；而创意产业的沉没成本巨大，表现为初次高投入和低成本的再生产，如数字游戏、音像产业等，其创意可以被同行业竞争者以低廉的成本轻易地模仿、盗用和复制，形成创意知识产权的阻碍关系[223]，导致产品的同质化和恶性竞争，创意主体的创新积极性和合作动力减弱，这不利于创意产业园区的可持续发展。在基本知识产权上的部分创新形成的从属知识产权，在没有得到原知识产权法律许可的情况下是不能被使用的，创意产业的高风险属性，要求建立完善的创意产业知识产权保护法律和制度；创意产业园区内的中介组织能够净化区域竞争环境，大力开展知识产权维权和执法活动，实施专利政策等，将知识产权保护工作落到实处；相比制造业和其他服务业园区，创意产业园区区域知识产权的保护工作为吸引创意人才营造了良好的创意环境，形成了区域知识产权保护优势。

二、城市功能升级

城市是由功能区构成的地域的组合。城市功能区的形成，如商业区、工业区、居住区等受自然条件及经济和社会因素的影响。创意产业园区区域协同发展即是以创意产业为城市功能实现的新产业和主导产业，从而使因城市大转型而造成的城市功能衰退重新走向健康发展，进而提升城市功能。

创意产业园区区域协同发展带来城市功能区的空间结构配置及城市空间结构的功能重塑，创意产业园区的区位选择偏好带来了城市功能空间的转换，促进了城市再生。一方面，创意园区区域的高创新性和对空间资源的集约利用，使面临废弃的老城区从衰退走向繁荣，解决了商务成本高涨、城市建设矛盾等问题，这不仅提升了该地区的文化品位和经济效益，而且能够引导城市功能由生产型向服务型转变，实现城市功能与空间结构相吻合。另一方面，创意产业园区留存了特定城市空间的历史文化遗存，将古今中外的多元文化融入城市空间建设，提升了城市的整体形象。创意产业园区通过发挥地域营销的管理职能，实现创意园区区域品牌和城市品牌的建设以及城市形象的进一步提升。

第四节　创意产业园区区域协同的基本方式及实现路径

一、创意产业园区区域协同的基本方式：集体学习

创意产业园区区域协同是个复杂的、动态的、开放的区域学习系统，创意阶层有效的集体性活动，不仅为网络中的创意企业提供共同成长的机会，同时在集体学习过程中实现协同效应，提高创意产业园区的网络式协同竞争能力。在创意园区协同网络中，各个网络节点间的关系链条是通过各个行为主体间的集体学习来实现的[224]。区域关系链条中各节点之间的物质、能量等的交换以及创意、知识、信息等的流动，是建立在集体学习基础上的[225]。通过集体学习，各个行为主体获得了自身发展所需的互补性资源，提高了自身的协同竞争力。所以，集体学习是创意网络中各节点之间的连接纽带，是实现网络式协同竞争的关键。

创意产业园区集体学习是园区内企业等利益相关者共同遵循的行为准则，为实现区域价值创造而协调行动产生的知识积累的社会化过程，通过正式交流和非正式交流的途径得以实现，其结果是网络式协同竞争力的提高。正式交流是创意主体之间通过正式的渠道进行的信息传递和交流，通常不带个人色彩；非正式交流正好相反。知识网络性是区域集体学习的内在属性，知识传递的连贯一致性和动态学习性保障集体学习的顺利完成。如图5-2所示，集体学习与区域协同的关系是通过行为主体间的集体学习和系统学习两类学习连接起来的，集体的有意识

学习和结构化学习促使创意知识的整合与创造，最终实现静态创意知识基础向创意网络动态能力的演化。首先，园区内创意行为主体间的集体学习是分层次的，可分为企业、中介机构等经济网络中的正式学习，以及创意阶层个体间基于社会网络的非正式学习，园区成员间有意识的交流和互动行为实现了创意知识的扩散与沉淀。学习的最终实现要落实到个人的层面，但企业间的学习是基于经济关系，通过横向产业链协同和纵向功能链协同方式展开的，创意企业、供应商等企业通过正式的合作和学习实现创意显性知识的流通和扩散，如建立产学研合作机构、战略联盟等经济组织。创意阶层的非正式交流是通过社会网络和社会资本连接起来的，存在于俱乐部成员、同行、同事、朋友等之间隐性知识的传递。其次，知识根植在结构化的组织路径中。第Ⅱ类系统学习是由创意园区自身结构化的行为导致的各主体间的学习，其中网络组织结构构成创意园区区域协同系统的一部分，各节点成员的学习遵循网络结构路径展开，路径也即编码化，即网络成员可以获得结构化路径中的编码化知识，对于创意园区而言，编码化知识可以被认为是编码化程度较高的显性知识，有效地解释了创意园区编码知识的传递和扩散。总之，创意产业园区区域价值创造的过程是对显性知识与具体社会环境下交流互动得到的隐性知识再整合的过程。

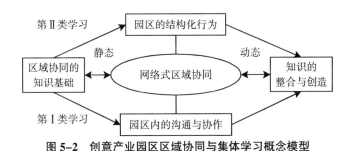

图5-2 创意产业园区区域协同与集体学习概念模型

创意园区区域协同网络中集体学习的过程，保证了各主体间有效的信息传导机制，而这是协同效应得以实现的保证。创意网络中不同类型的创意企业和服务机构集聚在一起，利用区域协同网络内的知识基础，通过面对面沟通、学习、竞争和合作，在集体学习过程中实现知识、信息等的传递和整合。集体学习保障了信息流通渠道的顺畅及传递渠道的多元化，有效地规避了信息传递的时滞性，同时，高效的信息传递渠道提高了信息传递效率。此外，各网络主体通过集体学习还能产生企业的示范和模仿效应。创意的供给者和接收者进行知识和技术的交换，当创意的隐性知识被接收企业吸收，并投入创意产品的生产时就产生协同效应。龙头创意企业及示范园区在实现自身组织协同效应的同时，为产业链上有待创新的初创企业提供创意设计工艺、研发支持和技术创新方法，实现网络内外创意产品和服务的可持续创新。地理邻近性使得创意企业间的学习更容易导致模仿创新，但对创意产品而言，文化创意的产权保护属性难以模仿，使得这种模仿创新更多的是针对技术创意层面的，模仿并完善技术领先者的核心创意技术，可以节约研发的早期成本投入和减小市场拓展的风险，将更多的资源投入到创意价值链的其他环节，从而实现创意竞争优势的增强，促进整个创意网络协同发展。

二、创意产业园区区域协同的实现路径

（一）产学研合作联盟

产学研合作联盟依托创意园区而产生，是创意园区区域协同的一种有效途径。产学研合作是创意企业、高校和科研机构等创新主体基于各自的战略目标，在利益共享和风险共担的基础上，结合彼此的创意优势资源而建立的一种分工协作、优势互补、协同创新的松散化网络式联盟，其中创意企业作为最重要的创新主体，根据市场反馈信息提出设计研发需求，并通过高校和科研机构的高效研发创新能力使其快速实现。相对于组织内部的知识学习、自我创新和利润导向的生产模式，产学研合作实现了创意知识和技术的跨组织边界转移和学习，以及专业化的突破性创新（如图 5-3 所示）。

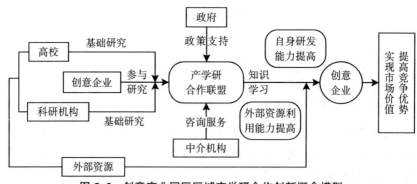

图 5-3 创意产业园区区域产学研合作创新概念模型

企业对创意知识源和技术的需求与大学、科研院所的创意供给形成了协同创新的供需市场，产学研联盟解决了创意供给与市场需求的错位。如表 5-1 所示，

产学研合作联盟模式主要有项目合作、共建研究机构和共建经营实体三种[226]，大学和研究机构拥有大量的创新人才、知识、技术、基础研究方法和经验，创意企业能够提供充足的研发资金、创意生产硬件配套设施、创意的快速商业化手段和市场反馈信息，而政府的政策工具（如财政与税收、科教投入、法律政策等）影响着产学研合作的需求和模式，如政府部门对园区产学研的政策支持、资金支持，对合作行为的引导以及中介机构对产学研联盟的促进作用等。

表 5-1　创意产业园区区域产学研合作联盟模式

创意产业园区区域产学研合作联盟		
基于项目的 产学研联盟	共建研究机构	共建经营实体
● 项目委托开发 ● 项目合作开发	● 共建创意经济研究中心 ● 共建创意设计中心 ● 共建技术开发中心	● 技术入股形式经营实体 ● 整体入股形式经营实体

产学研合作创新本质是一种创意知识生产，知识生产有很强的外在性，不能有效的内化将减弱创新主体的积极性，而创意知识产权明晰是知识生产外在性内化的最有效途径，决定了产学研合作的组织结构和运行过程。创意产业园区区域协同创意研发不同于一般制造业和服务业园区创新发展中的技术转让，产学研协同开发创意对创意产业园区组织协同效应的实现，是通过创意成果的"知识产权明晰化"保障的，创意产权明晰对文化创意和技术创新行为具有激励作用。著作权、商标、专利、设计的知识产权无形资产是创意成果产权依附的载体，创意产品市场交易的核心体现在知识产权价值，知识产权保护是创意产业发展的关键。一般产业园区可以通过技术转让和许可等方式，实现技术信息的一次性或有补偿性产权让渡和转移，但创意知识产权授权、转让、许可使用，更多的是通过知识产权分解实现的。创意产业的"一意多用"现象，归结于创意知识产权的财产权可以被分解为多个独立的权利，而这在法律上保障了"同一创意"可被用于不同形式、多种类型的商业开发，形成多种创意产品。如我国《著作权法》中明文规定的 13 项权利如发行权、复制权、表演权、放映权、信息网络传播权等，保障了创意版权最终以不同的产品形态呈现在市场中。

基于前文的分析，产学研合作是一个多创意主体协同创新的复杂过程，在合作过程中各个创意主体的利益出发点和诉求不同，需要国家、地区的宏观政策引导，否则可能产生零和博弈，个体利益的最优导致群体利益最小化的结果。要解决这一问题需要实现创意资本的人格化，也即创意资本增值属性在产权上是明晰的，这明确了创意主体与创意成果之间的产权权利分割比例，可以保障各方利益的均衡和创新动力，可见，创意成果产权收益是知识产权归属明晰的必然要求和结果。创意产权明晰明确了知识产权所有者或其他创意研发参与者对创意成果的权、责、利关系，产权模糊有可能造成所有者的财产及其收益被其他人无偿占有，由此损害所有者的权益。同时，由科斯的第三定理可知，产权的明晰有助于降低创意产业园区区域产学研合作联盟的交易成本，促进创意产业中难以编码的隐性知识的流通，提高区域创意经济绩效（如图 5-4 所示）。

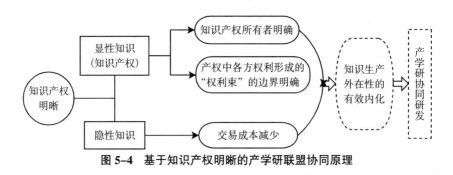

图 5-4 基于知识产权明晰的产学研联盟协同原理

（二）开放式创新体系

创意产业园区区域协同基于开放式创新战略的执行。相对于组织协同程度较低的封闭式创新，开放式创新瓦解了创意产业园区组织内部垂直一体化体系，实现了创意资源的内外部最优化整合，以及创意园区与环境的动态匹配。原有的企业内部自主研发创新、内部资源利用最大化和利润导向的生产模式被联盟专业创新和外部创意众包、内外部资源协同利用和价值创新导向的商业化模式所代替。

在创意产业发展初期，很多创意企业进行封闭式创新，独立设计和制造新产品，通过内部市场化途径进行创意产品的营销，依靠企业自由的中央研究机构（如 HP 公司的中央实验室、朗讯科技公司的贝尔实验室等）控制企业创新的线性推进过程。在这种生产模式下，产品研发能力弱、产品更新速度慢，不能满足新的市场需求。为了应对创意受众多、传播速度快和市场需求多样化的要求，创意企业纷纷寻求外部优势资源，将创新点放在创意设计和成果研发上，而将内部弱势环节和低附加值环节外包，形成企业内外部资源的优势互补。如苹果公司将生产制造外包，而专注于电子产品的设计研发，缩短了产品的生命周期，快速实现了企业收益的提高；水木动画股份有限公司顶层设计出动漫形象，然后将动漫产品的生产、销售等价值链环节活动外包。

创意产业园区开放式创新的本质是基于创意资源流动与交换而嵌入在组织间层面的价值创新，是内部创新和外部创新共同作用的结果（如图 5-5 所示），它不仅包含着开放式的价值创造，还涉及初期的价值识别与最终的价值获取[227]。创意产业园区开放式创新体系以价值创新为起点和核心，充分考虑园区资源禀赋、价值创造和获取来识别和判断价值创新的方式，在此基础上根据内外部影响因素来选择价值创新的方式；采用依托于信息技术分布式的、规模化的组织模式，通过跨组织边界的过程管理实现园区内外部创新的有效融合，体现价值创造的开放性；而价值获取的开放性使得组织在合作中的获利重点从对专门互补性资产的占有转变为其在组织间的优势地位，占有制度也从针对模仿者的隔离机制演变为合作的联结机制。

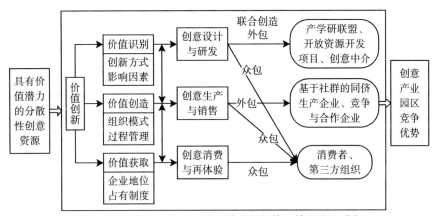

图 5-5 创意产业园区区域开放式创新体系协同实现路径

创意园区区域开放式创新的各个环节贯穿于创意设计与研发、创意生产与销售和创意消费与再体验的全过程，决定着企业内外部创新的选择。通过对价值创新的剖析，创意企业外部创新主要表现在"外包"和"众包"两种开放式组织模式。外包使得越来越多的外部人力资源参与创意设计与研发，如产学研联盟集体创新、与创新中介的合作创新和研发外包；低附加值业务如大规模生产制造的外包使得企业将更专注于企业核心业务，实现了资源优势互补。同时，越来越多的创意企业设立了自己的创意众包平台，并借助专业机构对创意设计、研发乃至生产、销售进行众包，顾客作为引领消费潮流的主体，借助网络平台参与创意设计研发已经成为一种社会化行为，真实地反映了市场多样化需求，有效地呈现出创意的市场反馈信息，进一步加快了创意理念的推陈出新和创意成果的研发，如星巴克（SBUX）在启动 My Starbucks Idea 互联网众包平台后的 14 个月里共收到了17000 多个创意提案。

创意和外包协同发展驱动着区域经济转型，加快区域协同发展的步伐。以下两个案例能够很好地说明。2007 年 6 月底无锡深港国际服务外包基地奠基，7 月3 日，江苏文化创意产业园、无锡新区创意产业园正式开园；7 月 11 日，由中科院软件所、江苏省信息产业厅和无锡市人民政府共建的江苏基础软件产业园揭牌，形成了以动漫设计为代表的创意产业和以软件服务为代表的服务外包产业。政府强势推进，再加上无锡原有的生产性服务业基础、信息基础、人才和开放优势，无锡的创意产业、服务外包呈现出惊人的爆发力。据悉，经过两年的快速发展，无锡已站在全国 25 家国家级动漫基地的前列。2007 年上半年，无锡市全市信息外包新增培训 2000 余人，年底达到 5000 人。2007 年 7 月 12 日，北京大学、东南大学、华东理工大学、江南大学同时与无锡新区签约，携手培养软件人才。由无锡天龙动画有限公司制作的动画片《东方神娃》，在 2006 年度中央电视台动画片收视率统计中以超过 3%的百分比拔得头筹。该片还以单片发行 1300 多万张的成绩，获国家文化部颁发的音像制品金奖，成为为数不多的靠出售电视播放权就能盈利的国产动画片。2007 年以来，平均每天都至少有 3 家动漫企业慕名到无锡新区考察洽谈，创意产业集聚效应和开放式创新效益逐渐显现。

2011 年 11 月 25 日，惠普软件 3D 动漫产业园在湖南益阳高新区奠基，2012年 9 月益阳高新区获批为"湖南省服务外包示范区"。惠普软件这一世界排名第26 位的资讯科技公司的进驻，极大地促进了高新区服务外包产业的发展。2011年益阳高新区已成功引进惠普集团、金蝶软件、搜空高科等国内外服务外包企业23 家，其中有 16 家企业落户运营，从业人员近 1000 人，培训储备呼叫业务人员 1120 名，外包业务主要涉及软件开发、动漫设计、呼叫中心、数据处理、电子商务等领域。根据高新区"十二五"规划，到 2015 年，文化创意和服务外包产业总产值将达到 100 亿元，成为高新区新的高新产业支柱。

（三）创意领先战略

创意产业园区区域行为主体在角色和功能上是异质的，组织之间的关系是非均质的。领先战略是指龙头创意产业园区在寻求更多、更好的资源和项目投放时，率先在创意设计、研发、生产和市场等方面进行自主创新，取得竞争优势，营造良好的创意园区区域环境，引领区域创意经济协同发展。龙头创意产业园区是区域创意经济发展的主导力量，在创意成果具有独占性的同时，代表着区域的最高创意水平，国家对其大力支持的背后是高标准的要求，其对区域范围内的其他创意园区及整个区域起到示范和带头作用。

创意园区领先战略是由产品领先战略和区域品牌战略两个板块构成的，这是由创意产业的特殊行业属性——传播速度快、受众多及需求多样化决定的（如图5-6所示）。产品领先战略是针对成本领先和品质领先两个维度展开，两者具有内在一致性，价值创新是企业同时采用低成本和差异化以获取竞争优势的战略逻辑[228]。龙头园区投放到两个战略中的资源达到的规模效应和市场效应，生成了区域内大量追随和模仿行为。创意产品是文化、技术和经济的融合，龙头创意园区良好的研发条件、高端创意人才、先进的生产设备和市场拓展能力保障了产品领先化。龙头园区良好的结构性成本驱动因素（规模经济、集体学习、相互联系、生产能力利用模式、整合、自主政策、地理位置、时机选择、机构因素）构成了开发成本领先的持久来源，形成具有持续产销能力的价值链。同时，龙头园区走在创意前端，是创意成果品质的重要保障，创意园区能够敏锐地发现新的创意市场需求，迅速甄别、选择出进行产品化表达的创意理念内容并进行创意产品本身的制作，从而研发出吻合消费者需求的创意产品，高品质的创意产品带来良好的顾客满意度和忠诚度。

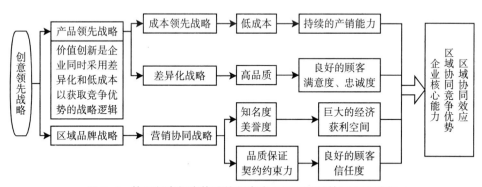

图5-6 基于创意领先战略的创意产业园区区域协同实现路径

区域品牌战略是龙头园区在明确自身定位、打造产业特色的基础上，打造园区区域品牌，通过区域品牌带动区域协同发展，区域在营销过程中传递出自有价值。区域品牌作为一项公用的无形资产，其形成是品牌及其载体龙头企业在空间上高度集中的结果，其价值比起产品品牌的价值更大。首先，区域品牌价值提高了地区知名度和美誉度，提升了区域经济的获利空间。一方面，区域内每一家企业带来经济收益和社会效应；另一方面，创新示范效应激发了园区内部企业以及其他创意园区区域协同的积极性，并吸引群外创意企业的入驻、追随和模仿，领先园区内外龙头企业队伍的壮大又会进一步提升区域品牌效应。其次，创意园区区域品牌比创意产品个体品牌更具有品质保证和契约约束力，从而赢得创意消费群体对区域内企业和产品的信任度。需要特别说明的是，目前我国的创意园区区域品牌的打造，多是一种政府主导行为，是区域社会、政府、企业和协会合力作用的结果，多经历了"龙头企业→产业链→产业基地→产业园区"的演变，通过龙头企业对上下游企业的重组和改造，并助力于区域文化特色和区域品牌打造，以及产业园区的发展和壮大，最终实现创意园区区域的辐射、带动和集聚效应。

﹡案例分析："中国影都"——中国（怀柔）影视基地

2008 年 7 月 31 日，"国家中影数字制作基地"在怀柔建成并投入使用。1995 年，台湾飞腾制作有限公司最早在怀柔设立独资企业；1997 年 1 月，占地 350 亩的飞腾影视城（飞腾公司隶属于其旗下）在怀柔区杨宋镇落成，影视城分为南部外景区（以明清风格建筑为主）以及北部生活区和摄影棚区。1999 年，当时全国最大的民营传媒公司星美传媒出资控股飞腾制作公司。

怀柔优越的地理位置、自然风光和社会环境吸引了中影集团的入驻，2005 年 12 月 26 日，中国（怀柔）影视基地奠基，其影视制作能力可占全国总量的 60%以上，每年可满足 200 部电视电影、100 部数字电影、80 部故事片电影、500 部电视剧和动漫作品的工作量，以及全国 50%以上的影视后期制作需求。《大宅门》、《铁齿铜牙纪晓岚》、《唐山大地震》、《走向共和》、《康熙微服私访记》等多部驰名的影视作品在这里进行取景、拍摄并进行后期制作，其中，冯小刚导演的《唐山大地震》以 6.5 亿元的高票房成绩引起社会对基地独特的发展模式的广泛关注。

自 2005 年以来，怀柔影视基地致力于打造影视产业全产业链，包括影视拍摄、影视后期制作、专业技术服务中心、影视展示与传播、影视制片、版权交易、动漫制作、教育培训、旅游等功能完整的产业链发展模式，以形成其核心竞争优势。2006 年 12 月 14 日，基地被认定为北京市首批文化创意产业园区，以飞腾影视城和国家中影数字制作基地及周边 1 公里左右范围为集聚核心区，规划面积 5.6 平方公里，范围包括杨宋镇建设区及周边地区；核心区外围是辐射区，范围包括庙城镇、怀柔镇、雁栖镇的部分区域和怀柔新城部分区域。此外，怀柔区广泛开展产学研合作及区域合作，如建造了北京电影学院动漫教学基地、影视文化评审交流中心、北京电视台制作基地等。2007 年初，怀柔区促进文化创意产业发展领导小组成立，其出台了大量的园区发展政策，并给予大量的政策和金融支持，2007 年 4 月影视基地管理委员会宣告成立。同年，怀柔①被评为"中国最具投资价值创意基地"，并成功注册"中国影都"，成功打造区域品牌，吸引大量影视公司在此注册或入驻，带动怀柔区社会经济的快速发展，2013 年该地区生产总值达到 200.4 亿元，比 2008 年增长 18.57%。

第五节　本章小结

本章首先依据资源禀赋理论阐明了创意产业园区区域协同的背景，即区域创意企业间的竞争与合作，分析了竞争对协同的驱动作用、合作对协同的促进作用，以及竞争与合作关系下资源集成产生协同效应。其次从区域资源获取优势、市场效率优势和知识溢出优势三个方面对创意产业园区协同创新进行了经济学分析，同时，创意产业作为非传统产业的产业特性决定了创意园区区域协同的特性：知识产权保护和城市功能升级。集体学习是创意产业园区区域协同网络的基本方式，分为两个层面：网络节点各行为主体的正式学习和非正式学习，以及网络结构化行为引起的集体学习，它们构成创意园区区域系统知识积累的社会化过程，保障了信息传导机制和示范、模仿效应。最后分析了创意园区区域协同的实现路径是产学研合作联盟、开放式创新体系和创意领先战略，三者具有层层推进的关系。下文区域价值网络协同价值创造是对区域协同作用路径的进一步深入剖析，也为后续章节协同竞争力决定因素理论体系的搭建做出铺垫。

---

① 2002 年 2 月 7 日，北京市人民政府（京政发〔2002〕6 号）批复：经国务院批准，撤销怀柔县，设立怀柔区。

第六章

创意产业园区区域价值网络协同机理的技术分析

　　为应对创意经济时代的挑战，提升区域竞争优势，具有不同价值链的创意产业园区纷纷采取合作战略，进行价值链园区内部、跨园区甚至跨区域拓展协作，形成创意产业园区区域价值网络。创意产业园区区域协同意味着区域价值网络各节点（创意企业、研究机构、政府等行为主体）在区域创新环境中通过协同结网来进行价值创新，价值网络将各种创意要素（人才、技术、文化、知识、创意、信息等）协同在一个无形的网络平台上，通过不同网络节点企业之间的竞争与协作，满足顾客的组合价值需求，更好地适应环境的变化。创意园区区域竞争优势需要各个价值网络节点的协同，每个网络节点上的企业在协同创造价值的过程中，其价值链的某特定环节总会存在相对的薄弱环节，其竞争优势除了来自自身核心能力优势外[229]，网络资源是其协同竞争优势的来源。网络协同的作用使得节点企业能够在面对选择多样性的有利条件下，在短时间内找到最优的战略合作伙伴，进行网络边界资源的高效整合，突破企业价值创造瓶颈环节，打造企业竞争优势，这一目标的实现需要激活产业链的各个环节，以实现园区资源的有效整合和良性循环。创意产业园区区域协同本质上是一种价值增值创新和根本性创新，它是创意产业园区区域价值网络上各要素的互动在特定区域的集中表现，协同促进了区域创意产业领域内相关产业的有效融合，实现区域内外创意战略环节的整合、优化以及资源的最有效配置。创意产业园区作为区域创意经济的载体，区域协同发展通常表现为地方创意园区捕捉价值、实现价值和放大价值的过程，本章围绕这一核心思路深入剖析创意产业园区区域协同的作用机理，即展开对创意产业园区区域价值创造和区域竞争优势提升的研究论述。创意产业园区区域协同的技术分析示意图如图 6-1 所示。

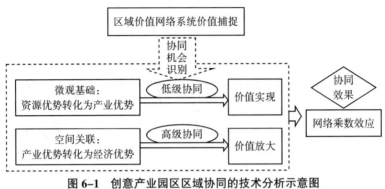

图 6-1　创意产业园区区域协同的技术分析示意图

第一节　创意产业园区区域协同价值网络

一、创意产业园区区域价值网络概述

（一）传统产业价值链

1. 传统产业链

"产业链"是个中国化的名词，姚齐源和宋武生在"有计划商品经济的实现模式——区域市场"一文中首次提出"产业链"一词。国外的研究集中在"供应链"和"价值链"等理论，并没有与"产业链"相对应的说法，但其理论思想早在 Adam Smith 和 Marshall 的观点中有所体现，劳动分工与协作导致的企业之间的物质生产资料的流动带来产业内外的网链关系；Hirschman 在其《经济发展战略》（*Economic Development Strategy*）一书中也从产业的前后向联系对产业网链关系展开论述。目前，国内学术界对产业链的概念尚无一个统一的界定。龚勤林（2004）将产业链视为基于一定的经济技术关联，各个产业部门之间依据特定的逻辑关系和时空布局关系所形成的链条式关联形态[230]。蒋国俊和蒋明新（2004）从战略联盟的角度将产业链界定为：在一定的产业区内，具有国际竞争优势的核心企业与其相关产业中的企业合作形成的一种战略联盟关系链[231]。杨公仆和夏大慰（2005）从价值链的角度指出，产业链即同一产业内所有具有连续追加价值关系的活动所构成的价值链关系[232]。芮明杰和刘明宇（2006）认为产业链是企业内部和企业之间为提供市场消费的产品或服务，而经历的从原材料到最终消费品的价值增值活动[233]。

本书对产业链的概念描述如下：为满足市场需求，不同的经济活动单元通过协作创造价值，在从原材料的供应到市场消费的过程中形成的由供应商、企业合作者、渠道商和顾客构成的功能结构模式，它将相关产业联系在一起，形成前后向顺序关联的横向延伸、纵向有序的不同业态之间经济活动的集合。通过对现有文献的大量阅读可以发现，产业链是以产业之间的分工和合作为前提的，它反映的是一种客观的产业关联关系，这种关联关系体现在时间和空间两个维度：一方面，产业链的上下游各个环节依据合理的逻辑因果和时间次序关系呈现出相应的运行轨迹；另一方面，产业链具有一定的空间布局，即产业链上各环节企业归属于一定的区域空间中，产业链的形成和发展与产业组织形式（如产业园区、战略联盟等）紧密相关。产业链主要基于各个地区客观存在的区域差异，着眼于发挥区域比较优势，借助区域市场协调地区间专业化分工和多维性需求的矛盾，以产业合作为实现形式和内容的区域合作载体。产业链本质上是用来描述具有内在联系的企业群结构，它存在结构属性和价值属性二维属性。产业链中大量存在着上下游环节的各企业相互价值的交换并产生网络状链式结构，上游环节向下游环节输送产品或服务，下游环节向上游环节反馈信息。

2. 传统产业价值链

与 Porter 的"价值系统"（Value System）相对应，国内学者更多的是使用"产业价值链"（Industrial Value Chain，IVC）一词，它属于中国本土化的经济学概念。学术界对于产业价值链尚未达成统一共识。潘承云（2002）将产业价值链的内涵诠释为：以某种核心技术或工艺为基础，以提供能够满足消费者某种需求的效用系统为目标的、具有相互衔接关系的企业集合[234]。在产业链中，产品价值由不同的经济单元体创造，各个经济活动单元体的经营性活动不仅决定着各个环节的价值，还决定着产品的总价值，创造价值的各经济单元环环相扣从而形成产业价值链。可见，产业价值链由产业内各个企业价值链有机组合而成（如图 6-2 所示），通过对企业价值链关键环节的识别，发展价值链优势环节，而将相对弱势的环节外包给其他企业，将企业行为转化为产业行为，实现多条企业价值链的整合，以及企业价值链在产业层面上的延伸。产业价值链的各经济单元都由若干相似企业组成，经济单元内企业是竞争关系，而经济单元间上下游企业是一种交易关系。对于 Porter 的价值链理论，仅从价值的角度来分析产业链上各企业在"原材料供应—生产制造—流通销售—市场消费"整个价值活动过程中价值的分布与关联，我们称之为产业价值链。产业价值链反映的是产业间以及产业内部各环节、各部门基于一定的技术经济关联，以及特定的逻辑关系和时空布局关系客观形成的链网结构形态。

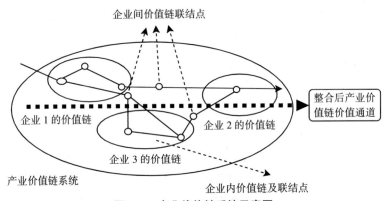

图6-2 产业价值链系统示意图

产业链是随着产业的成长自发形成并不断完善的，不同产业的价值链存在很大差异，而且产业价值链是动态变化的。如果说产业链侧重的是阐明产业市场的结构形态，描述的是产业内各类企业的职能定位和相互关系，那么，产业价值链强调的是产业价值创造的这一终极目标，描述了价值在产业链中的传递、创造、实现、延续、转移和分配的过程。所以说，产业价值链代表的是产业链的价值属性，是产业链背后所蕴藏的价值组织及创造的结构形式，是产业链更深层次的价值表达。产业价值链为产业链进行价值的分解、整合提供了系统的方法，决定着产业链的经营战略和竞争优势，也使企业价值链之间产生协同效应。

通过对文献的梳理，产业价值链的特点总结如下：①消费者需求是产业价值链的核心内容，产业价值链可以视为一种能够满足消费者某种需要的效用系统。消费需求是决定产业价值链形成和变化的最关键影响因素，比如个性化的定制需求等顾客需求的变化，是导致价值转移和流动的最根本原因。②产业价值链的核心是价值创造，且价值在产业价值链的各个环节的分布是不均衡的。附加价值是参与方获取价值的必要条件（Brandenburger 和 Stuart，1996）[235]，微笑曲线形象地刻画了价值的不均衡分布。对产业价值链上某一环节的企业而言，企业价值链是产业价值链的一个区段，各个环节企业的活动决定着产业的价值活动；企业需要采取价值战略思维，进行价值判断、识别和规划，确定企业在其所处产业价值链上的定位。③促进企业价值链之间协同效应的产生。产业价值链协同效应主要来自企业价值链之间的高度协同作用，而非来自产业链上各环节之间的交互作用，这是由产业价值链的组织载体如产业园区等的弱约束力属性决定的。在企业明确自身产业价值链定位的基础上，产业价值链通过整合企业价值链，衔接企业价值链的优势环节，企业高效应用企业业务单元之间的有形关联、无形关联以及竞争性关联协同创造价值，最终带来竞争优势的提升。

（二）创意产业价值链特性

创意产业是知识和文化高密集型产业，是文化、技术和经济三者相结合的产物，反映在创意产业化进程中文化创意化、创意技术化和技术产业化三个阶段。创意源环节即内容创意的形成，体现了文化的创意化。创意内容主要来源于艺术家、设计师、众包带来创意的消费者等任何能够提供创意的个人，头脑中的无形创意产生的个人创造力是创意产业价值链的根本，这个环节位于价值链的顶端，创意产业"内容为王"体现了内容创意是创意资本的价值来源；设计研发即创意技术化，这个环节将无形的创意变现为有形的实物，是技术产业化阶段的前提，其体现了人力资本和技术资本的重要作用；在企业家、投资家、中介工作者等的相互配合下，创意企业通常采用生产外包的方式实现创意产品的规模化生产；代理商、策划人、经纪人等能够采用最有效的营销模式和渠道将价值让渡给消费者，同时，信息传播渠道是创意产品实现产业化的最根本保障，创意产业"渠道制胜"的载体主要有演出经营场所、电台、电视、报刊以及网络运营商等；创意产品的观念价值或者服务价值和体验价值带来消费者的购买欲望，产品最终被顾客消费并认可的同时实现了价值的获取，消费需求的个性化、多样化以及动态变化对创意产品价值创新提出了更高的要求，需求导向的市场反馈机制也使得产业链上各个环节不断创新并与其他产业积极合作以实现价值创新。创意产业价值链上各个环节价值活动在价值创造过程中发挥的作用各不相同，通过对创意产业价值链的运作模式的分析（如图 6-3 所示），可以清楚地看到各个环节价值活动在创意产业发展中所处的地位。

创意产业价值链以个人创造力为根本，以创意产品或创意服务价值增值最大化为目标，创意企业及相关机构（大学、研究机构、中介机构、投资机构、政府等）通过对创意产品及其衍生品的研发、生产、销售和消费一系列创意活动，实现物质流、技术流、资金流、信息流等资源的充分流动，从而形成各创意环节的价值增值网络状链式结构。创意产业作为一个全新的产业概念，具有创新性、需求不确定性、高附加值性、高渗透性和强辐射性等，其产业价值链也有别于传统产业，主要体现在以下几个方面。

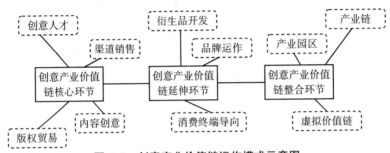

图6-3 创意产业价值链运作模式示意图

第一，有缝隙的产业价值链结构。不同于传统产业价值链的无缝隙属性，创意产业价值链不是自上而下的，而是可以有缝隙的，也就是说对于某一创意产业价值链而言，产业链的特定环节是可以缺失的，同时，跨越性的产业链上各业务单元的经济活动并不会对价值的实现产生任何影响。有些创意产品具有唯一性，比如画家具有独创性的作品，画家在其工作室或画廊自产自销的产业链由"创作—消费"两个环节构成，"产品—顾客"间是一种"一对一"的消费模式。

第二，注重主体资源的高配置能力。创意产业价值链的资源配置方式实现了客体到主体的转变。传统产业链依赖于对客体资源的开发和利用，驱动要素是有形的物质资源；创意产业强调对主体资源和无形资源的充分利用，注重文化资本、人力资本、技术资本等无形资源的核心驱动作用，特别是个人创造力，创意人才和团队间的分工与协同带来资源高配置能力的释放。

第三，融合性强。创意产业是经济、文化和科技的融合体，产业横向延伸很广，与不同的产业关联性强，是通过对产业价值链的分配来组织生产流程的。在组织形态上，创意产业打破了传统产业的界限，创意产业与其他产业融合后的价值链增值结构发生了显著的变化，实现了产业链由单向生产链到环状价值链的转化，创意产业价值链上巨大的异业合作机会也带来各行各业的无缝隙合作，比如传媒产业是在信息产业与广播、电视、出版等产业融合的基础上发展起来的；建筑设计行业需要建筑公司、力学公司、美学公司和建材公司等的协调配合才能完成。

第四，内容创意的高盈利模式。对传统产业而言，在新产品占领市场后产品通常会出现较明显的降价；创意产业是知识密集型产业，创意产品的生命周期短，且其在进入市场后价格基本不会出现明显的波动，这是由于创意需求具有易变性，创意产品的精神内容价值在产品价值中拥有绝对性的比例优势，而其物质载体价值非常小，也就是说内容创意是创意产业价值链的高利润区，如苹果手机相较于其他品牌手机一般不会出现明显降价，这是由于苹果手机蕴含了更高的创意含量，及其根据市场反馈信息所做出的产品内容快速升级更新。此外，通过创意"一意多用"衍生产品及创意价值的非消耗，可以看出围绕这一内容创意的成功商业运作带来大量的产业利润。

（三）创意产业园区区域价值网络界定

创意产品在由"创意源—设计与研发—生产制造—渠道销售—消费与再体验—创意评价"的路径形成过程中，实现了"创意价值识别—价值开发—价值创造—价值挖掘—价值获取"整个价值传递过程。创意产业园区是以创意产业价值链为纽带的地方生产系统，其本质是由价值链耦合而成的有机网络系统，也是获取创意竞争力的核心区域；创意产业价值链由创意产业园区的各项价值活动构成，创意产业园区的企业通过发挥自身的核心优势参与创意产业价值网络上的活动，进而成为价值网络上互相联系的不同节点，最终形成整个创意产业园区的价值网络创造（见图6-4）。

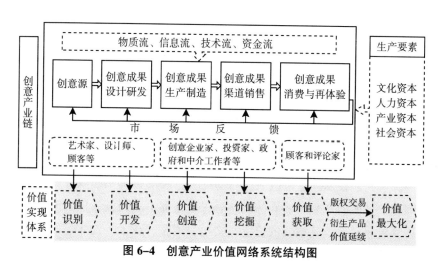

图6-4 创意产业价值网络系统结构图

创意产业园区区域价值网络是由承担不同分工的组织的价值增值活动构成的网络系统，凭借信息技术手段，依据核心能力的分工与协作联系起来的企业动态的竞争与合作价值网络。在这个网络中不仅存在多个传统线性价值链上各个企业之间的相互合作，同时不同价值链的企业之间也开展着跨链协作价值活动。创意产业园区需要充分发挥区域内企业专长，整合区域特色资源，形成鲜明产业特色和功能定位不同的产业园区，错位或者互补发展，避免同质化过度竞争。

创意产业园区的地域规模是有差异的，小到一个村镇、县域，大到都市、都市圈，甚至整个国家及跨越国界。但总体而言，园区大多局限在城市特定区域及其周围地区或者一个国内区域的大部分地域。这意味着，园区价值网络也存在空间地理的划定。创意园区区域价值网络在一定空间的集中，既包括创意产业价值网络系统在局部区域的集中，又包括产业价值网络的一部分在一定空间的集中，也即创意园区是由价值网络构成的，同时，园区本身又可以看成区域价值网络的网络节点形式，创意产业园区区域价值网络可以细分为园区内部价值网络和园区外部价值网络。创意产业园区价值网络各个环节合作企业的地理分布能够反映出创意产业园区的聚集程度，若园区地理空间内创意企业及其相关企业能够关联形成完整的创意产业价值网络，则此园区通常规模较大，竞争力强[236]。事实上，很难发生一条产业价值链完全集中在一个空间位置的情形[237]。从创意产业园区的实际情况来看，创意产业园区区域价值网络并不要求产业链上所有的企业都汇集在一起，创意产业价值链上的某些环节完全可以处于创意园区地域之外，也就是说，创意产业园区区域价值网络的存在并不局限于园区的地域限制，创意产业园区价值网络具有跨地域性。比如"两头在内，中间在外"型的创意产业园区区域价值网络，其特点是核心企业的生产环节在园区外部，而其研发和销售等环节价值活动还是在园区地域内的，如张江高科文化创意产业基地，其价值网络形态就是跨地域性的。

二、创意产业园区区域协同理论概述

"高等学校创新能力提升计划"（简称"2011 计划"）针对重大前瞻性科学问题、行业产业共性技术问题、区域经济与社会发展的关键问题以及文化传承创新的突出问题，贯彻政产学研协同的战略思想，把促进协同创新中心的建立和区域协同创新发展放在了极其重要的位置。文化、资金、技术、人才等是构成区域经济系统的经济要素，区域经济活动是各要素的独立运动与要素之间的关联运动的统一体，区域协同就是对独立运动和关联运动关系进行协调与整合，协同发展是经济发展的必然要求和客观规律。

创意产业园区区域协同就是应用协同理论来研究区域创意产业资源整合以及价值创造实现的问题。创意产业园区区域价值创造是个极其复杂的过程，而创意产业园区区域协同是指基于区际比较优势，区域内各园区地域单元和各创意经济发展要素在非线性相互作用下自成一体，形成高效和高度有序化的整合，形成单独资源要素所无法产生的整体协同效应，实现区域内各园区资源"一体化"运作的区域经济发展方式[238]。创意园区区域协同采用区域经济一体化的思路来促进该区域创意经济的紧密联系和共同发展，其目的在于以创意园区为中心的空间资源的合理配置、空间效率的提高和空间价值的创造。协同发展的创意区域有统一的战略合作目标，区际之间高度整合与协调，内部各个子区域之间是开放式的竞争与合作，同时，与外部区域系统有效对接与互动，创意生产要素及创意产品在统一的区域市场自由流动与优化组合，形成高效的组织协调关系。

以行政区域划分或行业分割方式构建的创意产业园区，其区域协同效应的实现需要加强区域和行业的协调。因而，创意园区区域协同涵盖区域和行业两个维度（如图 6-5 所示）：①创意产业同一子系统内部行为主体的协同，空间表现为同一行业集聚区企业的协同，包括两种情形：同一行业区域内的协同和同一行业跨区域协同，比如有"动漫之都"之称的杭州一直以创意设计著称，突出原创，而将生产、销售等过程外包给无锡、宁波和温州等周边城市。②创意产业不同子系统之间行为主体的协同，呈现不同行业间的区域关联协同形态，可分为区域内跨行业协同和跨行业跨区域协同两种，比如具有不同区际比较优势的杭州动漫产业和旅游产业等，通过与上海区域优势行业会展业和传媒业的融合，实现区域联动发展、区域创意的放大能力以及互利共赢。只有实现这四位一体的协同，真正

图 6-5 创意产业园区区域协同的区域和产业维度

意义上的创意产业地理空间区域协同才能实现。

创意产业园区区域协同发展最核心的内容是区域间创意产业的协同发展，实现区域协同经济效应最大化也即企业之间的协同效应最大化。在一定的经济社会环境中，创意企业等行为主体间以区域协同发展战略为导向，在区域整体层面上互动作用，园区内部企业通过竞争与合作，以及园区外部融洽的区域经济关系，实现不同区域、不同行业各个创意园区内部与园区外部的资源优化配置以及要素间联系的协同关系（如图6-6所示），获取协同网络整体的资源配置优化和协同网络整体的快速反应，从而获取区域协同网络整体收益最大化，形成竞争优势互补、品牌区域联动的高度协同发展阶段。创意园区区域协同发展经由"点—线—面"相结合的发展路径，"区域创意企业资源优势转化为产业优势"和"创意产业优势转化为区域经济优势"是区域创意经济系统在两个层面上的协同结果。创意产业园区区域协同强调产业链的集成与协同，要求各价值战略业务环节围绕知识流、信息流、物质流、技术流进行资源共享与整合，充分利用各环节的激励与约束机制，消除各区域的地方保护主义意识，实现资源整体优化配置。区域合作企业之间的信任关系是区域协同的基础，战略协同是区域协同的核心，而信息共享是实现区域协同的主要技术手段，利益合理分配是区域协同可持续发展的保障，协同效果评价是区域协同策略调整的依据。

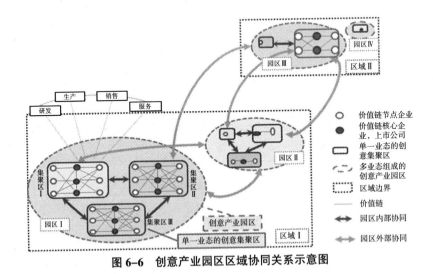

图6-6 创意产业园区区域协同关系示意图

三、区域协同价值网络：创意产业园区区域价值网络与区域协同价值的衔接

创意产业价值链环节与特定区域的经济差异和文化特色紧密相连，园区区域价值网络的空间布局是区域分工的客观反映。创意产业园区竞争优势的实现，有赖于园区内部的各个价值网络环节与园区外部价值网络的互动，来源于园区内企业的产业关联性以及业务关联形成的协同效应。Porter（1985）认为业务单元间的有形关联（价值链中的技术、客户资源的共享）、无形关联（不同价值链之间管理技巧和知识技能的共享）和竞争性关联互动贯穿于园区的一连串实际活动中，为相关业务环节带来价值增值或节省，创造区域价值。区域创意产业业务关联活动的空间联结是区域协同的载体，区域协同即将各种资源能力协同在一个无形的网络平台上，跨组织甚至跨行业进行资源优化组合的过程，最终形成组织核心能力要素的最优组合，也即区域价值网络的协同。而区域协同价值创造是建立在这些为企业带来特定产出的价值链关联要素价值增值的基础上的，是价值网络成员之间协同运作的结果；这种协同运作强调价值网络的成员以做好其自身最具竞争优势的业务为前提，在识别价值网络的协同机会及其协同战略环节的基础上，构建实现区域协同的价值模块协同机制，根据需要不断地进行业务调整和优化组合，将区域内各项战略价值活动有机整合，用重组和协同的办法来最大化地实现价值网络的协同效应[239]。可见，创意产业园区区域协同过程本质上就是园区区域价值网络的形成与优化，价值网络各个节点的协同运作即企业价值链的解构与业务节点之间重新组合，实现企业核心能力的"强强联合"，或者说是承载价值网络的组织结构中各职能之间的协同优化[240]。区域价值网络价值创造和区域协同效应具有内在同一性，区域价值网络是区域协同价值创造的载体和方法，区域协同是区域价值网络资源的优化，两者的最终目的都是为最终消费者提供有价值的产品或服务，价值网络成员之间的协同运作带来创意园区整体竞争优势（见图6-7）。

根据创意园区区域价值创造与区域协同效应的内在统一性分析，下文以价值网络为分析工具，展开对创意园区区域协同的价值网络研究。区域协同价值网络是区域内成员通过创意、知识、信息、物质等方面的价值链接，构建网络协同结构的一种价值链环，网络竞争优势的来源从内部资源能力扩展到外部协同。从价值网络视角出发考虑区域协同问题，容易冲出资源共享的行政性阻力和传统思维

惯性，让区域内各园区和企业及时调整自己的定位，调整产业价值创造布局，找到自己的战略支点，提高园区整体价值创造能力，带来园区竞争力。

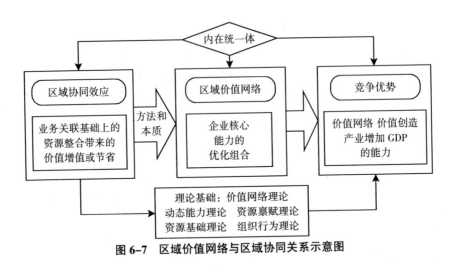

图 6-7　区域价值网络与区域协同关系示意图

第二节　创意产业园区区域价值链网络化的微观基础分析

创意产业园区区域价值链网络化是基于信息技术和信任关系的区域创意企业间联合形成的价值网络的连接，创意价值链的纵向和横向分别对应着创意产业园区和创意企业两个维度，具有核心能力的创意企业是其微观主体。园区内部众多平行的创意价值链在纵向上整体表现为线性单向流动，在某一行业价值链内部各企业纵向上存在着业务流程间的竞争与合作关系。同时，地域内不同行业的相关创意企业存在着横向跨链协作，比如动漫影视作品、文艺舞台剧、图书报刊等相关行业基于创意"一意多用"的属性，运用不同的创意表现方式和价值实现手段，在创意价值增值的过程中形成区域分工与合作，相互融合渗透产生区域关联效应。其中，主导企业是网络的价值中枢，它不仅整合其他组织创造的价值，而且影响网络价值创造的方式和价值传递的机制，此外，还存在大量补充和配合价值网络的零散的专业化中小企业和第三方组织。这种基于业缘和地缘关系形成的区域性价值网络，注重价值链的延伸价值，强调围绕核心企业与一切前向和后向关联企业的网络结构链条关系，区域市场机制有效促进企业边界资源的整合，企业间竞争与合作关系并存，消费者参与到价值创造的过程中，网络价值创造能力是网络协同效应的体现[241]。

一、创意产业园区区域价值链网络化的原因

创意产业园区区域资源禀赋、历史文化积淀以及区域市场需求的异质性迫使各区域将其封闭的价值链对外开放，进行区域价值链的分解，并整合区域核心能力，区域价值链上的资源整合活动必然导致区域价值链的网络化。区域价值链从水平式的线性链条结构转变为价值链纵横交错的企业竞争与合作关系网络的过程，是一个资源、文化、服务和品牌整合的复杂过程，这迎合了区域协同的战略要求，是企业经营网络环境多变化和顾客组合价值需求多样化的必然发展结果，从链式思维到网络思维的转变也符合创意产业园区进行价值创造、提高区域竞争力、实现区域协同效应的客观需求。本书认为，造成创意产业园区区域价值链网络化的原因主要有以下几个方面。

（一）规避区域市场风险

创意产业是创意阶层在研发、生产等过程中，将高文化内涵、时尚元素等融入创意产品并将其推向市场的一系列活动的集合。创意阶层与消费者之间在个人偏好、文化理念、精神追求等方面的偏差导致产品与区域市场匹配的失败，导致创意产业具有高投入、高风险、高不确定性、回报周期长等特性，企业完全依靠自身内部资源进行经营管理来应对外部多变的市场环境是非常困难的，这就需要区域产业链上各环节企业围绕协同价值创造进行合作经营、信息共享以及风险控制。同时，创意产业链上不同环节的投入和产出的比例不同，面临的风险差异较大。灵活制造的模式有效地融合了价值链上各环节不同企业的竞争优势，节约了交易成本，更重要的是各环节企业运用核心竞争优势能够降低各环节风险，使得价值链的整体风险下降。以电影产品为例，制片环节需要投入巨额的资金拍摄影片，面临的风险最大，放映方则是一次性投入较大资金建设影院，至少要经历三年的成本回收期，唯独发行业务是资金投入相对较少的一环。拥有著作权的制片企业通过分解知识产权与有最优能力的外部伙伴合作，保证票房收益的实现。价值网络顺应了创意产业的消费需求导向作用，同时，价值网络具有高度的市场灵敏度和范围扩展性，区域价值链网络化能够提高企业防范风险和应对区域市场的不确定性的能力，比如创意研发企业在进行大规模生产之前，通过免费试用等方

式将新产品样品推向市场，由此得到消费者的反馈信息，有效地降低了生产环节的风险。

（二）满足客户组合价值需求

创意产业是一个以市场需求为导向的产业，伴随着消费需求的个性化和多元化发展，顾客对创意成果组合价值的需求日益凸显。从消费者层面来看，创意产品客户组合价值需求由物质载体价值、知识产权价值和文化符号价值（包括体验价值①和文化价值）三项价值需求组成[242]。对于创意产品而言，知识产权是其核心价值，定位于设计研发的创意企业创造的是核心价值性创意元素，而这是顾客核心价值的体现；定位于生产环节的创意企业更多的是提供产品的功能价值，如服装的载体价值体现为其蔽体或御寒功能。此外，创意产品的文化和高科技的附加值明显高于一般商品，定位于品牌和营销的企业更注重创意产品的文化符号价值。通常，创意企业个体仅仅具备提供特定的顾客组合价值需求的优势，创意产品或服务价值的互补性或者不可分割性以及客户组合价值需求，不同企业以市场需求为信号，利用异质性的战略资源"强强联合"跨企业协同创造价值，不同行业价值系统价值环节的相互作用形成复杂的跨企业网络关系。比如动漫制片方、媒体和生产企业之间存在异质性资源和资源位差的竞争与合作关系，通过知识产权共享构建了囊括内容创造、媒体推广和衍生品开发与制造等业务关联的网络，打破企业边界，协同创造顾客总价值，实现多方共赢。再以罗琳的《哈利·波特》为例，英国出版的前三部小说市场反应很一般，而美国的出版企业对其的开发与推广引起了《哈利·波特》热潮，单个企业的运作并不能产生产业的协同效应，只有众企业围绕某一创意在不同的领域共同开发、运作与营销，才会产生巨大的协同价值增值效益。

（三）获取专业化互补性资产

创意园区区域价值链网络化是企业获取互补性资产的必然结果。Teece（1986）针对企业内部的核心能力和专有资产提出了"互补性资产"（Complementary Assets）的概念，即企业技术创新商业化成功所必需的其他能力和资产。他认为技术创新的利润实现"需要创新的专业知识与其他能力或资产一起使用。服务（如营销、竞争性制造）和售后支持几乎总是必需的。这些服务从互补性资产中

---

① 体验价值是指顾客从企业提供的产品或服务中所体味到的源于内心感受的价值，包括情感价值、心理价值、知识/信息价值。

获得，是专业化的"[243]。对于创意企业而言，创意的成功商业化需要创意产业链下游的衍生品开发以及制造、渠道推广、服务等后续的价值环节上互补性资产的支持[244]。在创意产业园区区域，主导企业控制了绝大多数的互补性资产，发起突破性创新的绝大多数原创企业的新创意只破坏了主导企业价值链的创意研发活动，而非互补性资产的价值。此时，区域创意原创企业与主导企业价值链环节的有效合作实现了双赢的局面，创意原创企业与主导企业签订契约协议，将主导企业的非技术价值链环节纳入企业运营范围，以实现创意产品的市场价值，同时，利用主导企业核心业务的市场导向竞争力和良好声誉拓展其下游价值链，提高新创意的成功商业化率。主导企业仅仅出让产品商业化所需其价值链上的优势环节的专业化互补资产，即可实现新创意的市场利润并保持现有的市场地位。合作双方企业在这种契约关系中打破了企业的组织边界，形成了一种动态合作的价值网络，动态网络可以使企业关注其核心能力并与产业价值链上的其他企业结成合作伙伴。

创意原创企业除内部需要生产、销售、服务、资金等互补性资产外，亦可从园区内外有助于原创企业的创意产品及其市场价值实现的相关主体攫取其所需要的外部互补性资产，例如专业制造或营销企业以及衍生品研发、生产、营销企业的互补性资产，常见的有外包、战略联盟等合作形式。好莱坞娱乐业、横店影视业等实践都证明创意产业园区为创意活动商业价值的实现提供了良好的外部条件，比如完善的创意人才市场、专业教育机构和相关产业支撑等。当代新经济的显著派生特征是在地理空间上的专业化地方园区，园区内相关的行为主体之间形成紧密的关系网络，内部互补性资产不足的企业都可能从地理空间网络内的其他企业那里获得互补性资产。

创意企业不可模仿的专业化互补性资产只有知识产权一项，创意的商业化及产业化受到知识产权法的严格保护，原创企业要想成功必须拥有创意产品或服务的知识产权。以电影产业为例，获得剧本许可使用授权书的制片方拥有电影作品的著作权，制片方拥有以复制、发行、放映等方式使用作品的权利，著作权人订立许可使用合同出售影片的发行权、放映权等，发行方通过竞争购买电影发行权，多家影院参与影片的放映，各方企业从票房收益中获得相应的市场利润分成。需要注意的是，制片方不占有原创故事的著作权，编剧的创意受《著作权法》的保护，《建国大业》和《辛亥革命》只授权许可电影的摄制权，即以摄制电影的方法将作品固定在载体上的权利，期限为 5 年。剧本故事的改编权、发表权、广播权、翻译权、信息网络传播权等著作权，依然可以由原创者单独行使。即使电影拍摄成功，再度改编成动漫、戏剧、广播剧、舞剧，包括以影片出版的连环画等形式也必须经原作者授权。编剧方提供原创故事，制片方将创意作品产品化，著作权方与拥有互补性资产的企业的价值创造活动构成电影产业价值网络。

二、创意产业园区区域价值链网络化的构成主体

创意产业园区区域价值链网络化是区域创意企业协同竞争的选择，价值网络是应付区域系统性价值创造的一种基本制度安排，其网络构架的主要联结机制是企业间的竞争与合作关系，顾客和园区内各成员（企业、科研机构、中介机构、金融机构、地方政府等）在顾客价值的驱动下，基于互补的资源能力共同开展创意产品和服务的价值增值活动，进而实现整个系统价值创造。本书从创意产业园区价值网络的核心网络和支持网络论述其行为主体构成（如图 6-8 所示），核心价值网络涵盖了园区价值网络的核心成员及核心价值创造活动，支持网络主要提供辅助价值创造活动。需要强调的是，创意园区区域价值的实现是个不断循环的过程，市场需求反馈会促进新创意的出现，由此价值网络上各个环节子系统以"共赢"为目标相互合作，促进自身价值增值的实现。

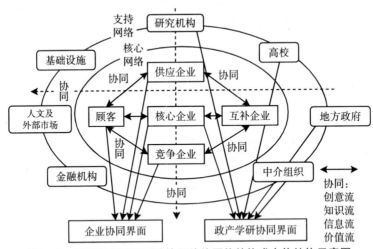

图 6-8　创意产业园区区域协同价值网络的构成主体结构示意图

（一）核心网络主体

1. 创意企业

创意产业园区区域核心价值网络是由众多相互协作的企业协同发展形成的企

业多维价值网络，即创意产业层面的价值网络体系是区域价值网络的核心，它是创意园区区域价值网络价值创造的源泉。其中，核心能力、主导企业和企业关系构成了核心网络的基本要素，垂直和水平两个方向的纵横交叉关系显示了其结构关系，两者共同决定着核心网络价值创造的功能和特征。创意企业及其垂直联系的上游供给与下游需求企业在纵向上构成完整的创意产业价值链或者创意产业价值链片段，水平网络由生产相同产品或者互补产品的竞争企业与互补企业间的关系链条组成。

（1）核心能力

核心能力是创意产业园区区域价值链网络化的基础，网络是企业在背对背竞争的模式下建立在核心能力要素之上的合作关系，核心能力是区域性价值网络得以存在和运行的关键环节。如图 6-9 所示，创意园区的企业按核心能力可分为设计研发型创意企业、生产型创意企业、品牌型创意企业、营销型创意企业四类，核心能力对应着价值网络的价值创造维度，企业通过确定行业价值体系中的核心价值活动，构筑价值创造优势。在价值链网络化过程中，依据价值链理论，企业会选择最具竞争优势的价值创造活动作为战略价值环节，并进一步强化其核心战略环节，但单个成员企业利用核心能力创造的价值只是创意市场价值实现的一小部分。企业要实现价值链分解、延伸和网络化，必须跨地域、跨行业、跨组织边界与拥有其他核心能力的企业进行互动合作，通过"强强联合"——企业核心能力组合来创造优越的顾客价值，区域价值链网络化竞争优势亦来自成员企业核心能力的优化整合和协同效应。在此过程中，网络化成员的核心能力决定着企业关系的构建与维持，也即核心能力组合的方式，最有效的网络化企业关系的构建和管理，为实现创造客户价值或争取市场份额提供了资源整合的协同平台，通过对整个价值系统的协调整合，构筑价值管理优势，大大提升了顾客让渡价值的创造效率。

图 6-9　基于创意企业核心能力构筑的价值创造和价值管理维度

（2）主导企业

创意园区的发展依赖于产业链环节中具有行业领先地位的主导创意企业的成长，主导企业通过调整、优化关联企业关系使其协同行动，提高整个产业链的运作效能，最终提升企业的竞争优势。核心企业拥有较大的信息优势，如需求、技术和渠道推广，凭借其核心竞争力在创意园区价值创造网络中起着主导性的作用，对其上下游企业具有一定的控制权，利用不同参与者及不同商品之间的关联性，通过整合多条价值链上的互补性价值活动，实现对参与者的分离定位。此外，主导企业通常具有改变所在价值链产品特性，有时甚至是对生产工艺进行调整以及对价值网络协调机制进行改变的发言权[245]。同时，核心企业的差异性及其分化引起园区价值网络的不同。在市场环境的改变和园区转型升级等多因素的共同作用下，设计研发型创意企业、生产型创意企业、品牌型创意企业以及营销型创意企业在价值网络中的地位会发生变化，比如生产型企业的主导地位被设计研发型创意企业取代。

（3）企业关系

创意产业园区区域价值链网络化成员之间的互动连接成一种动态、有机的价值创造体系。在创意产业网络体系中，核心企业与顾客、竞争企业、互补企业之间具有竞合双重性，既相互独立又相互依赖。网络化成员主体基于资源能力互补和特殊关系投资，构建企业间难以模仿的资源组合和合作关系，通常由核心企业统筹协调整个网络组织的关系构建及运行，在设计研发中发挥创新导向作用，在生产系统中起到横向的支撑作用，在渠道营销中发挥品牌的纵向纽带作用，而众多中小型企业在这种关系管理中自主创新结成网络，实现多方共赢。需要注意的是，创意产业的特殊性使得特许经营是创意企业一种至关重要的关系形式。其中，常见的创意企业关系是基于项目的控制性股权关系和非控制性的契约关系两种。创意企业的这种互动关系演绎出网络化主体间错综复杂的价值创造系统，促成优越的顾客价值的实现，同时，成员企业联合创造价值的方式有时也会因企业间关系性质而受到影响，如创意需求的改变影响着企业间关系的构架，网络化创意企业对研发设计环节的延伸以及对销售渠道控制权的争夺。可见，高质量的互动关系的构建对于促进网络化创意产品价值的实现起着至关重要的作用。

2. 顾客价值

Prabakar Kathandaraman 和 David T. Wilson（2001）指出价值网络是一种以优越的顾客价值为核心的价值创造体系[246]。创意产业的人本价值导向属性，决定着创意产业园区区域价值网络是以消费者价值需求为导向的价值创造合作系统，顾客让渡价值的大小是衡量其竞争优势的标准。消费者需求激活了整个企业网络系统价值创造活动，价值链网络化是围绕消费者需求展开的，顾客价值构成影响着企业对共享资源的识别与选择，并由此重构原有价值网。顾客价值决定创意产业网络节点企业核心能力的组合，网络成员针对消费者需求和市场反馈信息进行创意产品的设计研发等，尤其在创意产业价值网络这种商业模式下，通过互联网等媒介实现众包，消费大众以提供"创意"的方式直接参与产品的设计与推广，顾客价值内生化参与价值创造。比如，"用户制作内容"是谷歌（拥有 YouTube）和澳大利亚新闻集团（拥有 Myspace）制作其产品的原材料。这是一个简单的商业战略：将制作东西的工具交给用户，网站在幕后控制，同时紧盯市场，及时投放网络广告。再如，互联网使得电影的发行成本降低为零，《诡异空间》制片人贝尔蒙特只在 YouTube 上发布，然后通过大众来免费发行——利用网络口碑，而没有将 DVD 宣传片发给制作公司或者新闻媒体。概括而言，顾客价值需求的构成内容及其实现方式决定了价值链网络化中对竞合企业共享资源的识别与选择以及企业核心能力的组合，顾客价值的深化开发挖掘（产品更新换代带来的价值创新）决定了企业长期合作关系。

＊案例分析：Netflix 的"定制化"服务

2013 年《纸牌屋》（House of Cards）第一季口碑爆棚，获得了 9 项艾美奖（Daytime Emmy Award）提名。《纸牌屋》的东家不是任何一个电视台，而是名为 Netflix 的电视台和电影院的平台，是北美最大的付费订阅视频网站。换句话说，昔日的内容发行商改行做了内容制造方。《纸牌屋》是 Netflix 的首部原创剧集。Netflix 基于其 3000 万北美用户观看视频时留下的行为数据，预测出"凯文·史派西"、"大卫·芬奇"和"BBC 出品"三种元素结合在一起的电视剧产品将会大火特火，由此大胆地在《纸牌屋》的拍摄、发布方式上做了一系列革新。《纸牌屋》成功的秘密在于它运用"大数据"的武器，对观众的需求进行了"精确打击"。

大数据助推 Netflix 的"定制化"服务获得巨大成功。

Netflix 公司是美国流媒体龙头，凭借独特的"定制化"服务，Netflix 公司2013 年第四季度营业额达到 11.75 亿美元，同比增长了 24%，净利润则为 4800万美元，同比增长 500%。2013 年第四季度，其在美国国内市场新增用户数量233 万，总用户数达到 3342 万。2014 年 2 月，美国媒体巨头 Netflix 推出《纸牌屋》第二季。受此影响，Netflix 的股价在飙升至 52 周高位 439.49 美元。基于大数据的 Cinematch 推荐系统极大地增强了用户黏性，基于用户喜好制作的原创剧集，是"定制化"模式的进化产物，吸引了大批新用户。大数据时代，"定制化"模式的成功成为必然，必将推动各类服务业产生颠覆式变革。《纸牌屋》是 Netflix 挖掘其用户行为的"大数据"（Big Data）分析结果的第一次"战略运用"——用户只要登录 Netflix 网站，对某一视频的每一次点击、播放、暂停、快进、回放，看了几分钟就彻底关掉视频，或者停了一段时间又重启，都会成为一个"事件"，被记录下来并汇入后台进行分析，如果足够多的人在整段视频中的同一个地方做了相同的举动，那么数据就开始显露出意义了。

（二）支持网络主体

创意产业园区区域支持网络是为核心网络提供服务的子系统，由政府、科研机构、中介组织和金融机构等辅助服务部门构成，支持网络以向核心网络提供知识、技术、信息、资金等支持的方式实现价值增值，它们是创意得以实现的服务保障。科研机构包括高校和研究机构。创意企业和科研机构是价值网络中参与创意设计研发的重要主体，两者有效地进行着人力资本及知识资本的交换，是新思想、新知识、新技术产生的来源，并通过企业间的协作实现创意产品的市场价值。中介组织作为价值创造活动的主要辅助者，是联系官产学研的纽带，一般包括行业协会、商会、创业中心（孵化器）、服务中心、信息中心等。金融机构主要为创意园区提供资金支持和金融服务，如银行信贷、投融资平台、融资顾问服务，通过风险投资和私募股权投资为企业获得股权融资，帮助成熟企业以上市或发债等方式进行融资等。此外，园区的社会文化和制度等是网络化的环境因素，其中，政府致力于协同网络平台的构建，主要提供一些资金支持和政策支持，形成区域制度环境；硬件基础设施指园区交通、地理位置、物业等；人文及外部市场环境涉及地域文化、历史传统和社会关系等。如杭州西湖区凭借其地理优势、浓厚的文化底蕴大力发展创意园区，截至 2012 年已建成三大国家、省、市重点文化创意园区和六大区级园区，较早建立了文化创意产业办公室，出台了一系列政策，每年安排 8000 万元扶持资金用于发展文化创意产业。西溪创意产业园良好的环境吸引了浙江影视集团等多家主导企业入驻，并培育了顺网科技、华策影视、宋城旅游三家文化创意上市企业。

三、创意产业园区区域价值链网络化作用机理

创意产业园区区域价值链网络化是在区域创意要素自由流动与组合的前提下，在文化、科技、市场、制度等多种因素交互作用下，经过产业链模块化分解与集成，主导企业利用参与网络化的不同企业及不同产品之间的关联性，通过整合多条企业价值链上的互补性价值活动，实现对区域内企业价值功能定位与分工，使模块价值要素相互关联耦合，实现创意产业价值网络的优化重构。在产业链横向拓展和纵向延伸的过程中，多元化创意组织推动网络资源的重新整合提高了产业延伸价值，扩大了市场份额，形成了产业发展的主导力量，获取了协同效应。创意产业链延伸的过程不仅整合区域内部的资源，同时也整合区域外部相关产业的资源，使得园区内外创意资源实现优化配置。从企业资源跨组织整合方向来看，可分为横向资源整合、纵向资源整合和混合整合，其中，混合一体化是横向一体化和纵向一体化的综合。创意产业园区区域价值链网络化实现资源优势向产业优势的转变，实现区域低级协同价值创造，其区域价值链网络化资源整合的作用机理如图 6-10 所示。

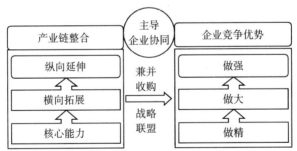

图 6-10　创意产业园区区域价值链网络化示意图

（一）创意产业园区区域价值链横向拓展资源整合

创意企业在产业价值链上的价值创造活动各不相同，如图 6-11 所示。创意企业在资源整合过程中，对价值链进行分解，从功能和成本的比较中，明确企业价值功能定位，即选择具有相对比较优势的环节，重点培育成为其核心能力；重组相关同质业务，并剥离不具竞争优势的业务环节或子公司。在价值链网络化体系中，主导企业立足于核心能力动态调整市场布局和生产布局，与同类竞争企业采取控股收购、兼并或者契约联盟的方式实现企业核心竞争优势的提高，实现核心业务"归核化"，做精做强，如"优酷网"与"土豆网"以 100% 换股的方式合

并，成为中国网络视频行业的领先者；对于企业价值链分解出的低价值业务模块实现劣势环节剥离，如创意企业进行的外包生产。

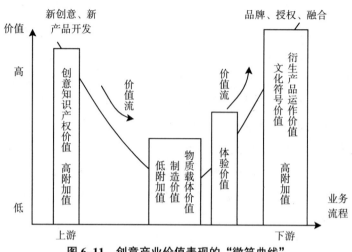

图6-11 创意产业价值表现的"微笑曲线"

（二）创意产业园区区域价值链纵向延伸资源整合

创意产业价值高度增值的环节集中在创意设计研发、衍生品销售等运作模块，产业链有很大的延伸空间。创意产业价值链的纵向延伸是指创意企业在稳定其核心业务环节的基础上，通过实施纵向一体化战略，实现产业链上资源的企业内部化和区域资源整合。

创意企业在产业价值链上的纵向整合通常采用并购、虚拟价值链等方式实现，将较为完整的产业链建立在企业内，降低价值创造活动的摩擦成本，实现企业集约化规模经营。在创意产业价值链中，创意研发设计的企业是整个产业链的核心，其所有的典型的知识产权资本对其他企业而言属于控制性关系资源。对于创意产业而言，人力资源和技术创新对于创意研发设计极为重要。创意企业通过与企业、高校、政府等相关利益主体合作，以内容项目带动产学研之间人力资源的协同，基于共同出资、注资共建研究机构等途径，促进产业链下游企业向上游环节延伸，实现知识产权的自主研发、联合开发和转移获得。如基于创意原创作品产权的衍生品开发、版权特许经营等。同时，上游创意企业通过向下游创意品牌运作和营销渠道的拓展延伸产业价值链，保证创意产品的生产和流通环节的畅通。并购企业对目标企业是一种控制性的股权关系，并购双方协同融合形成产业链、功能链和渠道等方面的互补。创意企业在社会网络中形成的良好信誉、品牌等无形资源能够被不同的业务单元所共享，在企业渠道拓展中发挥无形关联作用，实现协同价值增值。如迪士尼公司以 190 亿元兼并了美国广播公司，实现上游节目生产制作和下游节目传播销售一体化的结合，迪士尼在其核心产品卡通片的基础上，通过品牌延伸实现企业规模扩张和市场垄断。

第三节　创意产业园区区域价值网络的空间关联机制分析

在创意产业园区成长阶段，园区入驻企业良莠不齐，致使园区产业过多、产业定位模糊等问题产生，极大地制约了园区比较优势产业的发展，以及大型龙头企业对区域资源的有效配置。要实现创意园区的发展壮大，必须在综合园区产业链的特色、价值链上各环节的业务能力、园区所在城市地区的区域文化和科技等的基础上，识别园区内企业设计研发、生产销售等各业务环节的价值创造能力，加强区域内部企业间的业务关联以及区域产业联动协同发展，实现园区战略定位、品牌确立及核心竞争能力提升。

创意产业园区的空间关联协同实质上是不同区域产业联动实现创意产业链上对接、延伸和互动的过程，是企业在面对市场需求变化时所做出的结构性调整。从系统论的角度讲，区域经济联动是一个协同学的概念，区域及各子系统整体协同发展的自组织过程表现为区域价值网络的空间关联机制[247]。创意产业资源和创意空间的跨行政区分布是一种普遍的空间现象，下文将深入分析创意产业资源杠杆功能的实现，即如何借助创意园区，打破创意产业优势资源整合的行政区划限制，整合区域各自产业和资源优势，充分发挥区域内创意产业各板块之间的联动机制，进而实现不同园区空间关联协同价值放大创造。

一、创意产业园区区域价值链空间结网的作用路径

区域产业联动通过识别各子区域创意产业优势互补资源和协同机会，形成合理的产业分工和跨区域合作，优化创意产业资源的空间配置和要素空间组合，实现创意产业链的空间结网。创意产业园区区域空间资源协同是以园区的地理邻近性和产业关联性为基础的，区域协同机会就蕴含在区域创意经济要素的关联运动中。区域价值链的空间结网联动发展实现了创意产业园区区域空间资源整合，基

于产业空间整合和资源空间整合这两个空间整合维度，实现区域协同效应。创意产业园区各子区域相对独立、协调互补，在企业、政府和市场的综合作用下主要通过链接互融和互补对接实现区域联动优化资源配置，形成区域竞争合力，实现区域价值网络空间协同创造价值。

（一）创意产业园区区域空间资源互通

创意产业园区区域空间资源的互通是实现空间关联的最基本条件。完善的区域基础设施对创意产业发展而言是必不可少的，而基础设施的相连相通是实现区域创意经济联动的物质载体。创意产业是以知识、内容设计、技术创新为核心的产业，需要全面、高效、准确地获取市场有效信息并进行扩散，公共信息基础设施平台的搭建促进了信息、知识等无形资源的区域互通与协同。同时，区域交通网络的连通性和便捷性促进了创意人才、技术、资金等要素及创意产品的区域流动和市场互通，极大地节省了生产要素的区域流动成本，促进了区域域际创意产业价值链上各环节的前向、后向联系和互动合作，企业容易获得连通区域的基础设施服务创新和技术扩散，实现协同成本节约，提升企业竞争力。同时，基础设施的区域联动促进其他产业对创意产业的融合成长，带动相关产业的整合和区域转移，带来巨大的区域乘数效应；区域互动实现基础设施欠发达地区创意经济的跳跃发展。可见，创意产业园区区域空间资源互通促使区域经济的合理分工与区域协作，是创意园区实现区域联动协同发展的前提。

（二）创意产业园区区域空间资源共享

创意产业园区区域空间资源共享是建立在区域空间资源互通的基础上，是实现区域联动的最基本方式，区域各个行为主体基于特定的空间资源共享实现主体的利益共享。不同创意园区由于地理位置的不同，区域创意产业资源禀赋具有一定的差异性，要素的区域价格差异导致了资源流动，创意园区区域通过产业资源和空间资源的共享，实现区域整体资源效用最大化，各园区子系统主动吸收其他区域的优势资源，以提高自身竞争力水平。创意产业园区区域汇聚了大量的有形资源和无形资源，而资源聚集在创意产业链的各个环节上，资源在产业链上各个业务之间的有形关联和无形关联中，完成了价值链中的资金、技术、人力资源、客户资源等有形资源和不同价值链上的知识、信息和品牌等无形资源的流动与共享，区域资源互通共享实现了区域创意资源的合理配置与充分利用。如高科技创意园区与文化创意园区区域优势资源的共享，实现了区域技术和文化要素的空间对接，产学研合作联盟内部创意设计和技术创新所需的人才、技术等各种生产要素的对接、共享与组合，合理的要素空间组合也促进了区域资源协同。

（三）创意产业园区区域产业关联与互补

创意产业园区区域产业关联与互补是实现区域价值链空间结网的最终落脚点。创意产业园区区域资源聚集在创意产业价值链上不同环节的价值活动中，受资源供给、消费需求和市场波动等因素的影响，区域资源禀赋差异导致价值链的各环节实现了区域迁移，伴随着区域资源的空间流动，实现了创意产业链的不同环节在不同区域的产业布局，也即实现了区域创意产业功能关联与互补。创意产业园区凭借本地产业优势，通过在其他区域新建厂进行的整体产业迁移或者部分产业链环节的转移，实现区域功能分工与合作，获取承接地的市场经济收益，实现产业结构的升级和规模经济扩张，如进行园区知识产权外包，节约创意设计研发的高成本以获取研发协同效应，企业向其他区域整体转移形成新的产业园区；或通过股权拆分实现经营管理体制调整与区域资源禀赋结构相匹配，总部经济创意园区即企业总部或跨国公司母公司通过将生产制造基地布局在区域外具有比较优势的劳动密集型地区，以功能和组织结构的区域分离实现区域资源的最优空间组合。总之，区域产业关联与互补促进了区域产业链的重新布局、创意产业价值链环节的空间分离与重组，实现了区域创意产业联动协同发展，提升了区域经济实力。

此外，创意产业园区区域产业业态丰富，不同业态的创意产业通过关联互补对接和产业链延伸对接实现区域价值链的空间结网。以会展旅游业为例，旅游业和会展业的关联互补体现在如下三个方面：首先，旅游业是围绕旅游消费行为提供产品服务的，而会展业是针对会展主题举办的展览；其次，会展旅游业实现了产业链中信息和服务的融合互补；最后，两者产业价值链的核心不同，会展业是以前端会展策划为核心，旅游业是围绕消费终端展开的。旅游业和会展业之间的产业的关联互补实现了区域不同创意产业间的协同发展，如图 6-12 所示，基于产业要素的对接和资源的共享，通过产业链延伸，实现产业联动效应。会展业通过向右延伸吸收旅游企业的服务，旅游企业通过前向一体化开拓新的市场，同时，提升了会展企业的整体形象。区域产业互动使得产业链上不同环节的企业突破企业边界，实现跨企业、跨产业和跨区域资源整合，形成以战略联盟、国际集团为核心的优势主导产业，加强园区特色化发展，提高区域创意产业的整体竞争力。

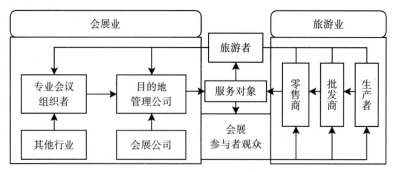

图 6-12　会展业与旅游业的产业对接示意图

资料来源：王保伦，王蕊. 会展旅游产业链的本质分析［J］. 北京第二外国语学院学报（旅游版），2006（5）.

二、创意产业园区区域价值网络空间关联协同的实现机制

创意产业园区区域价值网络整合是由园区区域产业链的交互作用实现的，园区在明确自身产业定位的基础上，高效利用园区业务单元之间资源的有形关联、无形关联来协同创造顾客价值。顾客需求引导企业价值模块的分解、整合与重构，众多中小型配套企业通过自身价值模块与网络化主导企业价值模块的对接，在主导企业处耦合为一个功能互补的综合体，实现区域产业联动发展。区域创意主导企业通过调整、优化相关企业关系使其协同行动，引导资源向高价值活动和低成本区域流动，提高整个区域价值网络的运作效能，实现空间关联协同价值放大创造（如图 6-13 所示）。

（一）创意产业园区区域价值网络空间关联的影响因子

通过前文对创意园区区域价值链网络化的构成主体的分析，结合区域价值链空间结网的作用路径，可将区域价值网络空间关联的要素分为两大类：第一类是在核心价值创造活动中起决定性作用的核心资源，其主要可分为两个方面，一是区域协同主体性资源，其相互作用具体体现为核心企业、支撑企业、配套企业等创意企业以及高校、研究机构等主体间的相互协调关系；二是区域协同要素性资源，主要包括基础设施、知识、技术、资金等要素，其相互作用体现为资源在市场机制的作用下互通、共享和优化组合。第二类是对区域协同有一定影响的辅助资源，有区域社会资本、区域文化资本、区域制度资本等区域协同环境要素。创意产业园区区域高级协同是在网络要素的关联作用下实现的，而区域价值网络核心资源和辅助资源的空间关联运动受到一些因素的影响。创意产业园区区域价值

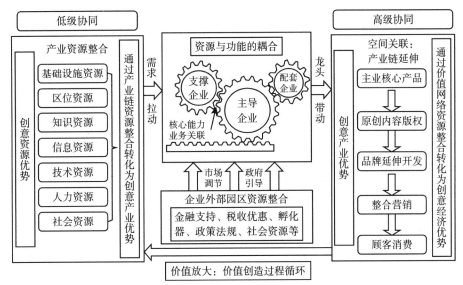

图 6-13　创意园区区域价值网络资源空间整合的路径和框架

网络空间关联的影响因子如图 6-14 所示。

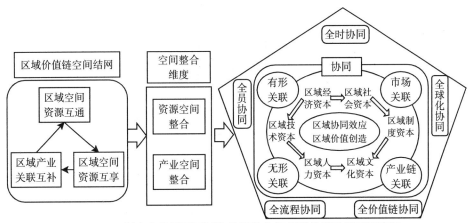

图 6-14　创意产业园区区域价值网络空间关联的影响因子示意图

1. 区域创意经济发展水平

区域创意产业的协同发展与地域经济水平、区域创意经营环境紧密相关。不同国家和地区之间经济发展水平的差距，尤其是创意资本存量水平的差距是影响区域产业联动的重要因子。从区域尺度来看，创意资本规模是决定区域创意产业的重要因素之一，创意经济发达的区域能够吸引更多的创意项目转移和投资，同时，宏观经济发达的区域在高科技和市场的推动作用下，有利于实现创意和创意优势产业的对外扩散。通常，区域创意经济发展水平相当的地区，创意联动通常为水平型的产业联动；而基于创意产业链的垂直型的产业联动主要在区域创意经济发展水平差距较大的情况下发生。

2. 社会文化环境的相似性

社会文化环境是影响创意扩散和区域创意产业联动的重要因素之一。创意产业不同于传统产业的一个最显著的特征，即创意产业的高文化附加值属性，体现在消费者对于创意产品或服务的功能价值追求。文化作为创意产业的源泉，其自身具有本质一致性、内容丰富性和表现形式多样性，这些特性可以满足不同区域、不同顾客的文化消费需求，实现文化内涵的精神享受这一相同目的，也正是基于此，创意产业才有了更为广阔的市场空间，文化外部性及不同地区文化的互通互融，促进了不同区域创意产业链的对接与联动发展。

区域社会文化环境的相似性体现了文化创造力基础的一致性，更有利于创意、信息、文化、知识的跨区域流动。以长三角地区为例，长三角区域的社会文化是由上海的海派文化、江苏的吴越文化和浙江的江南文化组成的，各区域文化传统高度相似，创意、新知识和高科技跨区域交流频繁，极大地促进了跨区域产业对接与产业融合的实施，同时，创意用户对区域文化认同感的提升，使得长三角地区政府、社会机构与创意企业合作频繁，伴随着跨区域、跨组织的正式和非正式的社会网络的形成，相似的社会文化制造出整个区域浓厚的协同氛围，文化同质性促进了区域创意产业协同发展的广度和深度的拓展。

3. 基础设施的通达性

区域基础设施建设是实现创意产业园区区域价值网络空间关联的重要物质保障，完备的基础设施使物质流、信息流、资金流等形式的"流量"更加顺畅地流动，加强区域产业间的联系强度，从而提高区域产业关联度[248]。创意产业园区区域通畅的基础设施有效地降低了区域联系的成本，区域交通运输网络设施的完善有利于区域创意要素、人力和产品等有形资源的流动，对创意产业而言，有了区域公共服务设施的助力，创意知识、信息等无形资源的区域互补、关联共享得以实现，两者直接作用产生区域创意产业的关联效应，实现区域协同。

4. 产业关联度与互补性

创意产业园区通过延伸区域产业链获取创意资源的联动效应，而产业链延伸与创意园区区域不同产业业态及其之间的关联有关。创意产业园区区域不同产业业态的关联互补是影响区域创意资源关联运动的重要因素。通过影响产业合作的方式和强度，产业关联度与互补性决定了产业联动的效果[249]。以长三角地区为例，不同区域创意产业的优势产业各不相同（如表6-1所示），不同区域人力技能互补，设计之都上海的设计产业与各区创意产业的关联互补，带动了长三角地区动漫、游戏等创意产业的联动发展，实现了区域人力资本和技术资本等关联协同。

表6-1 长三角主要城市创意产业园区发展情况一览表

城市	主要创意产业园区	优势产业/主导产业
上海	M50，张江文化科技创意产业基地，创意设计工厂、春明文化都市园区、上海滨江创意产业园	艺术、设计、动漫、高新科技产业
杭州	LOFT49、动画产业园、数字娱乐产业园	艺术、动漫、游戏、电子商务
南京	世纪之窗创意产业园区、南京1865、珠江路数字文化创意园、南京亚洲创新创意产业园	动漫、游戏、广告
苏州	苏州创意产业园	动漫、游戏、广告
无锡	蠡园开发区创意产业园、国际数码娱乐产业中心、数码动画影视产业园区	动漫、影视
宁波	国家（宁波）动漫研究中心	动漫

5. 制度和政策的连通性

创意产业园区区域制度环境建设是区域价值网络空间关联的影响因子之一。区域产业协同的形成与演化是在一定的制度环境下进行的，制度成为影响产业联动不可或缺的因素之一[250]。创意产业园区区域制度环境建设的主体是园区所隶属的地方政府，政府通过制定具体的制度或政策给予相关产业重点扶持，促进区域创意产业网络系统的构建。地方政府以及非官方的社会机构等多层次的联动协调为创意园区区域协同提供了条件。有利于创意产业发展的制度环境，能有效地促进产业分工细化、产业链延伸、网络生产效率的提高以及区域全方位深化整合，实现资源的有序关联运动，产生协同效应。

（二）创意产业园区区域价值网络空间关联协同的实现路径

创意产业园区的发展有赖于园内企业的产业关联性或者业务关联所形成的协同效应。创意产业园区在价值链空间结网的过程中，产业价值链上各环节业务单元间的资源共享活动实现了业务关联协同[251]，主要有设计研发协同、生产制造协同、销售与服务协同等经营活动组合的协同，以及园区计划、实施、支持等流程间的协同。创意园区的可见资源（实体资产）和无形资源（隐性资产，如品牌文化符号、知识、信息等）能同时被不同的业务单元所共享与共用，资源协同机会就蕴含在多种不同的业务单元的各种具体活动中，价值环节活动的有效组合产生资源的有形协同和无形协同，协同价值是对协同效果的反映。对创意产业而言，区域价值网络空间关联协同效应主要来自隐性资产的无形协同价值。创意产业园区区域价值网络业务的空间关联运动实现了协同价值创造，或者说，区域创意产业的联动发展完成了区域协同效应和区域竞争优势的实现。

创意产业园区区域价值网络空间关联协同是在区域价值网络空间联动因子的影响下，在政府主动引导、园区龙头企业带动和市场调解三方的共同作用下，通过产业链延伸来实现的。创意产业的核心价值是知识产权，创意园区基于园区龙头企业品牌、区域品牌形象和产品品牌，通过进行品牌的延伸扩张和实施多元化经营战略实现区域核心业务的扩张，业务的关联扩张促进了网络延伸价值和区域协同效应的实现。

区域价值网络空间关联集中体现在产品或服务上，空间关联的产品或服务是由园区内设计企业的核心能力决定的，通过配套企业共同提供并由主导企业的整合形成。创意产业园区区域核心价值创造活动是由龙头企业的知识产权决定的，区域价值网络价值流围绕知识产权展开，主导企业以知识产权为轴心，利用知识产权对相关创意设计的通用性，减少设计研发成本和人力成本，形成强大的核心能力，知识产权资源同时被不同的业务单元所共享，产生巨大的协同效应。核心企业通过品牌延伸和多元化经营，将品牌价值嫁接到衍生产品或服务上，实现核心业务的扩张，使企业进入多种产业领域或细分市场，创意知识产权资产无论是用于"系列扩张"还是产品组合的宽度扩展，都有利于新产品进入市场和获得市场价值[252]，从而获得范围节省或范围效益，企业和园区实现做大做强。简而言之，知识产权的扩散和品牌的扩张最大限度地整合着区域资源，这种基于核心能力的扩张实现了价值网络主体资源的有形关联，产业链业务关联协同，产品链之间的文化创意关联、技术创新关联等无形关联协同和市场关联性协同，带来区域价值网络空间关联相关节点的价值增值，促进园区的成长性目标的实现（如图 6-15 所示）。

＊ 案例分析：三辰卡通集团区域价值网络空间关联协同的实现机制

三辰卡通集团有限公司于 1999 年推出原创动漫科普动画系列——《蓝猫淘气3000 问》，通过电视平台的播出，"蓝猫"品牌成为国内动漫产业的著名商标，同时，集团推出了一系列"蓝猫"子品牌："菲菲"、"淘气"、"肥仔"等创意内

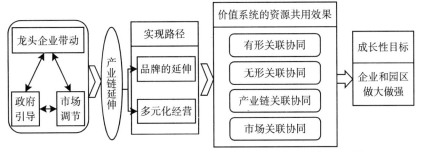

图 6-15 创意产业园区区域价值网络空间关联协同的实现路径

容关联品牌。在此基础上，"蓝猫"开始通过品牌形象分类授权推出衍生产品，拓展特许专卖网络，拉动动漫衍生产业园区的形成与发展；其经营领域跨越电子音像出版、音像连锁租赁、动画制作发行、特许专卖等多种产业业态，实现区域创意产业联动发展；其品牌延伸到图书、教育、音像、文具、服装等 16 个行业的 6600 多种商品，品牌授权的年收入达 1600 多万元，实现区域协同价值创造，此时，电视节目本身的发行收入及广告收入已经显得微不足道。目前，三辰卡通集团已经成功地打造出一条以卡通形象为龙头，跨行业的"艺术形象—品牌商标—生产供应—整合营销"的联动产业价值生态体系，成为全国性的集影视传媒、工业制造、商业零售于一体的复合型大企业集团。三辰集团将以卡通制作为创意领先战略，并将数字艺术作为卡通创造的根基，利用品牌整合内容制作、媒介、渠道等多方面资源，分布实现多元化产业链延伸，拉动不同区域衍生产业园区区域创意经济联动发展，成立湖南动画制作基地、湖南三辰影库卡通节目发展有限公司、三辰快乐文化有限公司等多家分布于不同区域的创意企业和创意产业园区，实现创意产业园区区域价值网络空间关联协同（如图 6-16 所示）。

第四节 本章小结

本章在创意产业园区区域协同的作用机理分析的基础上，以区域价值网络为分析工具，从技术操作层面对产学研合作联盟、开放式创新体系和创意领先战略的区域协同实现路径进行深入剖析。首先，创造性地提出区域协同价值网络的概念，分析了区域价值网络价值创造和区域协同效应具有内在同一性，区域价值网

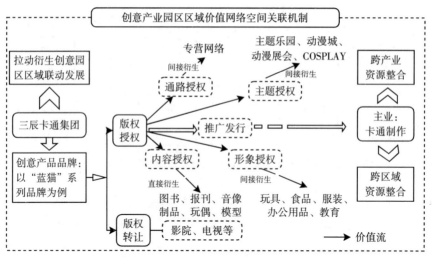

图 6-16　创意产业园区区域价值网络空间关联机制的模型简图

络是区域协同价值创造的载体和方法，区域协同是区域价值网络资源的优化，两者的最终目的都是提高园区的竞争优势。其次，区域价值链网络化的微观基础分析实现了产业资源与网络化主体的功能耦合，企业基于核心能力的合作实现了产品价值创造，在网络化主体对产业链的横向拓展资源整合和纵向延伸资源整合中产生区域协同效应，这体现的是将资源优势转化为产业优势的低级协同。最后，分析区域价值链空间结网的作用路径、影响区域价值网络空间关联的因子以及区域价值网络空间关联协同的实现路径，阐明产业链延伸实现产业优势转化为经济优势的高级协同价值放大机理。

第七章
创意产业园区区域协同竞争力
评价模型分析

健康发展的区域创意经济系统是个自组织系统，而自组织系统的有序发展和无序蜕变是通过序参量来表达的。协同学的创始人哈肯认为，序参量是描述系统整体行为的宏观参量，一方面，序参量起着告知各子系统如何运动的信息传递功能；另一方面，序参量呈现出系统的宏观有序状态，整个系统是各个子系统相互协同、相互竞争的结果。为了评估多个序参量影响的创意产业园区区域协同系统的状态，本书选用复合系统有序度作为评价区域创意系统协同竞争力的测量指标。本书构建了多个相互独立的序参量指标，对创意区域协同系统的协同竞争力从不同维度进行度量，每个维度都由一些宏观序参量来反映，不同维度子系统之间并不是孤立存在的，创意产业园区区域协同系统是这些维度宏观序参量综合作用的结果。

本章在以价值网络为基础，构建了创意产业园区区域空间关联协同概念模型后，为了研究创意产业园区的区域协同效果，进一步展开对创意产业园区区域协同竞争力的衡量，借鉴创意指数、协同创新等相近指数指标体系构建的思路和方法，构建基于区域协同的创意产业园区区域协同竞争力的评价模型。首先，综合比较创意指数、区域竞争力指数和协同创新能力，并结合区域价值网络空间关联协同的要素和影响因子分析，构建创意产业园区区域协同竞争的决定因素理论构架；其次，构建创意产业园区区域协同竞争力的指标体系和评价模型。这些为第八章上海市创意产业园区区域协同竞争力的实证测评研究做出理论铺垫。

第一节　创意产业园区区域协同竞争力决定因素的理论分析

一、创意产业园区区域协同竞争力衡量体系综述

创意指数（Creative Index）可以有效地衡量创意产业园区的协同竞争能力，是对创意经济区域价值协同创造能力的一种评估。创意指数是衡量一个区域（国家、城市、地区、园区等）创意产业的发展状况以及影响区域创意经济水平的因素，并对其进行竞争优势评价。作为一种测评指标体系，创意指数以简化的形式对不同区域的创意经济活力进行比较；相较于经济资本、社会资本等传统的经济发展理论，创意指数更客观地实现了信息、创意、文化和知识等无形资产对区域经济发展的驱动，它反映的是创造性资本对于区域发展的动力作用。卡内基·梅隆大学教授、区域经济发展研究专家 Richard Florida 于 2002 年在其著作《创意阶层的崛起》（*The Rise of the Creative Class*）一书中首次提出"创意指数"，他认为创意指数不仅反映出区域创意产业与地区经济、社会环境、文化等因素的区域关联度，亦反映了区域内创意产业园区和企业竞争优势的来源[253]。由此可得，将创意指数的研究成果作为对创意产业园区区域协同竞争能力的研究借鉴，是合理有效的。同时，由于创意园区区域的地域根植性特征非常明显，不同地区的创意指数研究呈现出多样化，学术界和政府部门对于创意指数的定义和内涵，至今没有一个统一的界定。目前，比较成熟的创意指数的研究有：Florida 的"3T"理论，Charles Landry 的创意城市指数理论，欧洲创意指数，全球创意指数，中国的上海、北京和香港等地的创意指数也比较完善。此外，由于创意与创新、协同创新与资源整合的高度相似性，一些相对完善的协同创新理论、竞争力指数也非常值得借鉴。基于以上分析，本书通过对这些成熟的区域创意指数理论的分析，以及协同能力、竞争力等高度相关的相近理论的比较分析，寻求能够反映创意产业园区区域协同价值创造和协同竞争力的决定因素。本节从各个衡量体系的内涵、指标构建入手，展开对创意产业园区区域协同竞争力的决定因素分析。

（一）与创意协同竞争力有关的指数研究

从目前的理论研究成果来看，还没有对创意产业园区区域协同竞争力影响因

素的系统研究。国内外学者和研究机构对于创意指数的研究较为丰富，本部分针对目前比较权威的创意指数展开详细研究。

1. 创意指数

（1）美国 Florida 的"3T"指数

Florida（2002）强调创意阶层和科学技术对区域竞争优势的推动作用，创意阶层会选择文化多元性、包容度高和对新概念具有开放性的城市集中。他提出的"3T"创意指数（见表 7-1），将影响创意经济增长的因素归结为人才（Talent）、技术（Technology）和包容性（Tolerance）三方面，由四个相同权值的一级指标构成，其中技术指数和创新指数反映了地区技术环境，综合多元化指数是对区域包容性的衡量。多个国家和地区将"3T"指数作为衡量区域创意经济发展水平的标准，美国运用该指数评价了其 50 万人口以上的 81 个大都市区和 50 个州的创意指数，研究表明创意阶层的作用实现了 1950~2000 年美国经济社会转型。此外，英国新经济基金、澳大利亚政府协会也应用此指标体系对多个城市和创意产业园区的竞争力进行评价。

表 7-1 Florida 的"3T"指数体系

一级指标	衡量依据
人才指数	创意基层在就业人口中的比例
技术指数	使用美国米肯机构的技术标杆指数（包含两部分：一是地区高科技产出占全国高科技产出的比例，二是地区高科技产出占当地全部产出的比例，两者的乘积作为技术标杆指数）
创新指数	每人平均专利数
综合多元化指数	同性恋指数：一地区同性恋人口比例 波西米亚指数：从事艺术创作的相对人口 熔炉指数：移民或在国外出生者占总人口的比例

注：同性恋指数能够反映出社会对多元性取向的包容程度；熔炉指数主要衡量对外来人口的接纳程度；波西米亚指数则作为一地区文化和艺术财富创造者规模的直接依据。

资料来源：Richard Florida.The Rise of the Creative Class［M］. New York：Basic Books，2002.

（2）欧洲创意指数和全球创意指数

欧洲创意指数和全球创意指数都是对"3T"创意指数的延伸与完善，两者对于创意阶层在区域创意经济活动中的决定性作用这一宗旨没有改变，还是从人才、技术和宽容度三个角度展开。Florida 和 Irene Tinagli 在对中欧和北欧的 14 个国家进行创意经济比较分析的研究中，将其在对美国的研究过程中提出的"3T"创意指数进行了修订与完善，于 2004 年在《创意时代的欧洲》（*Europe in the Creative Age*）一书中提出了欧洲创意指数（European Creativtiy Index，ECI），构建了由欧洲人才指数（Euro-talent Index）、欧洲技术指数（Euro-technology Index）和欧洲宽容度指数（Euro-tolerence Index）组成的欧洲创意指数（如表 7-2 所示）。由于美国创意产业指的是版权产业，因而欧洲创意指数较"3T"创意指数具有更广泛的理论适用性。

全球创意指数（Global Creativity Index，GCI）在欧洲创意指数的基础上，对人才指数、技术指数和宽容度指数赋予相等的权重，省去了高科技创新指数和态度指数。这是由于不同国家、地区高科技发展的差异性，技术的区域性比较难度大；本土居民对于种族文化的个体偏见等，都会导致评估结果的不准确。该体系测算对象涵盖了多数欧洲国家、经合组织成员国，以及亚洲主要国家中国、印度等总共 45 个国家。

表 7-2　欧洲创意指数

一级指标	二级指标	衡量依据
人才指数	创意阶层	创意从业人数占全部从业人数的百分比
	人力资本	年龄在 25~64 岁人群中拥有学士或以上学位人数比例
	科学人才	每百万人口中从事研究工作的科学家与工程师的数量
技术指数	研发指数	研发支出占 GDP 比重
	创新指数	每百万人拥有专利申请量
	高科技创新指数	每百万人拥有的生物技术、信息技术、制药，以及航空等高科技领域的专利数
宽容指数	价值观指数	一个国家将传统视为反现代的或世俗价值观的程度
	态度指数	主动或被动宽容的人数占总人数比例
	自我表达指数	一个民族对待个人权利和自我体现的重视程度

资料来源：Richard Florida, Irene Tinagli. Europe in the Creative Age, Pittsburgh, Carnegie Mellon Software Industry Center [M]. London：Demos, 2004.

（3）Charles Landry 创意城市指数理论

Landry（2000）认为文化是创意的平台和资源，发展创意城市的核心在于城市创意基础、文化因素和创意环境三个方面，并分析创意城市发展的七个基础要素：人员质量、人力的多样性与各种人才的发展机会、意志与领导素质、组织文化、地方认同、网络动力关系和都市空间与设施，这些要素共同营造出创意城市发展中的核心——创意情境[254]。同时，以此标准，将创意城市发展划分为停滞、萌芽、起飞等 10 个等级，在城市等级的升级中，创意氛围逐渐增强，吸引创意人才的集聚，创意的实现与扩散机制不断完善，城市创意竞争力增强。创意城市指数依据城市创意竞争力的两个核心能力：城市活力（城市整体创新能力）和城市生命力（城市可持续发展能力）的构建，可以通过关键群体、多样性、渠道、安全和保障、身份认同与差异化、创新、联系和协同性、竞争力、组织能力共九项指标来评估。

（4）国内创意指数

国内各地区对创意指数（见附录2）的研究，比较完善的地区是北京、上海、中国香港和中国台湾，通过研究分析发现，各个指数都是基于资源要素驱动理论，结合地区实际情况而设计出来的。为了更科学地衡量创意经济发展的关键因素和城市创新能力，北京和上海针对自身地域特征，制定了适合其自身的创意指数，两者的数据测评标准是以2004年为基准年，进行纵向比较得到的。中国香港的创意指数叫作"5C模型"，这五种要素分别是：结构/制度资本、人力资本、社会资本、文化资本与创意成果，其中，前四种资本是创意产业发展的决定性要素，创意成果是它们的相互作用结果。香港大学文化研究中心为这五种要素赋予了相同的权重。中国台湾的创意指数以整个产业作为研究对象，反映产业链上各个环节的价值创造活动的特征，指标体系也被赋予了均等权重。对各指数的一级指标和权重的归纳如表7-3所示。

表7-3 基于要素驱动理论的国内创意指数

创意指数	北京创意指数（2006）	上海创意指数（2006）	中国香港创意指数 5C（2004）	中国台湾创意指数（2006）
一级指标（权重）	创意贡献（20.73%） 创意成果（22.47%） 创意环境（18.80%） 创意投入（18.13%） 创意人才（19.87%）	产业规模（0.3） 科技研发（0.2） 文化环境（0.2） 人力资源（0.15） 社会环境（0.15）	结构/制度资本 人力资本 社会资本 文化资本与创意成果 （均等权重）	产业规模、人力资源、经济效益、政府投入、研究与发展、竞争力、市场化、消费（均等权重）

2. 区域竞争力指数

当今世界，竞争力指数的研究体系非常成熟，最具影响力的国际竞争力评价的研究机构是世界经济论坛（WEF）和洛桑国际管理学院（IMD）。竞争力指数是以竞争优势理论为基础的，反映的是一个国家当前的竞争力水平和潜在的经济增长能力，其意图在于获得竞争力的微观和宏观影响因素，以及政府、机构、组织等行为主体在最终决定这些因素静态与动态结果中扮演的角色和所发挥的作用。

世界经济论坛（WEF）将影响全球竞争力（Global Competitiveness Index,

GCI）的因素分为制度、物质基础、宏观经济稳定性、安全、人力资本、商品市场效率、劳动力市场效率、金融市场效率、技术准备度、开放性与市场规模、商业成熟度、创新，这12个支柱要素的关联度极高；将经济发展阶段划分为要素驱动阶段、效率驱动阶段和创新驱动阶段，且各驱动要素被分配不同的权重；不同阶段12类要素的重要性各不相同，此种划分，有助于不同发展阶段的国家捕获其优先发展领域，提高竞争力。洛桑国际管理学院（IMD，2005）将国际竞争力评价指标体系（如表7-4所示）分为经济运行、政府效率、商务效率和基础设施四大类要素，每个一级要素又包括5类子要素，总共314个具体评价指标；对于前两类要素采用了等分权重的方法。

表7-4 IMD国际竞争力评价指标体系要素结构简介表

要素项	子要素	指标	评价内容
经济运行	国内经济、就业、国际贸易、消费价格、国际投资	77	国民经济的宏观表现
政府效率	公共财政、商业立法、财政政策、社会结构、体制结构	73	政府政策对竞争力的影响
商务效率	生产率、管理水平、劳动市场、价值观、金融服务	69	企业在创新、盈利、社会责任等的表现
基础设施	基本设施、健康与环境、技术、教育、科研	95	硬件设施、技术科学、人力资源满足企业需要的程度
合计	20	314	

资料来源：IMD World Competitiveness Year book，2005.

通过上述分析可得，竞争力指数的指标涵盖范围广，指标体系更完善与成熟，创意指数作为衡量创意竞争力的载体，其体现的仅仅是区域产业竞争力的一个子系统，两者在指标选取方面有些共同性与互通性，竞争力指数对创意经济竞争优势的评价体系的构建具有重要的理论借鉴意义。

3. 协同创新能力

创意或者说创造力是文化创意和科技创新的综合体，创新比创意更加强调在生产、技术及竞争上的客观性，而创意相对具有一定的主观倾向[255]。目前，理论界研究的协同创新针对的是企业的技术创新，协同创新是组织保持竞争优势的关键所在。

（1）区域创新系统评价

国外最权威的创新力指数有国家创新能力、全球创新指数（Global Innovation Index，CII）和欧洲创新积分表（European Innovation Scoreboard，EIS）（见附录3）。

美国《创新指标》（*Innovation Index*）中指出：国家创新能力指数取决于共有创新基础设施的强度，支持创新集群的环境条件，以及两者互动联系的强度；构建了公共创新基础设施、特定企业群的创新环境、联系的质量、关于政策等的评价项目四个一级指标。全球创新指数（CII）和欧洲创新积分表（EIS）均是从创新投入与创新产出两个角度展开对创新竞争力的测评。全球创新指数（CII）是通过评估制度和政策、基础设施、商业和市场的成熟度以及人力技能来衡量经济体的创新能力，2012年公布的评价指标体系输入模块包括制度与政策、人力资源、基础设施、市场成熟性、企业成熟度五个一级指标，输出模块由科技产出和创新产出构成。欧洲理事会（European Commission）在其制定的欧洲创新积分表（EIS）中，从创新驱动力、知识创造、企业创新、技术应用、知识产权五个方面构建了创新指数，其中创新驱动力、知识创造和企业创新反映的是人力和基础设施投入、研发投入以及企业对信息通信技术投入等方面的创新投入情况，而技术应用和知识产权是创新产出的衡量指标。在中国，最具有借鉴意义的是中国科技发展战略研究小组发布的区域创新能力评价指标体系，它是从创新环境、知识创造、知识获取、企业创新能力、创新的经济效益五个方面对创新能力展开评价。

（2）协同创新能力评价

目前，国内外学者对于技术协同创新能力的研究主要集中在协同创新的影响因素和协同模式上，对于协同创新的评价的研究非常少，而且是针对企业进行的。下面列举了极有代表性的一些研究观点。

郑刚和梁欣如（2006）提出了企业技术创新过程中技术、战略、组织、文化、制度、市场等各要素全面协同的 C³IS 五阶段协同模型[256]，其中，C³代表接触/沟通（Contact/Communication）、竞争/冲突（Competition/Conflict）、合作（Collaboration），I 代表整合（Integration），S 代表协同（Synergy）。区域集群创新能力的提升不仅取决于本地区域创新要素的良好协同，还取决于跨区域创新协作网络的建立[257]。解雪梅（2009）将创新集群跨区域协同创新的影响因素归结为制度、环境、社会资本和区位四个层面[258]。胡思华和刘洪（2007）将创新集群与群外环境协同创新的影响因素划分为地理区位环境、法制政策环境、社会人文环境、技术环境、市场环境，五大环境之间通过物质、信息等的交换实现协同演化[259]。Lee 和 Kim（2000）认为协同形式影响着不同产业的创新贡献，构建了协同行为和协同效应的定量衡量模型并实证检验其理论观点[260]。袁付礼和喻红阳（2005）认为技术创新有联合研究公司、研究合同、技术贸易或转让、技术许可、制造或营销许可协议、研究人员的交换或转移等多种协同形式，不同的形式会产生不同的协同效应[261]。

曾赛星和楼高翔（2006）从区域技术创新协同网络成员构成、协同过程、协同的形式构成三方面构建了协同创新能力的测度框架（如图7-1所示），在此基础上构建了区域技术创新能力测评的完整指标体系，包括区域技术创新协同主体成员、知识和技术流动能力、技术的市场实现能力以及区域技术创新协同形式四个一级指标[262]。贺灵（2013）在"创新就是知识的创造、转移和应用"理论基础上，构建了区域协同创新能力评价指标体系，该体系由创新资源保障能力、知识创新能力、知识配置能力、知识应用能力和创新环境支撑能力五方面组成，并运用线性加权法评价了这五个子系统序参量的有序度、子系统有序度和区域创新系统整体的协同度[263]。

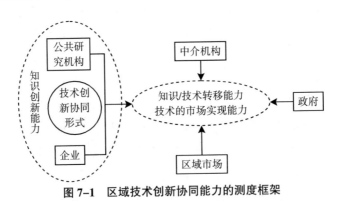

图7-1　区域技术创新协同能力的测度框架

（二）与创意协同竞争力有关的指数的比较分析

上述创意协同竞争能力衡量体系均是在传承前人研究成果基础上的完善与创新，相关指数的评价对象范畴涉及企业、区域、城市、国家和全球。通过对上述相关衡量指标的归纳比较可得，各个评价指标聚焦于创意/创新竞争力的以下九项指标：基础设施等硬资源、技术水平、社会资本、人力资本、文化环境、创意成果或绩效、创新、制度和政策环境以及宏观经济水平，也就是说这些指标涵盖了多数创意协同竞争能力相关指标体系的全部指标信息，各个评价体系在指标选取时的侧重点各不相同，这些指标对于本书协同竞争指标体系的构建具有理论适用性。

由于区域经济的地域性差别，各指数具有相对的局限性。国外的"3T"指数评价理论、欧洲创意指数和全球创意指数特别注重创意人才在区域创意经济发展中的重要作用，同时，突出了"自我表达指数"、"态度指数"等包容性指标对区域创意竞争力的影响，而包容性作为 3T 理论中最具原创性的衡量指标，一直是理论界产生最多质疑的内容[264]。同时，由于这一指标是针对美国等国家种族多元化的现象而制定的，没有明确反映其在创意产业区域价值创造中所占据的价值地位，也不能客观反映区域创意经济的动态协同过程，对于发展中国家的城市化和现代化现状而言，存在理论研究和实践评价的不适用性，所以，在我国创意产业园区区域协同竞争评价中，要避免生搬硬套。

城市是区域的一种客观载体形式。Laundry（2000）认为创意氛围是创意城市发展的先决条件，创意情境对于创意产业园区区域协同竞争评价体系的研究非常适用。本书在理论基础部分介绍过，从中宏观角度而言，创意产业园区区域协同是微观构成主体基于利益共享与分配机制开展的区域要素协同与区域环境的协同，中宏观层面的集群或区域协同包括集群与群外环境之间的协同，尤其是其指标体系中的竞争力、联系和协同性指标。Laundry 的创意城市评价体系的九项指标在城市的经济、社会、文化和环境四个维度中都有体现，主观指标较多而且指标交叉出现，数据可获得性差，不具备实际评价操作性。

此外，国内各地的创意指数都是根据地区创意产业发展情况有针对性地制定的，过于强调地方特色，仅限于地域有效性，对于区域创意经济的横向比较不适用。协同创新指标体系的局限性体现在技术创新上，此外，协同创新的主体大多集中于企业。在创意产业园区区域协同竞争力评价指标体系的构建过程中，要结合实际情况有选择地对参考指标进行借鉴，灵活且合理地对成熟指标进行微调，拓展指标的适用对象范围，构建适用于我国创意产业园区发展实情的协同竞争力评价指标体系。

二、创意产业园区区域协同竞争力决定因素的构建

（一）创意产业园区区域协同竞争力决定因素的理论构建

创意产业园区区域协同效应的实现，首先取决于物质、信息、资金、技术等区域基本要素的性质，其次取决于园区内部供应、研发、设计、生产、渠道推广、销售服务等子系统和消费子系统的功能以及各子系统间的相互协作能力，最后取决于园区与区域外部环境之间的密切联系。在此基础上，通过对以上各个成熟评价指标体系的比较分析可以看出，不同地区对于创意竞争力或创新竞争力评价聚焦的九项主要指标因素，同时，结合创意产业园区区域价值网络空间关联的

要素和影响因子分析，得到影响创意产业园区区域协同的因素主要倾向于以下几个方面：一是与创意主体性资源协同有关的指标；二是与创意要素性资源协同有关的指标；三是园区与外部环境之间的协同指标；四是与创意成果或绩效相关的可持续协同指标。其中，协同的可持续性是由主体性要素协同、要素性资源协同和环境协同三个子系统共同决定的，是对创意绩效和产业链延伸性的度量。本书针对我国创意产业园区的实际发展情况，结合创意产业园区区域协同的内涵和技术机理分析，通过对各指标体系衡量因子的具体分析和计量，从理论上构建创意产业园区区域协同竞争力的决定因素：创意主体功能性协同系统、创意资源要素性协同系统、创意环境支持性协同系统和创意成果可持续性协同系统，创意产业园区区域协同竞争力是这四个子系统相互协同的结果。

1. 创意主体功能性协同系统

本书第六章第二节创意产业园区区域价值链网络化的微观基础分析部分，研究了创意产业园区区域协同的构成主体。创意主体功能性协同的实质是对整个价值系统的协调管理，在价值创造优势的基础上实现价值管理优势。

创意产业园区区域各个行为主体在创意园区价值创造和竞争优势实现的网络体系中，所扮演的角色和发挥的作用各不相同，也正是基于这种功能差异，创意园区区域价值网络得以正常运转。创意产业园区区域价值链网络化微观核心网络主体的构成、核心能力和企业关系，在协同价值创造的过程中起着重要的作用，从知识创意源、创意产品设计研发、创意产品生产制造、创意产品品牌营销到创意产品的消费体验，各个环节网络化主体基于功能势差与功能互补相互作用，完成了创意资本到创意产品的市场化运作过程。此外，作为支持网络主体的政府、科研机构、中介组织和金融机构等辅助服务部门维护着价值网络的有效运转，主要实现的是对核心主体企业和顾客的管理协同。

集体创造力是创意产业园区竞争力提升、区域创意经济发展的关键，创意人才是创意产业价值创造的主体。Florida 在创意阶层理论中，将创意阶层分为"高创造力的核心群体"（Super Creative Core）和"创造性职业从业人员"（Creative Professionals）两部分[265]。根据第六章构建的创意产业园区区域协同网络的结构模型，针对我国创意产业的发展实情，本书界定如下：创意核心群体指的是创意的生产者，这类创意人才集中于创意企业和科研机构，对知识、技术和人力的协同作用共同实现了创意产品的设计研发模块功能，同时，互联网经济时代，消费者以网络手段并通过众包等多种途径参与到创意产品设计研发的环节；创意支持群体分为区域创意服务机构和区域创意管理机构两大类：创意服务机构如金融机构、中介组织和第三方机构等主要是联系政产学研用的纽带，孵化中小型创意企业，提供信息和创意服务；创意管理机构如政府、管委会等主要为创意园区提供一定的金融支持和政策、制度、法规。这些处于不同功能模块、不同阶层的创意主体基于不同的知识、不同的角色互补，共同实现创意产业价值网络体系的价值创造和网络功能性协同发展。

2. 创意资源要素性协同系统

创意资源要素性协同能力，即创意主体对创意要素性资源的整合能力。创意园区根据自身所处的区域宏观经济水平以及所拥有的资源禀赋特点，在主体不同模块功能的协同作用下，对影响区域创意经济发展的要素性资源（有形资源和无形资源）实施优化配置，能够有效地解决资源的行政区划对区域创意产业发展的限制，是创意产业园区跨区域协同长远发展的根本动力。创意园区的持久发展和更新升级，需要将无形的知识、人文资源等创意源向有形的创意产品或服务的市场转化，实现创意思维向文化创造力和创意生产力的价值创造（如图 7-2 所示）。创意资源要素性协同是创意主体基于自身的知识、技术等技能应用，在主导企业的价值网络区域分工体系中，完成创意要素性资源与创意主体性资源功能的耦合，在价值链网络化空间结网的过程中，促进创意产品的规模化生产制造，实现创意园区区域市场化运作的经济效应。创意主体将各种区域资源通过一定的价值创造活动，实现创意资源向创意资本的转化与积累，在创意主体的协同竞争过程中，需要各种区域要素性资本（区域经济基础、区域服务设施、区域技术等）相互协调发展，伴随着创意资本的市场化运作，最终实现从创意源到文化创造力和技术生产力的网络化资源协同价值创造。

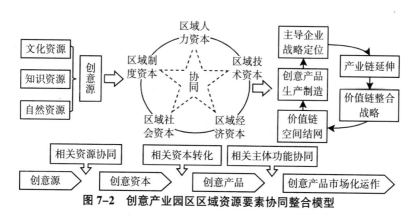

图 7-2 创意产业园区区域资源要素协同整合模型

3. 创意环境支持性协同系统

创意产业园区与区域环境之间的协同作用对于提升区域系统竞争力起到支持的作用。创意环境支持性协同，即创意园区开展创意活动、发展区域特色产业是创意园区与外部多方面环境因素相互协同作用的结果，环境支持着创意园区区域协同竞争优势的提升。学者对于创意环境进行了大量的研究，早期关注的是信息的有效传递、多元化的环境因素、环境便利性，后来关注的是包容性的社区环境、区域配套的生产系统。Scott（2000）提出"创意场"（Creative Field）的概念，说明创意场所的地理邻近性对企业创造力协同产生重要的影响，它涉及企业家行为、技术和组织变革、文化符号意义以及新企业的形成等[266]。本书认为创意环境是有利于创意群体开展主体性资源功能协同、要素性资源协同并发挥集体创造力，同时具有地方文化和经济特质的共享空间资源系统。实际上，创意活动要想实现区域创意产业升级和区域空间改善，需要将价值网络中的生产活动与人们的社会生活连接起来，形成一个巨大的区域创意环境网络，创意、信息、知识等可以在这个网络中得到验证。区域创意经济的发展不仅需要市场经营环境、地理区位环境、法律政策环境、文化氛围等的支持，还需要区域相关的教育、传媒等的支持。创意的市场价值实现活动无不是在良好的创意环境中孵化出来的，环境之间信息等资源的交换实现区域协同演化。

4. 创意成果可持续性协同系统

可持续协同发展能力是创意产业园区区域系统协同竞争力的一个重要方面，它反映的是创意经济效益、经济发展能力、创意衍生能力和网络延伸能力，通过市场竞争的经济产出和非经济产出来衡量。经济产出也即创意绩效，代表了区域创意产业增加 GDP 的能力，创造财富、增加就业的潜力，这是创意经济可持续发展的经济基底；发展能力和非经济产出（如知识产权、特许经营等）代表的是创意经济发展的区域活力和区域生命力、资源整合再造的能力，这是创意经济发展可持续性增长的潜力。创意产业园区区域协同竞争力不仅仅是对园区现有经济状况的评估，对于未来可持续性发展的能力评估也是必不可少的，两者共同呈现出区域创意创造力所达到的程度。

（二）创意产业园区区域协同竞争力决定因素的协同关系分析

创意产业园区区域协同系统是一个复杂的非线性系统，而非一个简单的线性系统，创意园区区域内部的各个子系统之间或者内部与外部系统之间不是相互孤立存在的，而是存在着一定的相互作用，这种相互作用表现为整体系统内部或子系统之间的协同和竞争。在协同与竞争的作用下，创意产业园区区域各个子系统以及外部系统相互耦合为一个有机整体，使各个独立的子系统之间相互关联与融合，形成系统的整体效应。

由创意产业园区区域协同的作用机理和区域价值网络协同的技术分析可知，协同效应产生于创意产业价值链的业务关联之间的资源共享，创意产业园区区域协同竞争力的四个决定因素也是基于业务流程的协同，在创意主体的作用下基于共同的战略目标扩展业务协同的广度和深度。在创意产业园区区域价值网络系统中，创意设计研发环节更多地受创意主体功能性协同和创意成果可持续性协同两方面影响，创意成果生产制造和销售服务则有赖于创意主体功能性协同和创意资源要素性协同两个子系统，创意消费与再体验则主要依赖环境支持性协同系统和创意成果可持续性协同系统，消费者反馈对创意个人创造力的形成、创意生产与销售行为产生重要的影响，促进创意产品的改进（如图 7-3 所示）。

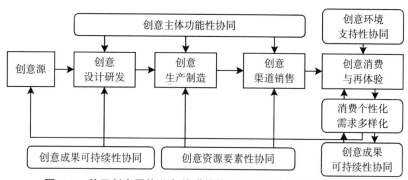

图 7-3　基于创意网络业务关联的协同竞争力决定因素概念模型

创意产业园区区域整体协同竞争力不仅仅取决于各个决定因素子系统，更是各个子系统之间协同作用的宏观结果。各子系统基于园区区域整体系统竞争优势这一共同目标，基于不同协同维度耦合形成一个整体协同经济体（如图 7-4 所示）。创意主体功能性协同、创意资源要素性协同、创意环境支持性协同和创意成果可持续性协同贯穿于区域业务关联活动的全过程，不仅各个子系统内部协同发展，不同子系统之间高度关联与互补，相互融合。创意主体间相互竞争与协作，实现产业链上主体功能协同与资源的整合，同时，保持与内外部环境的灵活适应能力，这种灵活适应能力与区域内各个子系统的高度协同紧密相关。创意主体功能性协同系统代表着创意个人层、组织层和区域层不同层次基于不同核心能力互补的协同维度，创意资源要素性协同系统反映了组织、文化、市场等要素的优化组合，创意环境支持性协同体现了跨组织边界、园区内外网络的协同角度，创意成果可持续性协同说明了创意产品成果的空间流动与时间循环的属性与能力，由此可见，创意竞争力的四个决定因素代表着四个不同的协同维度，创意产业园区正是基于这四个协同维度的耦合，协同一致地完成创意园区区域价值创造，实现区域协同竞争力。

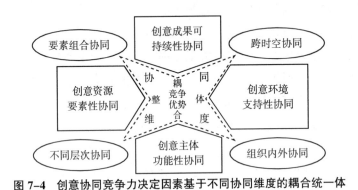

图 7-4　创意协同竞争力决定因素基于不同协同维度的耦合统一体

第二节　创意产业园区区域协同竞争力的评价指标体系设计

一、创意产业园区区域协同竞争力评价的内涵、功能与原则

（一）创意产业园区区域协同竞争力评价的内涵

根据创意产业园区区域协同竞争力的决定因素可知，创意产业园区区域协同竞争力评价是对以下四个指标的衡量：创意主体功能性协同竞争力、创意资源要素性协同竞争力、创意环境支持性协同竞争力和创意成果可持续性协同竞争力。创意主体功能性协同竞争力是不同创意主体基于产业链关联活动实现业务流程协同，它是主体性资源和要素性资源协同的保障；创意资源要素性协同竞争力是创意园区区域拥有、获取、利用并整合资源，通过资源的有形关联和无形关联效应，实现资源产业化，获取资源的价值增值和产业的价值创造；创意环境支持性协同竞争力是文化关联、政策互通等环境友好型区域，对于区域核心能力竞争优

势提升的协同促进力度；创意成果可持续性协同竞争力意味着创意资源的转化效率和效能，是创意绩效的市场经济表现以及非产出性的延伸价值和衍生能力。创意产业园区区域协同竞争力评价就是通过对区域创意主体功能性协同能力、创意资源要素性协同能力、创意环境支持性协同能力和创意成果可持续性协同能力的测量评估，来反映创意产业园区创意产业发展的实际情况。

为此，本书将创意产业园区区域协同竞争力评价的内涵界定为：为了提升创意产业园区区域协同竞争力，通过对创意主体功能性协同系统、创意资源要素性协同系统、创意环境支持性协同系统和创意成果可持续性协同系统的测量评估，以理论模型的结合运用为工具，并构建数学模型进行实证分析，从而实现对创意产业园区区域协同竞争力数量化评价的科学行为。

（二）创意产业园区区域协同竞争力评价的功能

目前，在我国创意产业园区的开发建设和发展过程中，出现了园区定位模糊、产业特色不明确、园区重复建设等问题，严重地制约了创意产业园区区域的优化升级和区域经济联动发展。为了能够将区域创意经济发展中复杂的问题简单明朗化，创意产业园区区域协同竞争力评价研究实现了影响因素的数量化呈现，为政府评估创意产业园区区域资源整合能力与区域协同竞争力状况，指导未来创意产业园区区域建设和发展提供理论依据。

首先，创意产业园区区域协同竞争力评价实现的是对区域创意经济的评估考核。创意产业园区评估不仅要求对评估对象的现状进行全面分析，同时要求对评估指标的历史数据进行搜集和研究，也就是说区域协同竞争力评价实现了指标横向评估和纵向评估结果的对比。通过对不同区域创意园区的横向比较，以及不同时期同一区域的纵向比较，可以得到创意园区发展的区域差距和未来趋势，明确在创意产业园区发展中的局部优势和存在的具体劣势问题。通过对创意园区区域协同竞争力决定因素的评价，有利于发现影响创意园区区域协同的具体维度问题，以及导致区域创意竞争优势提升的局部因素。其次，对于创意园区区域发展的指导决策功能，是创意园区区域协同竞争力评价的根本需求和实践研究意义。对创意园区区域协同进行数量化实证评价分析，得到影响区域协同的关键因素和网络环节，对实证分析对象具有很强的针对性指导，区域差距、发展优势以及薄弱环节有利于创意园区区域发展的战略定位，为政府政策制定者和相关管理人员的科学化实践工作提供了依据。最后，创意产业园区区域协同竞争力评价指标体系和数理模型的构建，有助于对创意产业园区区域协同竞争潜力的预测，引导创意园区对实施决策的及时调整，获得持续性协同竞争优势。

(三) 创意产业园区区域协同竞争力评价的原则

创意产业园区区域协同竞争力是一个多主体、多要素、多维度、多目标的复杂协同系统，其协同决定因素涵盖的内容和层次多，因此，要从创意园区区域协同竞争的决定因素入手，设计出能够全面、准确反映区域协同竞争力的指标体系。在构建创意产业园区区域协同竞争力的指标体系时，除了要有选择性地筛选成熟的相关指标体系里有代表性的适用指标，针对我国创意产业园区区域的实际情况从多个角度展开论述，还必须要遵循以下原则：

1. 科学性原则

创意产业园区区域协同竞争力指标体系应科学地遵循区域协同理论，融合园区协同发展的实践经验，而且要做到全面性与实用性相结合，评价指标体系要能够准确地反映出相关的能力。同时，指标体系要与我国创意产业园区的实践相结合，特别是与创意园区区域特色相结合，各项指标要规范，挑选最具代表性的指标。此外，合理控制指标体系的规模也是重要的方面，指标太少，不易全面反映创意园区的特性和发展情况，指标过多，虽有利于判断评估，但也存在掩盖对象间差异性的问题，要以最少的指标真实地覆盖所有区域协同因素承载的信息，这要求指标体系的设计过程中指标的层次设置和具体指标选取涵盖面广且突出关键重要的方面，从而使指标体系在实践中易于操作、切实可行，而且全面反映竞争实力。

2. 动态性原则

动态性原则是指在创意产业园区区域协同竞争力的评价中要做到静态与动态相结合，考虑到不同区域空间范围的差异，以及区域可持续性协同发展的潜力。创意产业园区区域协同是个动态的过程，在研究区域协同竞争力指标设置时，要做到绝对值指标、相对值指标和增长率指标的统筹兼顾，体现出区域协同对时空的敏感性。

3. 可操作性原则

可操作性包含可量化和可比性两层含义。对创意园区区域协同竞争力的比较分析，是通过数量化指标值来表示的，在评价指标中，有极少数指标难以量化，对于这些定性指标，为了避免人为主观因素造成指标不能如实反映实情的状况发生，需要收集大量的资料并赋予其一个比较合理的指标值，实现定性指标定量化处理。可比性是指创意园区区域协同竞争力评价指标的内涵诠释要明确，指标统计口径、统计范围一致，符合规范，这保障了创意产业园区区域协同竞争力横向评价和纵向评价的比较分析的有效性。

4. 差异化原则

通过数据分析，只有能够反映园区区域差异化实力的指标，才能对协同竞争力比较产生较大的影响。对于各个园区，若某指标的所有取值均相等或非常接近，这些指标即使理论上能够很好地反映园区的协同竞争实力，但对于最终区域协同竞争力评价所起的作用就较小，因而无法进入协同竞争力模型。

二、创意产业园区区域协同竞争力评价指标体系的构建

（一）创意产业园区区域协同竞争力评价指标体系架构

根据前文的理论研究，将影响创意产业园区区域协同竞争力的决定因素加以系统分析，选择影响创意园区区域协同竞争力的关键驱动要素，遵循协同竞争力决定因素的评价原则，结合我国创意园区发展的核心能力和实际情况，建立起一个能够从显性、隐性、区域内、区域外的各个角度综合评估创意园区区域协同竞争力的指标体系，合理综合高度相关的指标，剔除少数冗余、不适用的指标和难以定量化的定性指标，基于创意园区区域协同竞争力决定因素的理论构架分析，构建了创意产业园区区域协同竞争力评价指标体系，如表 7-5 所示。该指标体系以创意产业园区区域协同竞争力（I）为评价目标层，一级指标由四个子系统（A）——A_1 创意主体功能性协同系统、A_2 创意资源要素性协同系统、A_3 创意环境支持性协同系统和 A_4 创意成果可持续性协同系统构成。这四个子系统的协同竞争力可以看成对系统从无序到有序演化影响最大的序参量，也称为慢变量。下文将进一步寻找每个子系统所包含的二级序参量指标和三级序参量分量指标，也即对子系统序参量的影响要素分解。

表 7-5　创意产业园区区域协同竞争力评价指标体系

评价目标	一级指标	二级指标	三级指标	权重	排名
I 创意产业 园区区域 协同 竞争力	A_1 创意主体 功能性协同 系统	B_1 人力技能	C_1 产学研合作项目	0.0772	3
			C_2 研发设计企业比例	0.0156	25
			C_3 大专以上学历人员占文化创意企业从业人员的比重	0.0082	34
			C_4 创意（设计/创作）人员占创意企业从业人员的比重	0.0125	30
		B_2 管理能级	C_5 管理效率（净利润/管理人员数）	0.0098	33
			C_6 获得的管理认证情况	0.0158	24

评价目标	一级指标	二级指标	三级指标	权重	排名
I 创意产业 园区区域 协同 竞争力	A_1 创意主体 功能性协同 系统	B_3 综合服务 能力	C_7 信息化服务	0.0402	9
			C_8 提供的专业服务	0.0167	22
			C_9 客户满意度评价①	0.0132	29
	A_2 创意资源 要素性协同 系统	B_4 创意资本 存量	C_{10} 年均营业收入	0.0268	12
			C_{11} 年均上缴税款	0.0222	15
			C_{12} 出租率	0.0051	36
			C_{13} 入驻企业总数	0.0162	23
			C_{14} 企业的平均租用面积	0.0168	21
			C_{15} 入驻企业员工总数	0.0144	27
		B_5 基础设施	C_{16} 平均租金	0.0155	26
			C_{17} 配套服务设施	0.0174	19
			C_{18} 园区服务设施	0.0198	17
			C_{19} 公共服务平台	0.0434	8
	A_3 创意环境 支持性协同 系统	B_6 社会 文化环境	C_{20} 市区级以上来访接待	0.0556	5
			C_{21} 园区的媒体关注度	0.0644	4
			C_{22} 园区内举办的文化活动	0.0774	2
		B_7 制度环境	C_{23} 园区获得政府政策支持况	0.0174	20
			C_{24} 园区获取政府专项资金金额	0.0451	6
			C_{25} 合作的社会机构	0.0448	7
	A_4 创意成果 可持续性 协同系统	B_8 创意绩效	C_{26} 单位年营业收入	0.0116	12
			C_{27} 单位年上缴税款	0.0185	15
			C_{28} 单位年净利润额	0.0106	35
			C_{29} 年均净利润额	0.004	23
			C_{30} 年均净资产收益率	0.014	21
			C_{31} 改建投资回报率	0.022	27
		B_9 可持续性 增长潜力	C_{32} 入驻企业产品更新能力	0.0303	14
			C_{33} 净利润年增长率	0.0224	10
			C_{34} 自主知识产权数量	0.1025	1
			C_{35} 园区的授牌和奖项	0.0258	13
			C_{36} 入驻的名企/名家/名牌	0.0268	11

---

① 客户满意度为重要性与满意度之差，为负向指标，它也是指标体系中唯一的负向指标。

（二）创意产业园区区域协同竞争力指标分解

1. 创意主体功能性协同系统指标

（1）人力技能

人力技能是对创意人力资本和创新能力的综合考量，人力技能是价值创造中最核心的价值能量源。创意是创意阶层主观能动地发挥个人创造力的结果，是创意主体基于功能互补协同创造价值的最根本体现，在创意主体功能性协同系统中占据着重要地位，创意产业园区的发展和优化升级的根本原因正是创意区域优越的软硬件条件、专业的服务、优惠的政策、健全的法律等方面的优势，吸引了优秀的创意人才的集聚。区域人力资本的素质和创新技能决定着区域创意主体间知识交流、研发设计等价值协同创造的价值网络功能实现度。对于人力技能的考量，本书选取产学研合作项目、研发设计企业比例、大专以上学历人员占文化创意企业从业人员的比重、创意人员（设计/创作人员）占文化创意企业从业人员的比重四个指标来进行。

（2）管理能级

管理功能是创意主体在区域协同系统中发挥的一个主要作用。创意产业园区的运营是在园区管理委员的管理和统一协调下完成的，区域价值网络企业的价值管理也是在园区管理的协同作用下实现价值管理优势的构筑。管理能级从管理效率和获得的管理认证情况两个角度来衡量，其中，管理效率是通过园区净利润/管理人员数计算得到的，管理认证情况是通过政府等官方机构颁发的证书情况来反映园区内部管理制度的完善程度。

（3）综合服务能力

综合服务能力反映的是创意园区的专业服务功能和满足客户的情况，园区提供的服务功能是吸引创意企业集聚的重要因素，综合服务水平的提高对企业具有很大的吸引力。区域创意主体如孵化器、服务中心、信息中心等中介组织提供的服务功能，是区域价值链网络化主体开展集体学习、产权市场交易、企业交流的公共服务网络的无形平台，对入驻企业的稳定运营和成长发展起到举足轻重的作用。服务环境水平的提高应立足于"合理布局，创造良好条件，完善服务功能，提升服务能级"，注重创意园区服务业态的开发完善。通过信息化服务、提供的专业化服务和客户满意度三个角度来测量，其中前两项指标由当前情况的定量化来反映，客户满意度是入驻企业对园区管理方综合服务水平的有力评定，通过对入驻企业满意度调查获得客户服务满意度数据。

2. 创意资源要素性协同系统指标

(1) 创意资本存量

创意资本存量是对创意产业园区宏观经济水平的度量，反映的是园区有形资源和无形资源的拥有情况；创意园区做大做强的基本着眼点就是要促进创意资本存量规模的扩大。本书从经济、人力等角度选取了年均营业收入、年均上缴税款、出租率、入驻企业总数、企业的平均租用面积、入驻企业员工总数六项指标来具体测评。

(2) 基础设施

基础设施是创意园区发展的重要区域性物质载体资源，文化基础设施和信息技术基础设施是区域创意发展的重要方面。平均租金是从经济角度对园区基础设施软件和硬件水平的衡量，同时平均租金也在很大程度上反映出园区的地理位置、交通便利性等区位条件；服务设施指在园区内为企业或客户提供配套服务，提供入驻企业所需的服务环境，其中，配套服务设施用配套企业占地面积占建筑面积的比重来衡量，园区服务设施包括照明、电梯、能源设施等基础服务设施，公共服务平台主要指产品展示中心、商务中心、会议中心等公共信息服务平台。

3. 创意环境支持性协同系统指标

(1) 社会文化环境

不同区域的历史文化、传统民族特色各异，而文化是创意产业发展的根基，创意起源于文化，是文化和科技的融合。社会文化环境蕴含着知识、技能、科学、伦理、道德与人文，影响着区域创意经济的运行机制，起着改变地域形象、带动城市化进程加快的作用，同时，社会文化作用于人们的生活方式并代表着园区的发展趋势。前文明确界定过创意产业园区的地域范围，在不同的区域界定下社会文化环境指标的选取应该各异且符合区域文化特色。这里，以狭义的街区尺度的创意园区作为园区区域的本质，那么在省会城市的地域内，大的历史文化环境相同，根据指标差异化选取的原则，本书选取市区级以上来访接待、园区的媒体关注度、园区内举办的文化活动三个指标来衡量区域社会文化资本，其中，媒体关注度以园区媒体中介为依托，一定程度上是对媒体中介发展水平的反映，园区举办的活动包括文化论坛、会议等。

(2) 制度环境

在我国，企业自发集聚形成的创意园区较少，多数创意产业园区都是在区各级政府产业总体发展战略和规划的指导下，通过分析区域经济、社会、文化等发展状况及创意人群的需求、喜好等空间特征后，完成园区的规划开发、招商建设的。不同的园区获得的政府政策支持和资金支持的力度不同，政府出台的相关扶持政策，设立的产业发展专项基金、业务扶持基金等构成了园区的制度环境。此外，园区与社会机构的合作情况也是区域制度环境的重要方面，通过定性指标定量化处理得到。

4. 创意成果可持续性协同系统指标

（1）创意绩效

创意成果可持续性协同发展能力由创意绩效和可持续性增长潜力两部分构成。创意绩效是创意企业"产出"的典型代表，表示在特定的时期内，创意园区区域价值网络主体，不同工作职能的创意阶层价值创造活动所创造的经济效益，它是网络主体持续运营发展的经济保障基础。本书选用单位年营业收入、单位年上缴税款、单位年净利润额、年均净利润额、年均净资产收益率（净利润/平均资产总额）、改建投资回报率（净利润/改建投资总额）五个指标对创意成果或创意产出绩效做出评价。

（2）可持续性增长潜力

可持续性增长潜力可以通过园区发展能力和网络化延伸能力两个方面来衡量。本书选取了最能体现创意园区发展能力的两个指标：净利润年增长率和入驻企业产品更新能力，园区净利润年增长率是净利润增长额与年初净利润之比，入驻企业产品更新能力用企业新产品销售额/总产品销售额来衡量。通过本书的分析可知，基于知识产权的品牌延伸价值是价值网络空间关联实现价值放大的核心，这里用知识产权数量、园区的授牌和奖项、入住的名企/名家/名牌三个非经济产出指标衡量区域协同网络化延伸的能力。

第三节　创意产业园区区域协同竞争力的评价模型设计

一、创意产业园区区域协同竞争力评价方法的选取

多目标决策评价方法的基本思想是指对被评价对象的多个方面做出一个整体的评判，用一个总指标来说明被评价对象的一般水平，可分为定量评价法、定性

评价法和定量与定性相结合的评价法。多目标决策评价方法众多，主要有TOPSIS方法、线性加权法、效用函数综合评价法、层次分析法（AHP）、模糊综合评价法、熵值法、神经网络算法（BP算法）、灰色关联度评价法等以及它们的综合使用。多目标综合评价法能较好地解决模糊的、难以量化的问题，系统性强，能够客观、准确、科学地挖掘影响区域协同的重要因素，同时，测量相关指标对评价对象的影响程度，并给出一个说明综合情况的评价结果。

创意产业园区区域协同竞争力评价指标的选取必须定量与定性相结合，本书选取复合系统有序度评价的线性加权法得到一个效用函数综合评价，在获得各指标权重的基础上，求出各方案的线性加权指标平均值，创意产业园区区域有序协同效用函数值越大，说明创意产业园区区域协同竞争力越强。

二、创意产业园区区域协同竞争力评价指标的无量纲化

对收集到的指标数据需要进行统计评估，然而由于各评价指标量纲的差异性，即各个指标的计量单位、指标类型及数量级别不具有可比性，直接对收集到的指标值进行综合是不合理的[267]。因此，在进行多变量综合评价之前，必须先对各指标的实际值进行标准化处理，将其转化为可比较的规范化指标值，排除由各项指标计量单位的不同所带来的影响。

对于创意产业园区区域协同竞争力的多属性决策问题，将评价对象记作 M_i，$i = 1$，$\cdots$，m；36 个三级指标记作 G_j，$j = 1$，$\cdots$，36。由此，我们建立评价对象集 $M = (M_1, \cdots, M_m)$，指标集 $G = (G_1, \cdots, G_{36})$，则各评价对象 M_i 在三级指标 G_j 下的值记为 x_{ij}，则可得到协同竞争力评价模型的决策矩阵 X 如下：

$$X = (x_{ij})_{m \times 36} = \begin{pmatrix} x_{1,1} & x_{1,2} & \cdots & x_{1,36} \\ x_{2,1} & x_{2,2} & \cdots & x_{ij} \\ \vdots & \vdots & \cdots & \vdots \\ x_{m,1} & x_{m,2} & \cdots & x_{m,36} \end{pmatrix}$$

其中，$i = 1$，$\cdots$，m；$j = 1$，$\cdots$，36。

区域协同竞争系统 $I = f(A_1, A_2, A_3, A_4)$ 为一个复合系统，各个子系统的演化过程中包含 36 个三级序参量分量指标。定义：正向序参量指标集 $L_1 = (G_j)$，$j = 1$，2，$\cdots$，7，8，10，11，$\cdots$，36，其取值越大，系统协同竞争力越高，其取值越小，系统有序度越低；逆向序参量指标集 $L_2 = (G_9)$，其取值越大，系统协同竞争力越低，反之越高；本书只有一个三级逆向序参量指标，即客户满意度评价

值——重要性和满意度差异率为逆向指标。在进行决策之前，本书运用求倒数的方法将满意度这一逆向指标转化成正向指标，则最后的综合评价值是越大越好，从而可以对评价对象进行优劣比较。本书运用极差变化法，对评价矩阵 X 进行标准化，得到创意园区区域协同竞争力评价决策矩阵的标准化矩阵 $Y = (y_{ij})_{m \times 36}$，计算公式如下：

$$y_{ij}(t) = \begin{cases} \dfrac{x_{ij}(t) - \min_i \{x_{ij}\}}{\max_i \{x_{ij}\} - \min_i \{x_{ij}\}}, & x_{ij} \in L_1 \\[4mm] \dfrac{\max_i \{x_{ij}\} - x_{ij}(t)}{\max_i \{x_{ij}\} - \min_i \{x_{ij}\}}, & x_{ij} \in L_2 \end{cases} \tag{7.1}$$

其中，x_{ij} 表示第 i 园区的第 j 个指标值，$i = 1, \cdots, m$；$j = 1, \cdots, 36$。

熵值法的标准化矩阵过程也就是求取创意产业园区区域协同三级序参量分量指标的有序度。复合系统有序度评价模型中，关于序参量有序度的定义，其计算公式为式（7.1），$y_{ij}(t)$ 为协同系统的第 i 个序参量分量 x_{ij} 在 t 时刻的有序度。

三、创意产业园区区域协同竞争力评价指标权重的确定

目前，多目标决策分析中指标权重的确定方法主要有两大类：主观赋权法和客观赋权法。主观赋权也称专家赋权，即通过一定方法综合各位专家对各指标给出的主观判断权重进行的赋权，如层次分析法、专家调查法、序关系法等，具有很大的主观随意性。客观赋权法主要根据原始数据之间的关系来确定权重，不依赖于人的主观判断，不增加决策分析者的负担，决策或评价结果具有较强的数学理论依据，主要有主成分分析法、熵值法、多目标规划等。

本书使用熵值法得出各指标的相对权重并排序。熵最早来源于热力学，它是热力学中用来说明运动过程不可逆性的物理量，像温度、体积一样，熵是物质系统状态的一个函数，把它理解为不确定性程度的度量，就容易得多。在信息熵理论中，熵可以度量获得的数据所提供的有用信息量，熵具有可加的特性。按照熵思想，人们在决策中获得信息的多少和质量，是决策的精度和可靠性大小的决定因素之一[268]。而熵在应用于不同决策过程获得的评价或案例的效果时是一个很理想的尺度。熵值法是一种定性分析和定量分析相结合、定性问题定量化的实用决策方法。作为权数的熵权有其特殊的意义，它并不是在决策或评估过程中指标

的实际意义上的重要性系数，而是在给定被评价对象集后各种指标评价值确定的情况下，各指标在竞争意义上的相对激烈程度系数。

在有 m 个创意产业园区、36 个评价指标的区域协同竞争力评价问题中，计算三级序参量分量指标中第 j 个评价指标的熵权 w_j 的具体步骤如下：

步骤一：计算第 j 个评价指标的熵值：

$$H_j = -k \sum_{i=1}^{m} r_{ij} \ln r_{ij} \tag{7.2}$$

$$r_{ij} = \frac{y_{ij}}{\displaystyle\sum_{i=1}^{m} y_{ij}} \tag{7.3}$$

$$k = \frac{1}{\ln m}$$

并假定，当 $r_{ij} = 0$ 时，$\ln r_{ij} = 0$。

步骤二：计算第 j 个评价指标的效用值：

$$d_j = 1 - H_j \tag{7.4}$$

步骤三：计算第 j 个指标的熵权值 w_j：

$$w_j = \frac{d_j}{\displaystyle\sum_{j=1}^{36} d_j} = \frac{1 - H_j}{36 - \displaystyle\sum_{j=1}^{36} H_j} \tag{7.5}$$

其中，$i = 1, 2, \cdots, m$；$j = 1, 2, \cdots, 36$。

也可以选择一个正数 k，使得 $0 \leqslant H_i \leqslant 1$ 即可，这种标准化在进行比较时是很必要的，通常取 $k = \dfrac{1}{\ln m}$，经过计算可以得到 36 个三级序参量分量指标的权重向量 $W_3 = (w_1, w_2, \cdots, w_{36})$。

四、创意产业园区区域协同竞争力决定因素评价模型

本书选用了复合系统有序度评价模型来进行创意产业园区区域协同竞争力的评价。复合系统有序度评价模型是建立在协同学的支配原理与序参量原理基础上的。从协同学的角度看，协同是系统组成要素之间在发展过程中彼此的和谐一致性，这种和谐一致的程度称为协同度[269]。在时刻 t，决定因素子系统 A_i 内各个序参量评价指标的有序度的总贡献，是通过对 y_{ij} 的集成实现的。子系统 A_i 的协同竞争力，不仅取决于各个序参量有序度的大小，还取决于系统组成要

素的组合形式，即系统自身的结构。在实际问题研究中，通常采用线性加权法进行系统集成。

线性加权法为了得到一个效用函数综合评价，在运用熵值法获得各指标权重的基础上，求出各个区域的线性加权指标平均值，创意园区区域协同竞争力效用函数值越大，说明园区区域协同系统有序度越高，区域协同竞争力越强。使用线性加权法建立的创意产业园区区域协同竞争力的模型如下。

通过标准化矩阵 Y 和权重向量 W_3 得到有序度效用函数综合效用值即区域协同竞争力：

$$u_i = \sum_{j=1}^{36} w_i y_{ij} \tag{7.6}$$

$$\text{s.t.} \quad \sum_{j=1}^{36} w_j = 1$$

其中，$i = 1, 2, \cdots, m$；$j = 1, 2, \cdots, 36$。

由此，可得到各个创意产业园区区域协同竞争力的综合效用值，这仅仅是完成了序量对整体协同效果的呈现作用。更进一步，通过对于决定因素子系统和序参量指标的协同竞争力测量，可以得到影响创意园区区域整体协同竞争的具体原因，以及导致子系统协同竞争力差距的序参量指标，从而实现序参量对系统如何运动更协同的信息告知功能。

第四节　本章小结

本章为了构建适用于评价创意产业园区区域协同竞争力的模型，研究了创意指数、竞争力和协同创新相似评价体系的构建，归纳了影响创意竞争力的九项指标，它们几乎覆盖了衡量体系的全部信息，并结合区域价值网络空间关联协同的要素和影响因子分析，得到这些指标因素主要有四个明显的集中倾向。在此基础上，本书从主体性要素功能协同、要素性资源协同整合、与外部创意环境的协同、协同发展的可持续性四个角度构建了创意产业园区区域协同竞争力的决定因素子系统，并分析了这四大协同决定因素子系统基于创意价值网络的业务关联协同，以及基于各个协同维度的耦合统一，两者共同实现了园区区域创意经济系统的全面协同。紧接着，结合前文的区域价值网络协同机制，有针对性地详细分析了创意主体功能性协同竞争力、创意资源要素性协同竞争力、创意环境支持性协同竞争力、创意成果可持续性协同竞争力的影响因素的评价指标，选取熵值法确定指标权重，最终运用复合系统集成的有序度线性加权综合评价方法构建了创意产业园区区域协同竞争力评价模型，为下文创意产业园区区域协同竞争力的实证分析做出铺垫。

第八章

创意产业园区区域协同竞争力实证分析
——以上海市创意产业园区为例

第一节　创意产业园区区域协同竞争力的问卷设计与数据收集

一、问卷设计

根据创意产业园区区域协同竞争力决定因素获得的评价指标体系，设计创意产业园区管理方访谈（见附录4）、园区问卷（见附录5）、企业问卷（见附录6）以获得相关信息。

● 基础环境、总体的资本存量规模、创新能力、创意绩效发展潜力等，归纳发展的现状。

● 入驻企业对园区服务、管理、运营等的评价，对园区总体运营情况做出初步的评判。

● 其他有助于区域协同竞争力分析的信息。

（一）园区问卷

（1）园区基本情况，包括园区基础环境、运营能力、资源汇聚能力、产业生态、发展潜力等调查信息。

（2）园区经营情况，包括园区在 2010~2012 年的园区规模、运营能力发展能力、政府支持、产学研合作、社会文化资源、产业发展规模、发展潜力等具体数据。

（二）企业问卷

（1）企业基本情况，包括企业名称、地址、所属行业、企业规模、政府支持、企业创新能力等。

（2）企业对所在创意园区硬件环境、软件环境、园区服务功能、园区发展潜力、产业聚集度与园区社会效应等方面进行重要性及满意度评价，即企业对选择入驻园区所看重的因素的重要程度进行评分，并对目前企业所在园区现状进行满意度评价。

（3）企业经营情况，包括企业在 2010~2012 年的主营业务收入、企业员工总数、企业税额总额、企业利润总额、新产品销售额、总产品销售额、新产品研发的投入金额与新产品研发的产出金额等具体数据调查。

（三）园区访谈

园区访谈是针对一些定性指标展开的，以期了解创意园区的产业定位、政府支持力度、内部管理制度的完善程度、服务情况、园区活动等社会资本、区域经济活跃水平等。

二、数据收集与样本描述

本书通过问卷调研和访谈调研的形式完成调研数据的收集工作，采用三种方式收集调研问卷数据，获取创意产业园区区域协同发展情况的调研结果。通过与创意园区管委会负责人访谈调研、电子邮件问卷收集、与园区和企业联系人联系收集问卷。此外，通过与上海市经济和信息化委员会的沟通，本书取得了政府机构所有的创意产业园区的官方数据。

本次调研从 2012 年 11 月开始，截至 2013 年 5 月，数据收集工作历时半年，收集到各个园区 2010 年、2011 年和 2012 年三年的数据。纸质和电子问卷的发放与回收情况描述如下：对上海市 20 个创意产业园区进行实地调研，其中两家产业园由于自身原因，配合调研力度较低，故这两家园区将不参与本书的评价研究，将作为测评对象的上海市 18 家创意产业园区依次记为 P_1，P_2，…，P_{18}。对这 18 家创意园区，每家发放一份园区问卷，共发放园区问卷 18 份，回收问卷

18 份，有效率 100%。对上述 18 家园区内的企业进行抽样调研，采用联系人发放和电子邮件发放的方式，对每个园区发放 12 份企业问卷，共发放企业问卷 216 份，回收 195 份，有效问卷 145 份，有效率[①]为 74.36%。调研的创意园区和创意企业的样本情况如表 8-1 和表 8-2 所示。对 38 位创意园区管委会高层干部进行深度访谈，在征得同意的情况下进行访谈录音，随后将其转化为文字记录。此外，在上海市经济和信息化委员会任职老师的帮助下，得到了上海市关于各家创意产业园区的基本情况调查表和数据统计表（见附录 7），对调研数据起到了补充与完善作用。

表 8-1 调研的创意产业园区样本情况

园区	主导产业	有无公共服务设施						有无公共服务平台
		商务中心	展示中心	会议中心	娱乐健身中心	图书馆	停车场	
P_1	建筑设计、动漫游戏、新兴传媒、广告会展	无	无	无	无	无	无	无
P_2	服装设计、IT 业、咨询业、其他	无	无	有	无	无	无	无
P_3	建筑设计、工业设计、服装设计、广告会展、其他（艺术品创作经营）	无	有	有	无	无	无	有
P_4	服装设计、其他（纺织科技研发）	有	有	有	无	有	无	无
P_5	服装业	无	有	有	无	无	有	无
P_6	建筑设计、工业设计、服装设计、广告会展、咨询业、其他（演艺娱乐）	有	有	有	无	有	无	无
P_7	建筑设计、工业设计、服装设计、动漫游戏、广告会展、IT 业	有	有	有	无	有	无	无
P_8	建筑设计、工业设计、广告会展、演艺娱乐、IT 业	有	有	有	无	有	无	无
P_9	建筑设计、工业设计、服装设计、动漫游戏、新兴传媒、演艺娱乐	有	有	有	无	有	无	无
P_{10}	建筑设计	无	无	无	无	无	无	无
P_{11}	动漫游戏、广告会展、IT 业	无	无	无	无	无	无	无
P_{12}	服装设计、新兴传媒、广告会展、咨询业、其他（演艺娱乐）	无	有	有	无	无	无	有
P_{12}	新兴传媒、数字出版、演艺娱乐、其他（文化创意）	无	无	有	无	无	无	无
P_{14}	建筑设计、服装设计、动漫游戏、新兴传媒、数字出版、广告会展、咨询业	无	有	有	无	无	无	有

---

① 问卷的有效率是指有效问卷占回收问卷总数的比重，其中缺失的问题不超过问题总数 10% 的问卷才能被称为有效问卷。

续表

园区	主导产业	有无公共服务设施						有无公共服务平台
		商务中心	展示中心	会议中心	娱乐健身中心	图书馆	停车场	
P_{15}	建筑设计、服装设计、广告会展	无	无	无	无	无	无	无
P_{16}	广告会展、IT业、咨询业、其他（创意、创业）	无	有	有	无	无	有	有
P_{17}	工业设计、服装设计、IT业、其他（高新技术服务业）	无	有	无	无	无	无	无
P_{18}	广告会展、演艺娱乐、IT业、咨询业	有	有	有	无	无	无	无

表 8-2　调研的创意企业样本情况

所属行业	企业数量（个）	所占比重（%）
服装服饰业	20	13.79
建筑设计	20	13.79
广告会展	19	13.10
网络与信息化服务	15	10.34
咨询服务	8	5.52
影视表演	4	2.76
工业设计	1	0.69
其他	58	40.00
总计	145	100.00

第二节　创意产业园区区域协同竞争力指标权重的计算

一、数据处理说明

对于调研信息中区间数据的处理，统一采用区间取上法，即取区间数据的右端点值作为实际值进入区域协同竞争力评价模型。

创意产业园区由于改造未完成、运营时间太短或其他原因造成的数据异常，会导致园区协同竞争力排名的偏差，为此，本书将对其进行合理替代。如创意园区 P_9 和 P_{11}，由于刚开始运营，运营前后入驻企业产品更新能力及利润增长率异常，则用去除异常值后所有 18 家园区整体的平均水平代替；创意园区 P_2 和 P_{16} 的出租率（当前已出租面积/可出租面积）计算结果超过 100%，则用 100% 代替。

另外，对于某些园区个别客观数据缺失的指标，为了能对各个园区都有协同竞争力评价的结果，本书将进行合理估计。如创意园区 P_{11} 的净利润增长率，利用该园区问卷调研的选项区间中间值作为估计值；利用改建投资额和营业收入对创意园区 P_4 和创意园区 P_{11} 的总资产额进行合理估计；利用营业收入相当园区的上缴税款与营业收入的平均比重，对创意园区 P_4 的年均上缴税款进行估计；利用总资产额替代缺失的改建投资额计算园区 P_{16} 的改建投资回报率；利用园区企业抽样调研的结果，估计创意园区 P_2 和创意园区 P_{11} 入驻企业的员工总数。

针对上述数据问题，以及一些指标数据变动幅度较大的情况，为了能更准确地说明 18 家测评园区的发展情况和区域协同竞争力，本书将各个园区三年的数据求取算术平均值，作为创意园区区域协同竞争力评价的指标值（见附录 8），然后进行评价。

二、各级指标权重的计算

在对调研数据进行处理的基础上，利用 SPSS 软件对式（7.1）~式（7.5）进行运算，首先对数据进行标准化处理，求得各个三级指标权重（如表 7-5 所示）；对于多层结构的指标系统，根据熵的可加性，通过对子层次指标的熵值求和可以得到区域协同竞争力整体系统每一层次的指标权重（如表 8-3 和表 8-4 所示）。

表 8-3 创意产业园区区域协同竞争力二级指标权重及排名

二级指标	人力技能	管理能级	综合服务能力	创意资本存量	基础设施
权重	0.114	0.026	0.070	0.102	0.096
指标排名	3	9	8	5	6
二级指标	社会文化环境		制度环境	创意绩效	可持续性增长潜力
权重	0.197		0.107	0.081	0.208
指标排名	2		4	7	1

表 8-4 创意产业园区区域协同竞争力一级指标权重及排名

一级指标	创意主体功能性协同竞争力	创意资源要素性协同竞争力	创意环境支持性协同竞争力	创意成果可持续性协同竞争力
权重	0.209	0.198	0.304	0.289
指标排名	3	4	1	2

同理，运用熵值法计算得到本书中各个二级序参量指标的权重，如序参量人力技能指标的权重向量为 (0.68, 0.137, 0.072, 0.11)，以及区域协同四个决定因素子系统的指标权重，如创意主体功能性协同系统的权重向量为 (0.543, 0.122, 0.335)。它们是衡量二级序参量指标 B 的协同竞争力和各个协同决定因素子系统 A 的协同竞争力的指标权重。如表 8-5、表 8-6、表 8-7、表 8-8 所示。

表 8-5　人力技能、管理技能和综合服务能力的指标权重

A_1 创意主体功能性协同系统	B_1 人力技能 (0.543)	C_1 产学研合作项目	0.680
		C_2 研发设计企业比例	0.137
		C_3 大专以上学历人员占文化创意企业从业人员的比重	0.072
		C_4 创意（设计/创作）人员占创意企业从业人员的比重	0.110
	B_2 管理能级 (0.122)	C_5 管理效率	0.383
		C_6 获得的管理认证情况	0.617
	B_3 综合服务能力 (0.335)	C_7 信息化服务	0.574
		C_8 提供的专业服务	0.238
		C_9 客户满意度评价	0.188

表 8-6　创意资本存量和基础设施的指标权重

A_2 创意资源要素性协同系统	B_4 创意资本存量 (0.514)	C_{10} 年均营业收入	0.264
		C_{11} 年均上缴税款	0.219
		C_{12} 出租率	0.05
		C_{13} 入驻企业总数	0.16
		C_{14} 企业的平均租用面积	0.166
		C_{15} 入驻企业员工总数	0.141
	B_5 基础设施 (0.486)	C_{16} 平均租金	0.161
		C_{17} 配套服务设施	0.181
		C_{18} 园区服务设施	0.206
		C_{19} 公共服务平台	0.452

表 8-7　文化环境和制度环境的指标权重

A_3 创意环境支持性协同系统	B_6 文化环境 (0.648)	C_{20} 市区级以上来访接待	0.282
		C_{21} 园区的媒体关注度	0.326
		C_{22} 园区内举办的文化活动	0.392
	B_7 制度环境 (0.352)	C_{23} 园区获得政府政策支持情况	0.163
		C_{24} 园区获取政府专项资金金额	0.421
		C_{25} 合作的社会机构	0.419

表 8-8　创意绩效和可持续增长潜力的指标权重

A₄ 创意成果可持续性协同系统	B₈ 创意绩效 (0.279)	C_{26} 单位年营业收入	0.144
		C_{27} 单位年上缴税款	0.229
		C_{28} 单位年净利润额	0.131
		C_{29} 年均净利润额	0.050
		C_{30} 年均净资产收益率	0.173
		C_{31} 改建投资回报率	0.273
	B₉ 可持续性增长的潜力 (0.721)	C_{32} 入驻企业产品更新能力	0.146
		C_{33} 净利润年增长率	0.108
		C_{34} 自主知识产权数量	0.493
		C_{35} 园区的授牌和奖项	0.124
		C_{36} 入驻的名企/名家/名牌	0.129

第三节　上海市创意产业园区区域协同竞争力评价过程

一、创意产业园区区域创意主体功能性协同竞争力测评

利用前文的评价方法并运用 SPSS 软件对区域创意主体功能性协同竞争力进行评价，主体功能性协同竞争力反映了区域产业链关联协同水平，其测评结果如表 8-9 所示。对创意主体子系统有序度的比较分析可知，测评的 18 家园区网状产业链协同的差距较大，其中园区 P_4、P_3、P_{18} 和 P_7 的人力技能协同竞争力指数排在前四位，这些园区产学研合作的力度较大，创意主体的设计协同、研发协同功能得到充分发挥，这有效地促进了区域管理和服务系统的完善，通过比较发现：区域设计研发协同有序度较高的园区，其管理协同和服务协同力度通常也比较大。从各个创意园区的实际情况来看，园区 P_4、P_3 网络主体功能性协同竞争力不仅体现在其较高的人力技能上，还表现在其为网络主体提供的信息化服务、专业化服务以及入驻企业对服务的评价等方面，创意服务是吸引创意研发企业和创意阶层的核心因素，园区 P_{18} 由于管理和服务协同有序度较低，妨碍了研发企业、设计师等创造性主体的创新及其设计才能的发挥，排名仅为第 7 位；而处于建设期的园区 P_{13}、P_{14} 与 P_{18} 恰恰相反，较强的综合服务能力吸

引创意阶层的入驻，在一定程度上弥补了其目前人力技能的不足，使其排名分别上升到第8位和第6位。

表8-9 创意产业园区区域创意主体功能性协同竞争力测评结果

园区	人力技能	排名	管理能级	排名	综合服务能力	排名	创意主体功能性协同系统协同竞争力	排名
P_1	0.1020	7	0.0909	12	0.0794	14	0.0930	12
P_2	0.0923	8	0.0058	16	0.0828	13	0.0786	16
P_3	0.2576	2	0.1241	9	0.3530	1	0.2733	2
P_4	0.6389	1	0.1543	8	0.2433	5	0.4472	1
P_5	0.0449	16	0.2317	7	0.0396	18	0.0659	17
P_6	0.1380	6	0.3202	4	0.3313	3	0.2250	3
P_7	0.1812	4	0.4234	1	0.2086	6	0.2199	4
P_8	0.0719	11	0.3350	3	0.0940	12	0.1114	9
P_9	0.1533	5	0.3033	5	0.1569	10	0.1728	5
P_{10}	0.0569	13	0.3956	2	0.0600	17	0.0993	11
P_{11}	0.0884	9	0.0884	13	0.1004	11	0.0924	13
P_{12}	0.0471	15	0.0003	18	0.1689	9	0.0822	15
P_{13}	0.0587	12	0.0910	11	0.3396	2	0.1568	8
P_{14}	0.0855	10	0.1105	10	0.3203	4	0.1672	6
P_{15}	0.0545	14	0.0803	14	0.0741	15	0.0642	18
P_{16}	0.0165	18	0.0783	15	0.2083	7	0.0883	14
P_{17}	0.0323	17	0.2545	6	0.1727	8	0.1065	10
P_{18}	0.2535	3	0.0044	17	0.0722	16	0.1624	7

二、创意产业园区区域创意资源要素性协同竞争力测评

同理，对区域创意资源要素性协同竞争力进行测评，测评结果如表8-10所示。创意园区区域协同资源要素性协同子系统的有序度，反映的是主体对资源的整合力，区域价值网络空间要素组合关联协同效果。通过与主体协同系统的评价结果比较分析可以看出：主体协同有序度排名前五位的创意园区中的园区 P_3、P_4、P_7，也排了资源要素性协同竞争力的前五位，分别排在第2位、第5位和第3位。这三家创意园区以及园区 P_{18} 具有很高的资源整合能力，这不仅仅是由于其拥有的创意资本存量有序度高，还体现在其完善的基础设施上。创意园区 P_4 的基础设施排名第一，但是受其资本存量的拖累，其整体资源要素性协同竞争力排在了第5位。根据实际调研的情况可知，园区 P_2、P_{12} 的资本存量分别排在第8

位和第 7 位，但是由于园区地理位置不具有优势，交通便利性比较弱，同时，配套设施和服务平台相对欠缺，这两家园区的整体资源要素性协同竞争力排名比较靠后。其他测评园区在资本存量和基础设施方面的协同竞争力较均衡，与资源要素性协同系统的协同竞争力基本保持了一致。

表 8-10　创意产业园区区域创意资源要素性协同竞争力测评结果

园区	创意资本存量	排名	基础设施	排名	创意资源要素性协同系统协同竞争力	排名
P_1	0.0756	18	0.0713	17	0.0735	18
P_2	0.2018	8	0.0493	18	0.1277	15
P_3	0.3281	2	0.3003	4	0.3146	2
P_4	0.1569	14	0.3316	1	0.2418	5
P_5	0.2503	4	0.2596	5	0.2548	4
P_6	0.1496	15	0.1350	11	0.1425	11
P_7	0.2613	3	0.3138	2	0.2868	3
P_8	0.1794	11	0.1466	9	0.1634	10
P_9	0.1827	10	0.2544	6	0.2176	8
P_{10}	0.0881	17	0.0830	14	0.0857	17
P_{11}	0.1638	13	0.1012	12	0.1334	13
P_{12}	0.2018	7	0.0796	16	0.1424	12
P_{13}	0.2383	5	0.2421	7	0.2402	6
P_{14}	0.1209	16	0.0812	15	0.1016	16
P_{15}	0.2140	6	0.2419	8	0.2275	7
P_{16}	0.1696	12	0.0934	13	0.1326	14
P_{17}	0.1899	9	0.1459	10	0.1685	9
P_{18}	0.3894	1	0.3093	3	0.3505	1

三、创意产业园区区域创意环境支持性协同竞争力测评

运用同样的评价方法对创意环境支持性协同系统展开测评研究，结果如表 8-11 所示。通过观察可知，创意资源要素性协同子系统排名前五位中的园区 P_3、P_4、P_7 和 P_{18}，其与外部环境之间的协同作用产生的协同效应也最明显。其中，制度环境明显优于其他园区的园区 P_4 和 P_{18}，政府对其支持力度较大，其能够获得较多的政府专项资金及政策扶持，有税收优惠政策、重大创意专项资金补贴、支持行业协会发展的政策、支持自主创新/创意人才发展的政策等；政府对创意园区 P_7（排名第 5 位）的扶持力度较大，但是由于园区自身的运营问题，以

及与市区级以上领导的沟通、接待工作欠缺，致使其社会文化环境相对较差，社会文化环境的支持力排在了第9名，致使园区环境的支持力有序协同度相对较低，仅为0.1027；通过实际调研和访谈可知：创意园区 P_{15} 的规划建设与发展并没有受到政府部门的重视，政府给予的政策优惠非常少，获得的政府支持资金也不多，但园区举办了大量的文化社会活动，凭借其自身较好的媒体中介发展水平，吸引了广泛的媒体关注，得到了较高的文化社会支持度，实现了区域文化关联效应，其社会创意环境在区域协同竞争中发挥了重要的作用。

表 8-11　创意产业园区区域创意环境支持性协同竞争力测评结果

园区	社会文化环境	排名	制度环境	排名	创意环境支持性协同系统协同竞争力	排名
P_1	0.0021	18	0.0451	14	0.0159	14
P_2	0.0034	16	0.0065	17	0.0022	17
P_3	0.6546	1	0.2892	4	0.5260	1
P_4	0.2304	3	0.3833	2	0.2842	3
P_5	0.0050	15	0.0021	18	0.0032	16
P_6	0.0101	13	0.1706	6	0.0666	8
P_7	0.0383	9	0.2214	5	0.1027	5
P_8	0.0449	8	0.0765	11	0.0560	10
P_9	0.1616	4	0.2916	3	0.2074	4
P_{10}	0.0023	17	0.0098	16	0.0015	18
P_{11}	0.0479	6	0.1519	7	0.0845	6
P_{12}	0.0257	11	0.0943	9	0.0498	11
P_{13}	0.0471	7	0.1011	8	0.0661	9
P_{14}	0.0058	14	0.0314	15	0.0148	15
P_{15}	0.0569	5	0.0885	10	0.0680	7
P_{16}	0.0356	10	0.0654	13	0.0461	12
P_{17}	0.0245	12	0.0765	12	0.0428	13
P_{18}	0.3878	2	0.5356	1	0.4398	2

四、创意产业园区区域创意成果可持续性协同竞争力测评

对创意成果可持续性协同系统的实际测评结果如表 8-12 所示，区域创意成果可持续性协同竞争力反映的是空间市场关联效应水平。通过与上文创意环境的比较分析可得，园区 P_3、P_7、P_9 不仅与外部环境之间的区域协同竞争力较强，而且它们的创意成果可持续竞争力也名列前茅。居于榜首的是园区 P_8，园区的年收

入和净利润等经济绩效表现良好，不仅创意绩效序参量指标有序度高，其巨大的发展潜力得益于其排名第一的可持续性增长潜力，园区声名在外，拥有数量众多的授牌和奖项，同时入驻的名企名人也为园区积攒了良好的声誉形象，此外，园区内知识产权和品牌延伸价值对区域创意经济网络化协同发展起着重要的驱动作用。园区 P_{15} 和 P_9 的可持续性增长潜力分别排名第 2 位和第 3 位，但其创意绩效的表现力排名靠后，这是由于园区展示、媒体中介水平等服务功能和渠道营销等主体功能协同的协调性较弱，影响了创意产品及其衍生品市场关联协同效应的发挥。其他测评园区的绩效表现力和可持续性增长潜力有序度相对较为平衡，两者的共同作用构筑了区域创意成果的可持续性协同竞争力。

表 8-12　创意产业园区区域创意成果可持续性协同竞争力测评结果

园区	创意绩效	排名	可持续性增长潜力	排名	创意成果可持续性协同系统协同竞争力	排名
P_1	0.0343	13	0.1453	5	0.1143	9
P_2	0.2118	6	0.0287	17	0.0798	12
P_3	0.4052	1	0.1857	4	0.2469	2
P_4	0.0266	15	0.0297	16	0.0289	18
P_5	0.1175	11	0.0653	11	0.0799	11
P_6	0.2701	4	0.0858	8	0.1373	5
P_7	0.2478	5	0.0829	9	0.1289	6
P_8	0.3025	3	0.5504	1	0.4813	1
P_9	0.0319	14	0.2247	3	0.1709	4
P_{10}	0.3785	2	0.0164	6	0.1174	8
P_{11}	0.1515	8	0.0444	14	0.0742	13
P_{12}	0.0155	17	0.0460	13	0.0375	17
P_{13}	0.1204	10	0.0365	15	0.0599	14
P_{14}	0.1581	7	0.1164	6	0.1281	7
P_{15}	0.0540	12	0.2421	2	0.1896	3
P_{16}	0.0218	16	0.0486	12	0.0411	16
P_{17}	0.1422	9	0.0870	7	0.1024	10
P_{18}	0.0116	18	0.0682	10	0.0447	15

五、创意产业园区区域协同竞争力综合测评

通过对创意主体功能性协同竞争力、创意资源要素性协同竞争力、创意环境支持性协同竞争力和创意成果可持续性协同竞争力的测评，以及对各个序参量指

标协同竞争力的测评和深入比较分析，可以得到导致区域协同子系统协同竞争力差异的具体原因，完成序参量的信息告知功能，从而对上海市创意园区的基本情况和区域创意经济发展的条件形成比较完整的认识，为指导创意园区规划发展、做大做强提供定位准确的理论指导。为了进一步了解上海市各个创意园区区域协同的整体发展竞争力，全面掌握各区域创意经济的发展能力和所处的水平，还需要考察序参量的宏观有序状态，对创意园区区域协同决定因素子系统相互协同、相互竞争的宏观结果进行综合分析，对各区域的协同竞争力进行综合评价，对比分析各个区域的协同程度，为相关决策部门提供依据。下面就针对各个园区的整体协同竞争结果进行综合测评，也即实现序参量的宏观结果呈现功能。

创意产业园区区域协同竞争力的高低是由人力技能、管理能级、综合服务能力、创意资本存量、基础设施、社会文化环境、制度环境、创意绩效和可持续性增长潜力九个二级序参量指标交互作用的宏观综合结果。2010 年，我国国内的创意产业园区蓬勃发展，上海市利用自身的经济中心地位、社会环境及海派文化等多方面优势，充分发挥其自身的创意产业特色和区位优势，各个创意园区的发展处于"领头羊"的位置，使其在长三角地区区域创意经济发展中成为一个增长极，整合着长三角地区宁波、杭州、南京、合肥等城市的创意资源，与各个区域创意产业的关联对接、区域联动发展形成了长三角创意园区区域协同发展的整体格局。

如表 8-13 所示，就测评的 18 家上海市创意产业园区而言，园区 P_3 的综合协同竞争力高居榜首，其四个协同子系统的有序度均排在前两名，正是创意园区区域协同复合系统内部各子系统及其序参量的高度有序，使得园区整体呈现出协同发展的良好态势。从官方数据和调研实情来看，园区 P_3 的产学研合作项目、设计研发创新能力、园区区域品牌和社会文化资源方面的优势极为突出，这些序参量因素的综合促进了子系统和区域整体的有序协同发展。排名第 3 位和第 5 位的是园区 P_4 和 P_9，两者各个决定因素子系统的有序度相对较高，且呈现出均衡发展的情况。而对于排名第 2 位和第 4 位的园区 P_{18} 和 P_8，它们的整体协同竞争力也较强，但是在园区区域协同发展过程中存在特别薄弱的环节，也就是说由于个别序参量的有序度较低，导致协同子系统发展过程中的不协调；从排在第 4 位的园区 P_8 来看，其在园区内部排名第一的可持续性指数值为 0.4813，知识产权、新产品研发与园区品牌等因素在价值网络的空间协同价值创造中发挥了极大的作用，是实现园区产业价值链网络化协同效应的"主心骨"，同时，其基础设施欠佳、服务能力以及政府支持力度较低，影响了园区区域协同整体系统的有序发展。

表 8-13　创意产业园区区域协同竞争力综合评价结果

园区	主体功能性协同竞争力	排名	资源要素性协同竞争力	排名	环境支持性协同竞争力	排名	成果可持续性协同竞争力	排名	综合协同竞争力	排名
P_1	0.0930	12	0.0735	18	0.0159	14	0.1143	9	0.0718	15
P_2	0.0786	16	0.1277	15	0.0022	17	0.0798	12	0.0654	18
P_3	0.2733	2	0.3146	2	0.5260	1	0.2469	2	0.3508	1
P_4	0.4472	1	0.2418	5	0.2842	3	0.0289	18	0.2361	3
P_5	0.0659	17	0.2548	4	0.0032	16	0.0799	11	0.0882	13
P_6	0.2250	3	0.1425	11	0.0666	8	0.1373	5	0.1352	7
P_7	0.2199	4	0.2868	3	0.1027	5	0.1289	6	0.1712	6
P_8	0.1114	9	0.1634	10	0.0560	10	0.4813	1	0.2116	4
P_9	0.1728	5	0.2176	8	0.2074	4	0.1709	4	0.1916	5
P_{10}	0.0993	11	0.0857	17	0.0015	18	0.1174	8	0.0721	14
P_{11}	0.0924	13	0.1334	13	0.0845	6	0.0742	13	0.0928	12
P_{12}	0.0822	15	0.1424	12	0.0498	11	0.0375	17	0.0713	16
P_{13}	0.1568	8	0.2402	6	0.0661	9	0.0599	14	0.1177	9
P_{14}	0.1672	6	0.1016	16	0.0148	15	0.1281	7	0.0965	11
P_{15}	0.0642	18	0.2275	7	0.0680	7	0.1896	3	0.1338	8
P_{16}	0.0883	14	0.1326	14	0.0461	12	0.0411	16	0.0706	17
P_{17}	0.1065	10	0.1685	9	0.0428	13	0.1024	10	0.0982	10
P_{18}	0.1624	7	0.3505	1	0.4398	2	0.0447	15	0.25	2

六、创意产业园区区域协同竞争力评价结果的可信度验证

本书对创意产业园区区域协同竞争力决定因素的测评结果加以运用，以创意产业园区区域系统协同竞争力的大小为依据，对测评的 18 家创意园区进行聚类分析。四个决定因素协同子系统中协同竞争力单项排名在前 1/3 的子系统属于园区的优势项目，将给予 A 级的评定，本小节依次对创意园区进行协同竞争优势分析，归纳出具有不同协同竞争优势的创意园区（如表 8-14 所示）。此外，上海市各区主管部门对于本区域内创意园区的评估与本书对于园区整体竞争优势的评价结论比较吻合，本书结论与上海市经济和信息化委员会 2013 年对于创意产业园区的年度评估结果基本一致，这也说明了本书研究成果对于实践工作具有一定的指导意义，为本书理论与实践工作的可信度提供了保障。

表 8-14　上海创意产业园区区域协同竞争优势分类表

优势园区		综合协同竞争力排名	主体功能性协同系统	资源要素性协同系统	环境支持性协同系统	成果可持续性协同系统
4A 园区	P_3	1	A	A	A	A
3A 园区	P_4	3	A	A	A	—
	P_9	5	A	—	A	A
	P_7	6	A	A	A	—
2A 园区	P_{18}	2	—	A	A	—
1A 园区	P_4	4	—	—	—	A
	P_5	13	—	—	A	—
	P_{11}	12	—	—	A	—
	P_{13}	9	—	A	—	—
	P_{15}	8	—	—	—	A

第四节　本章小结

　　本章在完成创意产业园区区域协同竞争力调研问卷设计之后，对上海市具有代表性的 18 家创意产业园区进行实地调研和访谈，同时，在上海市经济和信息化管理委员会的数据收集的基础上，获得了有效且较为准确的评价指标数据，然后运用熵值法计算出评价指标体系中各级指标的权重，运用复合系统有序度线性加权综合评价方法对创意园区区域协同复合系统的创意主体功能性协同竞争力、创意资源要素性协同竞争力、创意环境支持性协同竞争力和创意成果可持续性协同竞争力进行有序度测评，并对区域整体协同竞争力进行评价。此外，目前关于创意产业园区的理论研究成果与本书的研究结论相吻合，区域协同竞争力的实证分析结果与政府相关机构对区域创意园区的评估结论一致。

第九章

创意产业园区区域协同的对策与制度安排

创意产业作为 20 世纪末兴起的新型产业，对促进经济与社会发展、城市建设都有着重要作用。在创意产业快速发展的同时，创意产业园区作为组织和促进创意产业发展的一种有效途径，近年来相继涌现。创意产业园区区域协同发展也已经逐渐成长为提升创意产业区域竞争力的重要一极，全面了解世界各地创意产业园区的发展现状和发展趋势，对我国创意产业园区区域发展的总体水平进行准确而客观的评价和分析，是十分有益而且必要的，这为科学分析创意产业园区整体协同竞争力水平、相对优势、相对劣势，以及经济政策、发展战略的制定提供依据，同时为我国创意产业园区区域协同发展实践提供指导。

第一节　世界主要国家创意产业园区区域协同发展经验借鉴

一、世界主要国家创意产业园区区域协同发展概况

由于创意产业园区区域对内和对外强烈联系的特性，以及世界各地对创意产业园区的空间尺度划分的差异，创意产业园区按照空间尺度可以划分为以下三类：第一，国家尺度的创意产业园区，即把创意群落看作是国家范围内的创新和

创意,如新加坡的"国家创意群落";第二,城市尺度的创意产业园区,即把创意群落视为城市创新,如创意城市;第三,街区尺度的创意产业园区,即认为创意产业向城市的特定区域集聚,其中,以街区为尺度的创意产业园区可被视为创意产业发展的起源和基本单元,其创意的根本就在于城市特定区域的空间和产业创新氛围[270]。截至 2013 年,在加入联合国创意都市联盟的 35 个创意城市中,有 5 个文化之都、2 个电影之都、5 个音乐之都、5 个民间艺术之都、12 个设计之都、1 个媒体艺术之都和 4 个烹饪美食之都,其中,中国的杭州被列入民间艺术之都,北京、上海和深圳被联合国列入创意城市设计之都,而中国的成都是烹饪美食之都之一。另外,根据 2013 年最新统计数据,目前,世界共有 2161 个街区尺度的创意产业园区,园区数量同比增长了 189.3%,这些创意产业园区分布在世界各个国家和地区。其中,亚洲 1438 个,占全球园区总数的 66.5%;欧洲 328 个,占全球园区总数的 15.2%;美洲 145 个,占全球园区总数的 6.7%;非洲 51 个,占全球园区总数的 2.4%;大洋洲 199 个,占全球园区总数的 9.2%。截至 2013 年底,世界共有 35 个联合国创意城市和 48 个欧洲文化之都。

英国、美国、澳大利亚等世界发达国家和地区的创意产业发展居于领先地位,形成了自身的区域产业特色,区域产业优势明显,这为国家创意产业园区带来了巨大的经济效益。本书分析了当今世界发达国家及其地区主要的创意产业园区区域创意经济的发展现状,虽然世界各地文化创意产业的理论研究和实践发展各不相同,但这些国家和地区在创意产业园区区域协同发展中的成功实践经验,对我国区域创意产业协同发展具有很好的理论借鉴意义。

(一)英国创意产业园区区域协同发展概况

英国是最早提出创意产业概念的国家,1993 年英国将创意产业列为国家经济振兴的聚焦点,1998 年出台的《英国创意产业工作路径文件》中明确提出创意产业的概念,并将其分为广告、建筑、手工艺、电影、电视和广播等共 13 类。在政府的政策和资金支持下,创意产业蓬勃兴起,成为英国经济发展的最重要的推动力。从创意产业产值和就业角度来看,2003 年英国创意产业对经济发展的重要性已经超过金融业,2004 年创意伦敦工作协调小组成立,2005 年英国更是致力于打造成为"世界创意中心"。英国成为世界创意产业的翘楚,主要是由于该国具有一些有利的发展条件,政府出台了大量的推动政策助力区域创意经济协同发展,主要有创意出口推广、税务和规章监督、教育及技能培训、保护知识产权、协助企业融资和地方推动自主权六项。英国创意产业的基础环境成熟、运作机制得宜、产业链结构上中下游完整，13 个发展成熟的创意产业行业及其部门能够互为供给，相互协作，形成完整的产业网络体系。

第一，快速的创意资本增长率。1997~2007 年的十年中，英国创意经济增长了近 93%，增长速度居全球之首，拉动着英国整体经济的快速发展。创意产业 13 个产业门类中，软件、电子出版和网络游戏业年增长率达到 9%，居于创意产业各个行业增长率榜首。2007 年，英国创意产业在整个国民经济增加值中所占的比例达到 9%，远高于整个经济的增长速度 3%，产值达 560 亿英镑[271]。此外，创意产品出口规模庞大。2007 年，英国创意产业出口额为 166 亿英镑，占当年出口总额的 4.5%，其中，音乐产业年产值约达 50 亿英镑，出口额比钢铁业还要高；而软件、电子出版和网络游戏业出口额最大，达 49.6 亿英镑，占创意出口额的 31%；2009 年，创意产业贸易总额为 89 亿英镑，占出口产品与服务总额的 10.6%。

第二，巨大的创意阶层基数。创意产业对英国经济的巨大拉动作用，与创意产业企业和从业人数越来越多有关，英国对创意教育的投入力度很大，英国创意产业高等教育论坛和产业技能委员实施会产学联合，为创意产业培养了大量人才，其中，影视业从业的创意人才中有 66% 的人拥有硕士学历，这极大地提高了行业创新能力。截至 2008 年，英国有 157400 家创意注册企业，占英国企业总数的 5.13%，其中软件与计算机游戏及电子出版业、音乐与视觉及表演艺术业两大创意产业企业数量占英国创意企业总数的 2/3。英国文化、传媒和体育部 2011 年 12 月公布的统计数据显示，创意从业人数达到 150 多万，已经超过金融业跃居英国产业就业榜的第一位，其增长速度是英国国民经济增长速度的两倍多。创意阶层作为创意产业发展的主力军，创意工作者数量的增长，有效地促进了创意企业基于核心能力的竞争与合作。

第三，良好的创意环境支持。英国拥有悠久的社会历史和深厚的文化底蕴，国民的文化素养和艺术水准较高，对于创意消费的文化和科技含量要求较高，而消费者作为区域协同网络的参与者，推动着创意企业的协同创新。"国际设计之都"伦敦聚集了英国 1/3 以上的设计机构，其中近 3/4 的机构在世界各地分别设有分部，设计产业产值占全国设计产业总产值的一半以上。同时，良好的制度环境支持着创意产业园区的发展，伦敦拥有政府给予的很多政策、资金和技术上的大力支持，伦敦西区的发展建设得到英国文化、媒体和体育部 (The Department for Culture, Media & Sport, DCMS)、伦敦发展局 (The London Development

Agency)、英格兰艺术委员会（Arts Council England）、剧院托拉斯（The Theatres Trust）等政府部门和社会团体的支持。2007 年西区演出吸引观众数量约 1363 万，比 2006 年增加了 10%，全年演出各类剧目 331 部，票房收入高达约 4.7 亿英镑。此外，伦敦发展局每年投入 3 亿多英镑支持创意企业的成长和创意团体的发展，并在商务服务与资源供应等方面提供诸多便利。

第四，伦敦 SOHO 创意产业园区区域协同发展概况。英国伦敦 SOHO 创意产业园区是世界上最典型、最成熟的创意产业园区之一，由 Oxford、CharingCross 街、Shaffesbury 街和 Regent 街包围而成。目前，入驻 SOHO 创意产业园区的上百家设计公司、影视制作公司、广告制作公司、摄影公司、音乐公司以及休闲娱乐场所，共同形成一个产业结构密集的创意园区，区域创意产业以媒体企业为主。从 SOHO 创意产业园区的发展来看，其主要有两个明显的地域产业特色：一是创意产业园区内产业上下游密切关联，产业链上各环节主体基于互补性资产相互合作，互为支撑，形成了相对完整的产业链，园区规模优势明显；二是 SOHO 创意产业园区立足于本土化与全球化相结合的原则，利用创意企业的网络拓展海外销售渠道，如其电影制作公司和后期制作公司，依托本土市场，为本国电影业服务，同时又大力拓展海外业务，实现价值链全球化，吸纳海外资本。

（二）美国创意产业园区区域协同发展概况

创意产业在美国被称为版权产业，可分为四类：一是核心版权产业，主要指从事创造或出版享有版权作品的行业，包括计算机软件业，影视业，广告业，杂志和报纸出版业，电台、电视音乐和卫生广播业等；二是部分版权产业，指产品部分享有版权的行业，如织物图案、珠宝、建筑设计等；三是边缘支撑产业，其负责版权承载物的销售，如图书馆、发行享有版权的零售商等；四是交叉版权产业，指产业制造或分销的产品完全或者部分与版权有关，如生产电视机等设备的产业。美国版权产业的产业增值、就业水平和海外销售长期稳定的增长，说明版权产业在引领美国经济增长中起着重要的作用。

第一，版权产业的增长率明显超过美国经济整体的增长率，对美国经济增长的贡献价值巨大。2002 年版权产业总值为 11579.1 亿美元，到 2010 年已增至 16268.6 亿美元，每年全部版权产业增加值占 GDP 比重的平均值为 11.08%，其中，核心版权产业创造的整体产值达 9318 亿美元，占经济总量的 6.36%。2005 年，美国版权产业的增值为 1388.1 亿美元，占国民经济生产总值的 11.12%，其中，核心版权产业的增值为 8191 亿美元，占整个国民经济的 6.56%，从 2002 年起，美国核心版权产业和全部版权产业保持着稳定的增长，每年的增长率都是同期国民经济增长率的 2 倍。即使是在 2008 年金融危机发生后，美国实际 GDP 零增长的情况下，全部版权产业和核心版权产业的增长率仍达到 2.39% 和 3.05%。

第二，版权产业的就业率和薪酬水平都超过国家平均水平。2010 年，美国核心版权产业为劳动者提供了 510 万个就业机会，占全国就业人数的 3.93%，整个版权产业解决了 1060 万人口的就业问题，占全国就业人数的 9.91%；同期，核心版权产业发放给员工的平均补偿金高达 78128 万美元，相较于全国人均 61404 美元的水平高出 27%，而整个版权产业发放的年平均补偿金数额高达 70513 万美元，比全美年平均补偿金数额高出了 15%[272]。

第三，版权贸易是版权产业发展的支柱。近十年来，美国版权产业的对外出口额翻倍增长。相较于美国其他产业，版权产业的产品和服务在国际对外贸易方面取得了更为出色的成绩。2010 年，美国版权产品和服务销售额达到 1340 亿美元，比 2007 年增加近 4.0%，产品和服务销售额以及对外贸易收入额均明显高于其他产业部门的产值。2007 年全部版权产业的贸易销售额和出口收入额分别为 1159.3 亿美元和 1256.4 亿美元，在各产业对外贸易排名中居于榜首，2010 年对外贸易总值增长至 1349 亿美元。

第四，洛杉矶好莱坞影视制作基地区域协同发展概况。好莱坞电影城坐落于加利福尼亚州洛杉矶市，继 1907 年《基督山伯爵》的拍摄之后，美国电影业开始向好莱坞转移，入驻的企业有华纳兄弟公司、米高梅公司、哥伦比亚公司等八大影视巨头，园区设有创作部、制片所、技术部、演职员部等，各个龙头企业相互竞争与合作，垄断着电影制片的制作、发行和放映。这些核心企业人才密集、资金雄厚、品牌价值高，配置着创意产业园区区域资源，主导着区域创意经济的发展方向。20 世纪 60 年代末，各龙头企业开始进行资源整合，实施多元化和一体化兼并、重组和跨国经营，业务扩展到有线电视网络、电影制作、互联网等众多领域，形成了完整的电影产业链，成为全球跨国横向传媒巨头；其产业链环节不仅包括原先的制作、发行、放映等实质性的电影本体，而且包括影院放映、影视播放等形式的播放，此外，创意产业网络更是延伸至版权的衍生环节，如基于卡通形象的迪士尼系列衍生产品，为企业带来了巨额经济收益，保障了创意产业园区的可持续竞争优势。由此可见，好莱坞的价值网络体系已延伸到全球各个地区，其发展壮大进一步巩固了好莱坞在世界电影业中的地位。

好莱坞的发展壮大得益于政府的扶持。美国政府制定的《国家艺术及人文事业基金法》和《联邦税收法》中规定，政府可以对非营利性质的文化艺术团体和公共电台、电视台免征所得税，并减免为其赞助的个人和公司的税额，这极大地鼓励着创意产业机构的发展；1996年修订的《联邦通信法》放松了对传媒产业的限制，放宽了所有权管制，极大地促进了传媒公司的兼并、重组及联合发展壮大；美国1998年制定的《数字千禧年法版权法》对于创意网络传播版权的规定和对盗版的严惩，保障了电影产品的合法权益；好莱坞电影产业引入电影投资资金、担保完成发行制度等多样化的融资渠道，使得电影制片商在回避投资风险的同时，获得一定比例的投资回报。

(三) 澳大利亚创意产业园区区域协同发展概况

1994年，澳大利亚政府提出建设"创意国度"的发展目标。澳大利亚统计局2009年公布的数据显示，2004~2005年澳大利亚文化服务和产品产值就达到420.85亿澳元。由澳大利亚政府和昆士兰科技大学共同筹建的布里斯班创意产业园区，是澳大利亚"创意国度"建设的重要内容。布里斯班位于澳大利亚东北部，文化底蕴深厚，地理位置优越，拥有丰富的文化遗产，它是世界上最早设立创意产业中心的城市之一。

昆士兰政府和昆士兰科技大学联合斥资4亿澳元建设昆士兰科技大学创意产业园区 (QUT Creative Industry Precinct, CIP)，该项目于2001年开始筹建，于2004年5月正式启动，占地面积16公顷，它是第一个为发展创意产业而由政府和教育界合作的项目，是澳大利亚致力于创新和产业发展的第一创意基地。CIP园区主要涉及印刷媒体、视觉表演艺术、音乐创作和出版、新媒体、广播电子媒体和电影、传统艺术活动等创意产业领域。机构组成包括3个企业事业中心、2个研究中心和1个创意产业学院共6个实体。用于购买先进数字设备的资金超过6000万澳元，为园区发展提供了坚实的基础设施等硬件支持。在软硬件的双重支持下，园区内各个主体基于产业关联有效的相互合作，共享价值链资源，企业密切联系形成本地生产网络；网络协同效应的产生，又吸引着创意企业和创意阶层的集聚，提升园区可持续协同发展竞争力。

"昆士兰"模式中"产官学"合作发展模式和企业孵化器运营模式是最值得称道的。"昆士兰"模式依托凯尔文格鲁夫都市村庄的文化资源、社会资源和教育资源，政府与昆士兰科技大学创意产业学院全面开展产学研合作，学校开展跨学科的互助式教学和科研模式，政府建立同理论与实践密切相关的研究院，保证实践、教学和科研的接轨，从而服务于产业实践和政策制定，在发展过程中形成了三大园区功能区：教育和培训区、研究中心以及产业中心，它们共同输出大量的创意人才，为产业发展提供了智力支持；同时，园区对小型创意企业的孵化服务促进了创意企业的成长壮大，园区为企业提供创意孵化空间，聘请专家为其提供咨询服务，搭建疏通其与核心企业的合作关系，拓展企业的资金渠道。

二、世界主要国家创意产业园区区域协同的成功经验总结

（一）注重政府的大力扶持

综观世界各国创意产业园区的发展可知，政府的政策扶持决定着区域创意经济的兴衰。从英国伦敦创意产业园区、美国苏荷创意产业园到昆士兰科技大学创意产业园区，政府在园区的不同发展阶段都起着重要的推动作用。2003年英国政府实施"创意伦敦"战略，成立了专门的机构，出台了相关政策，引导着英国创意产业的规范化和国际化发展，同时，为完善园区的配套服务设施提供了资金支持，搭建了政府服务平台、中介服务平台等公共服务平台，如"伦敦中小企业与高校联合平台"连通了创意企业和高校、社会团体的合作；格罗夫都会村在成为昆士兰科技大学创意产业园区的核心区域后，政府通过实施减免税收、开辟投融资渠道、直接投资等手段，帮助创意企业发展壮大，实现园区的可持续发展。

（二）注重创意阶层的培养

创意阶层作为发挥个人创造力的主力军，是创意园区区域协同发展的主体，各国通过对创意人才的培养，促进创意产业和国民经济发展。创意园区尤其是以科技为核心的创意园区，都根植于区域的人才优势，均以区域内的大学与科研机构的科研能力为依托，从事创意孵化活动，提高区域科技创新能力，同时，政府实行优惠的人才手段推动创意人才的培养进程。如硅谷、昆士兰科技大学创意产业园区、加拿大BC省动画产业园区发展初期均是以斯坦福大学和加州大学、昆士兰科技大学、哥伦比亚大学作为规划建设的支撑起点，通过产官学研合作实现创意阶层队伍的壮大，实现创意阶层在区域协同中的主体功能协同效应。

（三）注重建立完整的产业链

世界上成功的创意产业园区实现区域协同竞争力的最终落脚点，都是实现产业链的全球化延伸。从英国创意产业的发展历程来看，区域创意经济发展非常注重打造完整的创意产业链，创意园区以文化资源为核心，借力于区域主导创意产业优势，发展创意衍生产品产业和相关产业园区的建设，实现园区规模化和专业化的同步发展，形成一批具有地方特色的创意产业园区发展模式，最具代表性的

园区有曼彻斯特音乐产业园区、伦敦西区戏剧产业园区；此外，美国好莱坞电影城、迪士尼乐园的协同发展壮大，也都是由于发展完整的产业链，由生产网络全球布局产生网络协同效应，以形成全球价值网络为区域创意经济发展战略来实现区域协同发展的。

第二节　互联网视角下创意产业园区区域协同发展模式的案例研究

在互联网经济的影响下，创意产业园区的生产具有网络模块化分工的发展趋势，使得创意产业园区的价值创造模式由价值链状模式转变为价值网络模式。价值网络作为众多参与者构成的联合体，各个网络主体之间的相互协作能够创造出更高的经济价值，价值网络观念使得创意产业价值网络内部企业的关注重心从个体利益转向网络整体，从价值分配转向价值创造。在网络价值创造的过程中，创意产业园区及其企业不仅要与创意消费者、创意企业供应商、创意竞争对手展开竞争以获得价值，更要与他们合作以实现共赢并创造出更高的价值。梁运文（2005）认为网络整体价值最终还要还原为节点企业价值和节点顾客价值[273]，创意节点企业通过结合自身实力对产生利润的环节进行判断与选择，合理确定其在价值网络中所处的位置，并围绕该环节发展与其关联企业的协作关系，实现价值网络重构。这些保持着独特联系和协作关系的价值网络，提高了区域创意产业价值网络中园区及企业的竞争优势。

互联网经济的迅猛发展改变了企业传统的运营模式和管理方式，互联网经济以信息化为基础，顾客的价值主张在价值网络中占据着重要地位，利用互联网信息技术进行客户数据挖掘和分析，开发出更加满足市场需求的产品或服务，满足顾客的个性化价值主张。因此，企业要从顾客需求角度进行企业资源的动态整合，采取更加符合消费者价值主张和有利于企业发展的研发、生产、销售和管理的经济形式。网络经济实现了信息和资源的交换及消费，并使得交换和交易行为在不同区域范围内实现相互协调，传统的商业模式已经不能适用网络经济时代企业的经营发展，交易方式的改变、交易环境的改变以及消费者的个性化需求驱动着创意企业不断进行商业模式的调整、设计、实施和创新。

商业模式是一种建立在多种构成要素及其关系之上的概念性工具，用来说明特定企业挖掘价值、创造价值、传递价值及获取价值的商业逻辑关系。创意产业价值网络是由处于网络中的利益相关者相互竞争与相互合作而形成的一种协作关系网结构，价值网络包括价值的生成、分配、转移及使用。互联网经济改变了创意供应商、创意企业和创意消费者之间的相互作用关系，这为企业提供了大量的商机，同时也使得竞争变得越来越激烈。互联网经济引发了企业的全方位变革，对外引起了企业与相关联产业企业的协作关系，对其内部的经营管理模式也提出新的挑战，不同职能部门之间的相互关系也发生了改变。网络经济环境下，价值链网络化是企业生产经营变革的直接表现，企业对人力、文化、品牌等创意资源进行重新整合，形成企业间的新型市场竞合关系。在价值网络变革中，很多企业提升了企业价值链的效率，网络信息的即时性、数据获取的及时性及数据共享，将会进一步打破运营制度化，降低企业成本，创造新的商业规则。创意产业价值网络的形成使创意人才能够借助先进的通信技术进行全方位的信息交流和及时有效的创意沟通，提高创意阶层的集体学习能力，增强他们之间的竞争合作和各部门之间的协同能力，有利于创意企业完成富有文化创造力的创意项目，实现创意产业园区区域协同机制创新。

互联网经济环境下，创意产业园区通过商业模式创新，在满足顾客需求的基础上，进行研发、生产和营销方式创新，积极整合各种内、外部创意产业资源，构建新的价值生态网络，同时，加强和创意产业关联企业和创意产品消费者之间的交流与合作，使消费者参与到创意产品或服务的研发活动中，提高创意品牌的知名度和美誉度，提高顾客对品牌的满意度和忠诚度，实现创意产业园区区域协同价值创造。本书认为在互联网经济背景下，基于价值网络的创意产业园区区域协同发展的商业模式创新的内在机理就是基于网络价值和平台价值的价值创造和获取的过程，并分别以迪士尼公司、苹果公司为例进行案例研究，探讨互联网时代创意产业园区区域协同发展的经营理念和商业运作模式。

一、基于网络价值的创意产业园区区域协同发展案例——以迪士尼公司为例

（一）案例背景

迪士尼公司创立于 1922 年，由华特·迪士尼（Walt D. Disney）及其哥哥罗伊·迪士尼（Roy O. Disney）创建，当时叫作迪士尼兄弟工作室（Disney Brothers

Studio），后来更名为华特迪士尼制作公司（Walt Disney Productions），1986年2月6日，正式更名为现在的华特迪士尼公司（The Walt Disney Company）。自创办以来，迪士尼公司一直秉承传奇故事和高质创意的文化遗产，创造了丰富多彩的娱乐体验。经过多年的发展，迪士尼公司从一个以主题公园和娱乐为主，立足美国市场的企业发展为以传媒经营为主的跨国集团，其业务涉及媒体网络、影视娱乐、主题公园和度假村、消费品以及其他娱乐事业等多个领域。迪士尼公司是全球技术和娱乐经济的开拓者，是创意产业园区区域协同发展的成功典范。迪士尼公司和迪士尼世界是20世纪晚期最重要的公共空间[274]。迪士尼公司作为世界创意领先企业，其创造的市场价值为世界经济的发展做出了巨大的贡献，但其对世界的影响更在于作为现代传媒巨头企业，创造了辐射全球的流行文化，影响了全球公共文化空间，源于个人灵感的创意贯穿于迪士尼公司发展的始终。目前，迪士尼已经发展成为一个技术系统，不仅包括硬件、设施、机器和过程，而且包括把这一切联系起来的运输、传播和信息网络以及高效运作的大批雇员和一系列规章制度。

（二）迪士尼公司创意产业化的空间扩张与产业拓展

创意人才和废弃的旧仓库等创意要素成为迪士尼公司成立的外部条件。少年华特·迪士尼富有想象力，擅长绘画和演戏等创意才能，并于1926年与他的哥哥罗伊·迪士尼在一个废弃的小仓库正式成立了华特迪士尼制作公司。迪士尼对影片质量要求极为严格。1927年，《幸运兔子奥斯华》正式上映并深受观众欢迎。1928年5月，《疯狂的飞机》上映，影片中人工手绘的2万个画面动作打造出栩栩如生的造型，诙谐幽默的配音，使他成功塑造出卡通人物形象——米老鼠，米老鼠让华特在全球享有盛誉，迪士尼公司也成为美国最受欢迎的公司。接着，随着电视技术的普及，迪士尼紧紧抓住动画业发展的良好时机，制作了大批适应电视技术要求的、符合电视观众需求的动画片，相继推出了《三只小猪》、《花儿与树》、《白雪公主和七个小矮人》、《美女与野兽》、《狮子王》等一系列优秀的动画作品，并使动画片成为美国最受欢迎的大众娱乐节目，也成为电视台的支柱项目。

1955年，迪士尼把动画片所运用的色彩、刺激、魔幻等表现手法与游乐园的功能相结合并推出了世界上第一个现代意义上的主题公园——洛杉矶迪士尼乐园；而后，加州冒险乐园于2001年开放。1971年，迪士尼公司又在本土建成占地30平方公里，由7个风格迥异的主题公园、6个高尔夫俱乐部和6个主题酒店组成的奥兰多迪士尼乐园。1983 年和 1992 年，迪士尼以出卖专利等方式，分别在日本东京、法国巴黎建成了两个大型迪士尼主题公园。2005 年，香港迪士尼乐园建成开放。全球第 6 个、中国第 2 个迪士尼乐园——上海迪士尼乐园也于 2016 年 6 月对外开放。至此，迪士尼成为世界主题公园行业内的巨无霸级跨国公司，其娱乐帝国的地位也逐步确立。

迪士尼公司在其现有娱乐业务的基础上，借助动画、电视、娱乐游戏中的艺术形象塑造产品品牌，并进一步进行产业链延伸，将米老鼠、唐老鸭等动画创意形象与玩具、手表、服装等创意设计巧妙地结合起来，迅速得到市场尤其是儿童的青睐。各类动画创意人物形象成为迪士尼进行全球价值网络扩张，实现公司盈利的最原始的核心知识产权。20 世纪 90 年代以来，伴随着网络经济的兴起，迪士尼公司又进一步向传媒网络拓展业务，依托电视、电台、网络等载体，发展各类家庭娱乐业。迪士尼公司现在是世界第三大娱乐公司，主要在美国、欧洲、亚太地区、拉丁美洲、加拿大等国家运营。公司的主要业务有四项：影视娱乐 (Studio Entertainment)，媒体网络 (Media Networks)，主题公园和度假村 (Parks & Resorts)，消费产品 (Consumer Products)。影视娱乐业务包括生产制作和购买各种电影、电视节目及动画片，并将其产品向影院、家庭录像和电视市场销售。公司的媒体网络业务包括 ABC 电视网络 (ABC Television Network)，ABC 广播网络，ES—PN、Disdey Channel 等有线电视网络 (Cable Network) 以及数家迪士尼公司的网站。主题乐园和度假村业务包括各类迪士尼主题乐园及旅游设施的建设与管理。消费产品业务包括迪士尼动画形象专有权的使用与出让、品牌产品的生产和销售、相关书刊和音乐作品的出版发行等。

（三）品牌延伸、一体化产业经营和产业联动模式

迪士尼公司的成功在于其品牌延伸、一体化产业经营和产业联动模式。迪士尼公司的全球网络运营主要通过其众多子公司进行横向的产业链延伸和纵向的品牌延伸，通过迪士尼品牌资产管理，促进创意产业与相关联产业的融合发展和一体化产业经营，最终实现利润的乘数增长。

对迪士尼这样的巨额产业神话公司来说，影视制作向来是其产业链的开端。迪士尼公司的产业经营以影视制作为核心，其完整的产业价值网络主要由五大业务群组成，进而满足不同客户的多样化需求，实现产业生态系统的网络价值。其产业结构模式如图 9-1 所示。在完成初期的影视制作之后，迪士尼公司借助其所拥有的全球发行网络进行宣传和推广；紧接着就是公开出版相应的音像制品和图

书等，实现第二轮经济收益；同时，将这些影视中的卡通创意形象融入主题公园中，并增添与卡通片有关的景点，吸引游客；通过授权的形式，将知识产权授权给能够生产出一系列相关衍生品的创意企业，并在迪士尼商店出售，获得巨额授权费和销售利润；最后就是在其所有的媒体网络上播出其影视作品，并根据影片制作各类电视节目，获得巨额的媒体收入。由此可见，迪士尼完整的产业链是一个既相互联系、相互交叉，又相互制约、相互促进的有机连贯体，是一个不可分割的、完整的循环系统[275]。

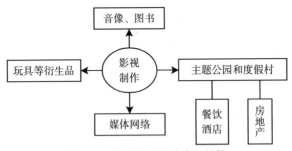

图9-1　迪士尼公司的产业结构

资料来源：笔者整理。

创意产业的核心是创意、资本和人才等创意资源的整合，具有同心圆向外扩张的结构特征，只有形成完整的产业价值网络，才能创造出更高的产业附加值。由此可见，只有富含文化品位和价值的创意，才会拥有持久的生命力。花建（2002）从创意产业特有的价值含量和组织结构角度，将创意进行划分，并将其描绘成一组逐渐扩大的同心圆[276]。圆心是创意内容的创作，主要指的是创意、研发、策划等各种创造性劳动，这是创意产业的核心和价值网络中心；第二圈是创意产品的生产制造，运用工业化的生产流程，通过现代科技手段对创意产品进行大规模的复制；第三圈是创意产品的销售，运用实体销售渠道和网络虚拟平台等手段进行创意产品的市场销售，实现产品的市场价值；最外圈是扩张型的创意产业，也就是创意产业与其他产业融合发展形成的混合型产业。这类产品通常具有较高的产业附加值，它既保留了传统产业的基本形态，同时又具有很高的创意含量。层层扩张的创意同心圆结构，代表着从创意内容创作发展到创意产业与其他产业融合发展的产业形态。

迪士尼公司立足于"创意内容"核心层，并为米老鼠、唐老鸭等创意内容申请了专利，在其现代工业化产业基地大批量地制作动画片并把它们销往世界各地，同时，在法律的保护下进行创意内容的特许经营开发，各种承载着迪士尼卡通创意形象图案的玩具、文具、礼品等在迪士尼商店销售，以其高创意附加值为迪士尼公司带来丰厚的利润。迪士尼出版部负责迪士尼杂志和丛书的出版；Disney Educational Roductions 负责发行用于课堂的教育电影及影带；迪士尼互动更是集迪士尼人物、电视节目及电影于一身，发展及出版一系列娱乐、教育或两者兼备的电脑产品。以知名的"米老鼠"形象为例，迪士尼公司通过产业网络扩张，于 1948 年 9 月出版了《米老鼠》杂志。1949 年，迪士尼唱片公司成立，出版了众多深受全世界小朋友喜爱的动画片唱片。1955 年，迪士尼主题公园及度假区的创建标志着迪士尼公司的经营范围从创意产业扩张到文化旅游业，实现了创意产业和旅游产业的联动发展；主题公园里的酒店服务业实现了创意产业和房地产业以及酒店餐饮业的一体化产业经营和关联产业的共赢。1996 年公司在主题公园内部增添侏罗纪公园的景点，实际上是把科幻电影产业和旅游业结合起来。经过 70 多年的发展，迪士尼公司将其核心产业影视制作的优势延伸到出版业、零售业、传媒产业等，实现了迪士尼公司的创意产业化全球网络联动发展。

综上所述，迪士尼公司的创意产业价值链条结构不是简单的线性模式，而是一个开放而又复杂交叉的价值网络模式，公司以动画影视的研发制作为产业开端，在原创知识产权的基础上，实现相关产业业务的联动发展，不同业务部门之间相互耦合发展促进了迪士尼公司创意产业一体化经营，相关业务之间的协同作业推动了全球价值网络的形成与扩张。一部影视制作产生和推广的同时，品牌延伸使得相关的衍生产品随之快速生产并推向全球市场，媒体网络同期进行大力宣传，主题公园的创意融入市场协调推广，形成强势营销，整个集团形成全球性的价值网络运营模式。可见，迪士尼把影视娱乐作为价值链上游，凭借其核心能力进行产业链整合和品牌延伸，向其他产业展开横向拓展和纵向延伸，相关产业的联动发展实现了迪士尼公司的一体化协同经营和品牌乘数效应，最终带来整个价值网络的价值创造能力和竞争优势提升。

（四）创新的理念、准确的定位和营销组合模式

迪士尼公司的成功还在于其创新的理念、准确的定位和体验式营销模式。迪士尼公司的经营理念十分简单：制造并出售欢乐，发展具有情感价值的、满足大众消费需求的体验经济，成功运用营销组合，创新产品和服务，以优质的产品或服务以及舒适的环境提高群体的感性生活体验品质。

尽管迪士尼品牌延伸涉及的产业领域非常广，但品牌本身的定位非常明确。

定位理论认为企业要针对潜在消费者的心理展开行动，即要将产品在潜在消费者心中设定一个适当的位置。迪士尼的定位不是简单的动画创意形象，而是欢乐。"制造欢乐、传递快乐"是迪士尼品牌的核心理念，始终贯穿于公司经营中，其核心价值和品牌个性随着迪士尼事业的扩大传播到世界各地，唤起了人们对生活的乐趣和热情，博得了消费者的认同和喜爱。1922 年迪士尼事业刚刚起步时，成立的公司就叫"欢笑卡通公司"，那时公司制作的卡通影视《幸运兔子奥斯华》、《观览评论》等系列节目，给观众带去了无穷的欢乐，当时的影评说："从头到尾声音和动作都配合得天衣无缝。从影片名一出现在银幕上，观众就笑个不停，许多人笑得从椅子上跌下来，片子结束时，观众都鼓掌不止。"[277] 20 世纪 50 年代，米老鼠、唐老鸭等快乐动画人物的品牌形象也被快乐天才华特·迪士尼搬进主题公园，迪士尼主题公园在成立之初就定位为：迪士尼乐园，地球上最快乐的地方（Disneyland The Happiest Place on Earth）。迪士尼乐园就是要让每位游客到这里享受欢乐，而不是简单地欣赏米老鼠、唐老鸭等创意动画人物。迪士尼乐园的经营理念是：由游客和员工共同营造欢乐的氛围和快乐的环境。员工在这一过程中起着主导作用，每位员工都是快乐的灵魂，他们的工作就是创造欢乐，他们身着演出服装，提供快乐，保持快乐，传递快乐，以主人的角色热情款待每位游客，并使游客在欢乐的氛围中深受快乐的感染，这体现在为游客提供体贴周到的优质服务行为上，包括和顾客接触的每一个微笑、眼神以及特定角色的表演等行为等。主题公园的创建是为了满足人们体验童话作品情境的情感消费需求，要以新的娱乐形式为游客制造欢乐的体验。只要是与快乐紧密相关的题材都会被迪士尼乐园大胆采用，尤其是其成功的影视作品都被引入迪士尼乐园。游客可以参与动画人物的表演，还可以体验电影配音制作等。迪士尼乐园让具有特殊价值的快乐成为了现实中的真正产品[278]。

迪士尼公司明确的"制造欢乐、传递快乐"的市场定位结合其营销手段的组合运用，使其凭借营销优势获得成功。一是保障良好的产品质量。迪士尼公司以推出优质的创意产品和服务作为立业之本，对产品和服务的质量要求非常严格。以《白雪公主》为例，华特·迪士尼为了能够拍摄出具有真实感的优质动画片《白雪公主》，令其创作团队根据舞蹈演员穿上戏服拍成的影片画出卡通底稿，使摄制成本高达 200 多万美元，比预算多出近十倍。然而优质的《白雪公主》收获的不只是高收益，还获得奥斯卡金奖。二是以特许经营作为主要的销售渠道。品牌特许经营是迪士尼全球价值网络运营中极其重要的一个组成部分，2014 年，迪士尼销售额超过 10 亿美元（约合 62.05 亿元人民币）的特许经营品牌共有 11 个，数量超过了 2011 年的 7 个。截至 2014 年 9 月 27 日，迪士尼消费品收入增长至 40 亿美元（约合 248.22 亿元人民币）。东京迪士尼乐园是迪士尼公司第一个以特许经营的方式向外扩建的主题公园。迪士尼公司把迪士尼乐园的品牌及相关的迪士尼乐园知识产权以特许经营的方式授予被特许方，其不仅可以收取可观的特许经营费用，还可以收取公园内所有景点、商店、食品、游览项目和游览设施等属于知识产权的设计费、版权费和许可费，得到额外的回报。三是采取灵活的定价策略。迪士尼公司实行组合定价策略，针对不同产品的运营采取合适的定价策略。如迪士尼乐园采取低价全票制，延长游客入园游玩的时间，增加游客对酒店、餐饮和纪念品等消费的机会，实现整体收益的提升。四是娱乐促销与体验式营销相结合。在顾客进行体验消费的同时，与顾客进行有效的信息沟通，获取年轻消费市场的时尚因素，并运用偶像明星的号召力实现产品和服务的促销。娱乐界明星、有名的实物形象（如"白雪公主"）和领袖的公众影响力是迪士尼公司最常采用的三种娱乐促销形式。

迪士尼公司用创新的理念打造竞争优势，保障"制造欢乐、传递快乐"的市场定位以及体验式营销的落实。创新的理念打造了"欢乐帝国"竞争力，迪士尼公司通过技术创新和组织创新，创造了米老鼠、唐老鸭等动画创意卡通形象，在卡通的有声化、色彩化等技术手段上大胆创新，改写了卡通影片无声的历史。迪士尼创新团队开发出"多层次"摄影法等一系列新技术，将三维电脑动画技术创新应用到《狮子王》、《玩具总动员》等影片制作上，科技手段的创新应用保证着团队在创新的理念下合作打造出迪士尼精品。米老鼠等迪士尼品牌延伸的商业运作，实现了动画形象与品牌产品相联系的商业模式创新，使迪士尼的品牌定位与品牌联想清晰明了。迪士尼公司的研发创意机构华特·迪士尼创意工程公司，以理念和技术创新为主要手段，对迪士尼主题公园进行创新开发建设。目前，创意公司已经拥有了乘骑系统、交互技术、特技效果、光纤技术和音效系统等 100 多项专利技术，这些技术的应用为迪士尼乐园的游乐项目带来了良好的运营效果，如将音效特技系统安装进魔法屋内。迪士尼公司的创意不断给全世界的游客带来无限的欢乐，同时，迪士尼公司创造快乐和体验式营销模式体现在坚持以创新的理念造就周到细微的服务上。世界著名建筑大师格罗培斯设计的奥兰多迪士尼乐园路径是按照游客在草地上踩出的痕迹铺设的，如此设计出来的人性化路径，体现出迪士尼从软件服务到硬件设施都尽可能地满足消费者的感性体验需求。东京迪士尼乐园在对待走失儿童和送货方面无不体现出迪士尼公司坚持理念创新，注重员工培训，为游客提供高度人性化的服务，制造惬意舒适的欢乐环境。

二、基于平台价值的创意产业园区区域协同发展案例——以苹果公司为例

（一）案例背景

美国苹果公司（Apple Inc.）作为全球最知名的电子公司，由史蒂夫·乔布斯（Steve Jobs）（1955~2011 年）、史蒂夫·沃兹尼亚克（Steve Wozniak）和龙·韦恩（Ron Wayn）于 1976 年 4 月 1 日创办。1980 年，苹果公司正式上市，公司总部位于美国加利福尼亚的库比提诺，核心业务是电子技术产品。苹果的 Apple II 于 20 世纪 70 年代开创了个人电脑新时代，紧随其后的 Macintosh 于 1984 年首次将图形用户界面应用到个人电脑上。20 世纪 90 年代后期问世的 iMac G3 标志着苹果公司全面进入网络时代。21 世纪推出的 iPod 音乐播放器、iTunes 商店、iMac 一体机、iPhone 智能手机和 iPad 平板电脑彻底颠覆了手机和 PC 的发展，苹果公司成为数字时代电子行业的龙头企业。2012 年，苹果公司成为世界市值第一的上市公司。苹果公司在产品设计和软件开发方面具有很大的领先优势。苹果公司产品的市场定位都是高端产品，价格比其他同类产品高出很多，但是，高价位的定价策略只是苹果公司更新换代的策略，随着电子产品市场的发展和高科技的成熟应用，苹果公司产品的价位趋于大众化。多年来，苹果公司一直控制着和竞争对手的关系，坚持用创新满足消费者的需求，网络平台模式使其保持着独特的竞争优势，良好的品牌口碑和知名度使其拥有大批忠实的用户，此外，企业文化也是其成功的重要部分：苹果公司卖的不是产品，而是一种信仰。

（二）互联网催生苹果公司内容汇聚与交易平台

互联网技术的普及应用催生平台经济。20 世纪 90 年代以来，各种类型的平台模式如 B2B、B2C、C2C、C2B 蓬勃发展，大量平台企业如苹果、谷歌、淘宝等互联网企业，在短短的十来年时间里，就完成了大量的财富积累。软件应用商店、电子商务平台、金融支付平台、开放开发平台等都是平台经济的具体形式。这些建立在平台价值基础上的企业的成功，说明具有高度黏性的平台经济将成为未来推动经济发展的新引擎。

苹果公司作为全球最成功的互联网企业，其成功之处在于成功打造了内容汇聚与交易的平台，网络平台促成了双方或多方联络、交易，从而苹果公司能获取

直接或间接的收益，这种平台模式正成为服务经济中最核心的部分。苹果应用商店（App Store）是一个内容汇聚与交易的平台，从根本上改变了供应商与顾客之间关于产品和服务的流通模式，其应用创新颠覆了传统的价值创造模式，改变了经济活动的规则，使价值传递效率得到了本质的提升。平台集中了超过 15 万的 iOS 应用开发商及其开发的超过 65 万款的应用，拥有数以千万计的苹果用户，双方通过应用商店这一虚拟渠道实现交易。在过去 4 年间，苹果应用商店共产生 300 亿下载，为 iOS 开发者创收超过 50 亿美元，成为平台经济的典型代表[279]。

（三）应用创新实现苹果公司系列产品取胜

苹果公司研制的 iPod、iPhone 和 iPad 等一系列新产品，以其新颖的创意设计和独特的功能风靡全球，每一款产品都为苹果公司带来了高额的利润收入。表面上看，苹果公司的创新在于技术创新，即技术创新成就了苹果公司，实际上苹果公司的成功源于公司的应用创新，也就是对软件、硬件、设计、内容、网络以及服务的整合创新，其竞争优势源自平台商业模式。如苹果公司推出的 iPod、iPhone 和 iPad 系列产品的成功推广均得益于公司对"软、硬件"的整合创新。可见，技术产品商业化创新才是企业运营的关键，创新不应局限在技术上，更要注重应用创新，融合了技术创新的应用创新将更具有超前性，能够带来持续的竞争优势。

当苹果推出 iPod 播放器的时候，MP3 音乐播放器是市场最主流的产品。iPod 播放器能够击败 MP3 播放器的根本原因不在于硬件创新和创意设计，而在于应用创新整合出的杰作——iTunes 平台。iPod 产品本身没有任何高深的技术，从硬件的角度看，iPod 比 MP3 多了一个屏幕，拥有更时尚的外表，音质也显著提升，但 iPod 的创新主要不在其技术和硬件上，其成功之处在于乔布斯将互联网上的内容和硬件整合在一起，搭建了一个有效地把数字音乐传递给音乐爱好者的 iTunes 平台，给人们以一种从未体验过的、便捷的音乐获取方式，大大提高了价值传递效率。而这种满足消费者需求的整合创新模式正是 iPod 被市场极大认可的根本原因。

乔布斯认为，公司的产业网络扩张并不需要通过兼并或收购等方式完成，苹果公司经营音乐产品并不需要增设唱片公司，公司在音乐领域的业务扩张需要的只是符合消费者价值主张的音乐软件，外加低价销售的内容。苹果公司凭借"iPod 媒介+iTunes 软件+iTunes Store"为载体的平台实现了软件公司、唱片公司和音乐消费者的有机结合，平台为各个群体（细分市场）提供全面的音乐下载服务，iTunes 拥有无限的存储空间，以近乎为零的边际成本最大限度地发掘客户价值，乐迷可以随时随地地享受任何想要的音乐。平台模式把长尾效应发挥到了极致，乐迷通过平台可以下载到自己喜爱的任何小众音乐，使每一个小众市场都成为有价值的细分市场，最大限度地获取平台价值。

在 iPhone 智能手机问世时，诺基亚等品牌手机已经非常成熟，并占有市场领先地位。无论是触摸屏还是芯片、电源，iPhone 采用的都是已有的成熟技术，并没有硬件上的重大技术创新，甚至 iPhone 的待机时间还不如那些老牌手机。iPhone 的成功之处仍然在于其平台商业模式，苹果公司成功研发出 iOS 系统，作为一个封闭系统，它能够保障软件开发商的利益，这也使得基于 iOS 操作系统的应用软件比 Android 系统等手机系统软件更受市场欢迎。iPad 平板电脑与同时期的个人电脑相比，AppStore 提供了丰富的应用软件和游戏等各类体验性产品，虽然这些软件与 Windows 操作系统并不兼容，但 iPad 还是凭借其基于价值网络的平台商业模式以及 iOS 系统创新赢得利益相关者的支持，成为最成功的平板电脑，实现公司价值。2015 年 4 月 24 日上市的 Apple Watch 智能手表作为新兴的可穿戴智能设备，仍然是软件与硬件集成创新的平台型产品。

（四）合作开发模式和高效的服务支持强化平台的功能和价值

苹果公司的内容汇聚与交易平台价值还体现在其软件开发共赢模式和提供的优质服务支持上。

苹果公司围绕 iOS 操作系统平台构建了一个开放的共赢生态系统，以分成模式吸引大量开发者参与，让多方价值网络主体从中获得利益，这种合作开发模式实现了平台上应用软件内容的丰富性，强化了平台的功能和价值。以苹果应用商店为例，其产品的开发依靠的是整合外部资源的网络化创新，也就是说苹果公司的全方位研发不是在公司内部自主完全实现的，而是集成其他众多外部企业的研发技术应用到苹果产品上。苹果产品开发运用的软件和硬件大都是整合了外部企业的研发成果，虽然 iPod、iPhone 和 iPad 都使用苹果自己开发的 iOS 操作系统，但基于 iOS 的应用软件高达 30 万种，都是由其他软件开发商提供的。其中，iPhone 就拥有十万个内容服务商为其提供应用软件[280]。苹果公司与各开发者之间采取三七分成的合作研发模式，将更多的研发收益让渡给分布在全球各地的开发者，这种合作开发模式给开发者带来巨大的收入诱惑，吸引大量开发者参与其新应用的开发，苹果应用商店丰富的应用软件也吸引了更多的用户，创造出共赢的循环。这种合作共赢的开发模式吸引着大量来自全世界新的开发者加入，为苹果应用商店提供其创新的应用成果，使应用商店中应用软件的数量在 4 年间从 500 个迅猛增长到 65 万个。可见，对于苹果公司旗下的绝大多数软件而言，苹果公司并非它们的原创者，而是通过分成模式和技术整合手段实现网络外部资源的应用，合作开发模式实现其利用价值网络资源进行平台产品创新和平台价值创造。

苹果公司的内容汇聚与交易平台的吸引力体现在其高效的服务支持上，苹果公司以优质服务吸引用户和开发者。用户是平台的重要参与者，拥有大量忠实的用户群体是平台价值实现的基础和保障。互联网经济的便利性使得平台用户拥有了更多的消费选择，消费者对产品和服务的质量要求更高，也使得他们非常注重消费过程中产品和服务所提供的体验价值。为了吸引更多的苹果产品用户，提高客户满意度和忠诚度，iPod、iPhone、iPad 等系列产品不仅拥有可靠的产品质量、性能良好的软件和硬件以及简洁时尚的创意外形设计，而且抓住了互联网时代产品研制的核心理念——用户体验。乔布斯认为用户消费电子类产品更注重其所带来的情感体验价值，与硬件配置和运算速度等相比，"制造让客户难忘的体验"、"与消费者产生情感共鸣"将是消费者进行产品选择的关键。苹果应用系统平台对外开放，汇聚了大量的合作开发商为平台提供创新应用，能够为用户提供丰富的软件产品，满足消费者多样化的应用程序需求，最大限度地提供良好的用户体验。可见，无论从感官体验、思考体验、情感体验、行动体验还是关联体验而言，苹果公司一直致力于为用户提供最优质的客户体验，其产品和服务的体验价值优势彻底征服了果粉们。以 iPhone 智能手机为例，这种产品开发理念让苹果拥有了大量忠实的用户，拥有了 iPhone 手机就拥有了内置于手机中的 iOS 操作系统，iPhone 系统平台使得手机用户与移动运营商，软件开发商，视频、音频等内容服务商捆绑在一起，iPhone 手机的用户群体数量越多，移动运营商、软件开发商、硬件制造商等获得的收益也将越高。这些合作运营方围绕平台发挥各自优势，互利共赢，形成良性循环的平台价值创造生态系统。

高效的服务支持是平台实现良好运营的关键要素之一。苹果公司积极采取各种措施强化平台的服务支持，推动平台不断成长。在开发服务支持方面，苹果应用商店为合作开发商提供良好的开发环境和优质的开发工具，用来保障开发者开发的效率，将苹果系统平台打造成开发商首选的软件开发平台。在开放的平台生态系统里，苹果公司积极开展价值网络合作，与众多的第三方开发商合作为平台提供应用开发，在强化平台服务功能的合作过程中，为第三方合作开发商提供标准化的服务。与开放的 Android 系统相比，iOS 系统的封闭性保障软件开发商的收益，这激励着参与开发者更好地开发基于 iOS 系统的应用软件。在购买服务支持方面，苹果的 iOS 设备用户可以运用 iTunes 管理软件，方便快速地从应用商店搜索查找并购买下载所需的应用程序，为用户提供便捷的体验。在支付服务支持方面，苹果应用商店拥有成熟的信用卡体系，使得用户购买应用软件变得更加便捷，开发者获取所得的流程也更加高效，这体现了苹果公司以用户为中心的经营理念。此外，苹果公司提供评价、监督、审核管理、网络安全等必要的服务支持措施，保障平台服务的顺利实现。苹果公司采取定制模式强化对应用商店的管理和控制，通过审核手段提高平台总体水平以及应用软件质量，而且能够打击应用商店中的欺诈行为，驱逐劣质产品，提高应用商店的品质。

互联网环境下的平台商业模式的基本商业逻辑并没有改变，企业依然是通过与用户的交换获得竞争优势，平台商业模式的根本依然是能够符合用户主张并满足客户需求的产品和服务。但是平台商业模式价值创造的方式不再是由单个企业独自完成的，而是借助以企业为核心的价值网络来实现价值创造、价值保持、价值获取的整个过程。由于充分把握了互联网环境中商业竞争的真谛，打造了基于价值网络的平台商业模式，苹果公司最终进入了"创造客户价值—赢得利益相关者支持—获取平台价值—实现公司价值"的良性循环。

第三节　我国创意产业园区区域协同的发展对策

世界各地创意产业园区区域协同发展的实践表明，创意产业园区要成为区域经济的增长极，提升区域协同竞争力，必须加强区域内部以及区域间的产业关联合作，促进区域创意产业系统内部各个子系统的有序协同发展，同时辅以政府的扶持作用，充分发挥市场在区域资源配置中的优化作用，实现区域企业、政府和市场等利益相关主体的价值创造。

截至 2013 年底，我国共有 1107 个街区尺度的创意产业园区，其中，271 个被列为国家文化创意产业示范基地。这些园区分布在不同的省市地区，其中，创意产业园区热点省市为：山东省、江苏省、广东省、北京市、上海市和浙江省，具体分布情况见表 9-1。

目前，上海市创意产业发展主要有五大重点行业：研发设计创意、建筑设计

表 9-1　2013~2014 年中国创意产业园区热点省市分布情况表

省市地区	园区总数	占全国比重	主要城市创意园区数量
山东省	141	12.7%	济南 43 个，青岛 34 个
江苏省	131	11.8%	南京 56 个，江苏 22 个
广东省	112	10.1%	广州 53 个，深圳 30 个
北京市	108	9.8%	
上海市	107	9.6%	
浙江省	84	7.6%	杭州 49 个，宁波 9 个

创意、文化传媒创意、咨询策划创意和时尚消费创意，总共有 172 家街区尺度的创意产业园区，分布在各个区县（如图 9-2 所示），其基本情况见附录 9；其中，共有 9 家创意产业园区被评为国家文化创意产业示范基地，分别是上海今日动画影视文化有限公司、上海天地软件创业园有限公司、上海长远集团、上海东方明珠股份有限公司、上海多媒体产业园发展有限公司、上海瑞安集团、上海大剧院总公司、上海盛大网络发展有限公司和上海张江创意产业基地。通过对上海市创意产业园区区域协同竞争力的实证测评，以及借鉴国内外成熟创意产业园区的发展经验，结合我国创意产业园区发展的实际情况，本书提出了我国创意产业园区区域协同发展的对策建议。

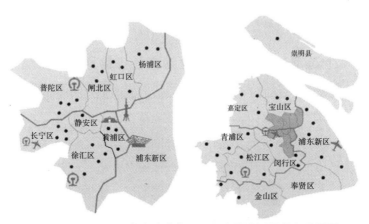

图 9-2　2013~2014 年上海市各区县创意产业园区分布示意图

资料来源：东方文创网，http://shcci.eastday.com/。

一、巩固区域协同技术基础，延伸区域价值网络

创意产业园区区域协同最根本的是要完善区域协同技术基础，实现价值链网

络化和网络空间关联的协同效应。由本书的研究内容可知，价值协同创造需要充分发挥区域价值网络协同的作用主体的核心能力。创意阶层的个人创造力和集体创造力是创意产业市场价值实现的核心，要完善区域协同技术基础，必须提高区域协同创新能力和人力技能水平，实现主体功能全面协同，延伸区域价值网络。在创意产业价值链中，主要增值部分是原创性的知识含量，创意园区自主知识产权数量和品牌是推动区域协同发展的重要体现，同时创意成果产业化、产品更新和衍生产业要协调发展才能真正提高创新能力和可持续发展能力。创意产业园区区域协同竞争和产业链功能协同的作用主体是创意人才，相较于伦敦、纽约等地区创意产业的发展情况，我国创意人才相对匮乏。第一，地方政府要加大对创意教育的投入，培养和引进各类创意人才、文化经纪人及中介机构，提高创意阶层的数量和专业技能水平，促进创意成果转化为经营资源。第二，要发挥创意主体的创造力，注重对创意设计研发机构的孵化，加强与海内外高校和研究机构的产学研合作，鼓励区域创意企业开发具有自主知识产权的原创创意产品和创意衍生品，实施企业和园区国际化发展战略，使得园区在与其他企业的合作中占据主导地位，获取丰厚的网络延伸价值和巨大的衍生产品市场利润。第三，园区在加强知识产权保护、建立版权中心的基础上，要积极打造品牌，拓宽品牌传播渠道，保障创意成果的市场化实现，提高品牌价值和创意绩效水平，同时，创意资本存量的增加改善了区域经营环境，这也是区域可持续协同发展的保障。

二、完善区域协同评价体系，鼓励园区协同竞争

近十年来，我国各个地区的创意产业园区蓬勃兴起，呈现出文化繁荣发展的宏观环境，各个地方也相继出台了系列相关评价体系，如天津市创意策划研究会针对我国创意产业园区建设的经验和存在的问题，构建了创意产业园区标准化评价体系，该体系包括园区硬体设施功能、软体服务功能、创新驱动功能、投资驱动功能和综合效益功能五项。但对于创意产业园区区域协同评价的欠缺，严重影响了政府对园区的重视和评估，这极大地降低了园区突破地理限制跨区域整合资源的积极性。因此，要准确有效地反映区域创意产业的发展实情，必须建立全面、科学的创意产业园区区域协同评价体系，纳入合适的软设施、软创意实力等"软"因素定性指标，并运用合理的方法进行定性指标的定量化处理，同时，尽可能减少相关指标的出现，在保障内容丰富的前提下，做到评价指标体系的统计计算方法的进一步精确化处理，评价指标体系更符合区域创意经济发展的实情。

同时，根据测评目标，甄选科学的评价模型将使得测评体系更加科学化。创意产业园区区域协同评价体系的规范化和科学化极大地提高了创意园区评估的公正性，鼓励着区域价值网络主体间的协同与竞争活动的开展，也具有更为符合现实需要的指导价值和实用价值。

三、加大政府支持力度，提高环境的协同支持力

政府的支持对创意产业园区区域协同发展有明显的推动作用。从调研访谈可以看出，上海市创意园区普遍比较重视政府支持的力度，园区反映的共性问题是政府支持力度不够，有很多家创意园区反映得不到政府的资金支持。要解决上述问题，首先，政府在制定创意产业园区发展规划时，要完善产业政策体系，从长远角度考虑园区发展中入驻企业的产业关联问题，推动本土文化创意企业，尤其是品牌企业的发展，而不是只顾及眼前利益，盲目开发建设，徒有地产开发之名。其次，在实践发展过程中，政府要从支持和扶持的角度制定相关优惠政策，为创意园区提供有力的制度协同环境。在财政政策、融资政策、激励政策等方面实施一定的优惠措施，针对不同行业类型的创意企业制定不同的税收优惠，要积极引导社会资本介入创意产业，设立各项专项基金促进创意企业发展，多渠道筹集创意发展资金，加大资金、税收和投融资方面的政策扶持力度，全方位保障创意产业园的规划建设和可持续发展，促进区域创意产业协同发展。最后，在政府的大力扶持下，园区要致力于营造活跃的区域创意社会网络，园区举办的文化活动、媒体关注活动、与社会机构的合作项目等活动促进了创意组织内外创意、技术和知识的流动，营造了区域良好的社会文化环境，而这又进一步促进了网络中创意企业的协作，实现社会文化环境对创意园区区域协同发展的支持作用。

四、完善公共服务体系，提高创意资源汇聚力

互联网电子信息时代，公共服务体系支撑着创意产业园区区域协同发展，是实现区域有形资源和无形资源协同配置的保障。完善的基础设施是创意产业园区区域协同发展的硬件设施，图书馆、剧院、商务会议中心、展销会等文化基础设施，帮助创意产品和创意企业国际化品牌战略的实施。

政府要积极发展中介服务平台、政府服务平台等公共物品和准公共物品的建设，加快上海市创意基础设施的建设，帮助区域创意企业寻求全球战略合作伙伴，为中小企业募集风险投资基金，同时，完善的公共服务体系吸引着大量优秀

的创意人才和有实力的创意机构向区域聚集；良好的创意用户环境促进着顾客满意度的提高，能有效激发区域创意消费的市场潜力。

首先，创意产业园区要加强基础设施建设，为企业提供良好的外部环境。打造生态环保型创意园区，进一步优化发展思路，把基础设施项目建设成为园区基础先行、功能完备、环境靓丽的亮点工程，为把园区规划建设成一个环境优美、设施完善、功能齐全的城市功能配套区、城市新区。其次，创意产业园区在实物设施的基础上要加强服务设施项目建设，打造无界域、国际化的虚拟创意园区平台；并建设一个交换传播迅速顺畅的数字化网上市场和数字化交易平台，吸引大量信息汇聚，开展网上信息交换、商务交易、科研成果转化以及产品推介销售，从而以最新的技术方式，实现官、产、学、研等各个链条上的数字化高端整合。最后，创意产业园区的日常运作要以人性化、科学化、规范化、信息化为发展方向，深化政务公开，大力推行规范化服务，大幅度提高办事效率和服务质量，做到办事有指南，政策规定有查询，办事结果有公示，群众的投诉、建议有答复等。总之，创意园区要坚持"打造以服务为主导的核心竞争力"的发展战略，完善各项配套设施，推进产业配套服务，遵循专业化标准管理园区，协调好运营、服务和基础设施建设的工作，为招商引资、产业聚集和区域协同发展奠定基础。

第四节　本章小结

本章首先在综览世界各地成功的创意产业园区区域协同发展的概况，并对英国伦敦 SOHO 创意产业园、美国洛杉矶好莱坞电影制作基地和澳大利亚昆士兰科技大学创意产业园区区域协同发展的详细情况进行论述的基础上，总结出这些创意产业园区实现区域协同发展的共同经验，分别是注重政府的大力支持、注重创意阶层的培养和注重建立完整的产业链；其次以迪士尼公司和苹果公司为例，探讨了在互联网时代，基于价值网络的创意产业园区区域协同发展的成功模式；最后结合我国创意产业园区区域协同发展的实际情况，有针对性地提出了我国创意产业协同发展的对策建议：第一，巩固区域协同技术基础，延伸区域价值网络；第二，完善区域协同评价体系，鼓励园区协同竞争；第三，加大政府支持力度，提高环境的协同支持力；第四，完善公共服务体系，提高创意资源汇聚力。

第十章
结论与展望

第一节　本书主要研究结论

随着信息文明和知识经济时代的到来，移动互联网经济颠覆了传统的价值创造规律，社会和个人以真实的身份进入互联网，企业生产从免费开始，对用户提供收费的增值服务，而基本产品免费，用户得到的是一种体验消费，关系链和数据流成为移动互联网时代企业的关键估值指标，企业间的竞争与合作日益呈现出价值网络的经济关系形态，不同地域的企业协同创造价值成为一种新的商业模式。对于创意产业而言更是如此，消费者对创意产品的消费源于对产品功能价值或增值服务的追求，是对文化内容创意和高科技含量的体验价值消费，移动互联网大数据颠覆了创意产业链传统的盈利模式，加速了创意产业价值链网络化和空间关联效应的实现，创意企业从开始追求自身盈利的模式转向与网络化中其他企业协同价值创造，追求的是网络系统整体的价值创造，网络系统呈现出时间与空间、线上与线下、产品与用户、硬件与软件、组织与自组织同步互通耦合、价值共创的新规则。本书也正是基于这一理论视角，展开对创意产业园区区域协同机理的研究。

创意产业园区区域协同也即实现区域创意资源的优化整合，延伸价值网络的广度、长度和深度，整合产业链上游和下游的资源，提高软件要素价值，实现网络延伸价值。本书运用规范分析与实证分析相结合的方法，以区域价值网络为理论研究工具，构建了创意产业园区区域价值链网络化和空间关联概念模型，区域价值网络协同价值创造也即区域协同效应的实现，在此基础上研究了创意园区区域协同竞争力决定因素理论构架，构建了创意园区区域协同竞争力评价指标体系和评价模型，并应用此评价指标体系对上海市 18 家创意产业园区进行实证测评，检验各协同系统的协同有序度，验证了研究的可信度。通过以上研究，本书得到了以下几个主要结论：

第一，创意产业园区区域协同的基本方式和实现路径。通过研究发现我国创意产业园区在发展规划的过程中，出现了产业结构雷同、园区重复开发建设等问题，导致资源效率不能充分发挥，通过对创意园区区域协同作用机理的分析，得到如下结论：区域创意企业间的竞争是区域协同的驱动力，合作对协同起着促进作用，在竞争与合作的共同作用下的资源集成产生协同效应；区域行为主体通过正式和非正式学习，以及网络化结构化行为引起的集体学习，实现了创意、知识和信息等资源的网络化协同；创意园区区域产学研联盟主要有基于项目、基于共建研究机构和基于共建经营实体三种模式，以及基于产学研合作联盟、基于开放式创新体系和基于创意领先战略的区域协同实现路径，三者之间具有逐层推进的关系。

第二，应用区域价值网络研究区域协同发展机制，得到：区域价值链网络化低级协同和网络空间关联机制高级协同共同实现了区域协同发展。以区域价值网络为技术工具分析创意园区区域协同的作用机理，创造性地提出区域协同价值网络的概念，得到区域价值网络价值创造和区域协同效应具有内在同一性，区域价值网络是区域协同价值创新的载体和方法，区域协同是区域价值网络资源的优化，两者的最终目的都是提高园区的竞争优势。从区域价值链网络化的微观基础来看，网络化主体针对顾客价值进行核心能力的合作，实现了产业资源与网络化主体的功能耦合，在网络化主体的横向一体化和纵向一体化产业链整合中产生区域协同效应，这体现的是将资源优势转化为产业优势的低级协同。之后分析区域价值链空间结网的作用路径、区域价值网络空间关联的影响因子以及区域价值网络的空间关联机制的实现路径，实现了产业优势转化为经济优势的高级协同。

第三，构建了创意产业园区区域协同竞争力评价指标体系。在创意产业园区区域空间关联协同机制分析的基础上，通过规范分析，对创意指数、竞争力指数、创新指数等成熟评价指标体系的综述及比较，提炼出九大影响因子，并结合区域价值网络空间关联的要素和影响因子分析，得到这些指标因素明显地集中在主体性要素、资源性要素、外部环境和创意成果可持续性四个方面，由此构建基于创意主体功能性协同系统、创意要素资源性协同系统、创意环境支持性协同系统和创意成果可持续性协同系统四个协同因子的创意产业园区区域协同竞争力评价指标体系，这四大协同子系统基于创意价值网络的业务关联协同，以及基于各个协同维度的耦合统一，实现了创意产业园区区域创意经济系统的全面协同。

第四，上海市创意产业园区实证测评。通过对上海市 18 家示范创意产业园区的调研数据处理，得到影响区域整体协同竞争力的指标权重，可以看出自主知识产权、园区内举办的文化活动、产学研合作项目对整体系统的协同竞争力影响最大。在此基础上运用复合系统有序度线性加权评价模型，对协同决定因素子系统和子系统协同竞争力分别测算，测评结果实现了对区域整体协同竞争力差异的横向比较；通过测算得到子系统序参量对区域系统的协同竞争力贡献大小依次为：可持续性增长潜力、社会文化环境、人力技能、制度环境、创意资本存量、基础设施、创意绩效、综合服务能力、管理能级。运用本书的理论研究和实证测评，根据子系统协同竞争力对测评创意园区的 4A 评级和上海市 2013 年度创意产业园区评估工作的结果基本吻合。

第五，根据前文的分析结果，提出我国创意产业园区区域协同发展的对策建议。总结世界各地成功的创意产业园区的区域协同发展经验，主要有：注重政府的大力支持、注重创意阶层的培养和注重建立完整的产业链。本书提出创意产业园区区域协同发展的对策建议，必须巩固区域协同技术基础，延伸区域价值网络；完善区域协同评价体系，鼓励园区协同竞争；加大政府支持力度，提高环境的协同支持力；完善公共服务体系，提高创意资源汇聚力。

第二节 本书研究不足与展望

本书研究的是创意产业园区区域协同的作用机理，以及在此基础上展开的创意产业园区区域协同竞争力评价。"协同创新"是近两年国家创新发展计划相关政策的热点和重点，可见本课题是一个非常有现实指导意义的课题，同时，这个选题也非常具有挑战性，不仅需要多个跨学科理论的综合应用，而且研究区域协同发展的区域价值网络和区域协同竞争力两个概念界定，都是笔者在阅读了大量相关文献之后，对现有的理论合理创新的结果。

由于区域协同系统是个复杂的非线性运动相互作用的复合系统，同时，宏观协同结果也要求各个协同维度的综合呈现，这就要求找到协同复合系统的各个子系统、各个协同维度以及协同作用函数，这是非常困难的。一方面，影响创意园区区域协同能力和协同竞争力提升的因素错综复杂；另一方面，对于这些因素是基于哪个维度的协同以及在怎样的综合作用力函数 f 下实现对区域系统的耦合，也很难合理地进行划分。

笔者探索性地对创意产业园区区域协同的作用机理及其技术实现问题展开论述，并创造性地构建了区域协同系统的协同竞争力评价指标体系和评价模型。由于笔者水平有限，以及受到可获得数据的有效性及时间等多方面客观原因的限制，本书存在一定局限性和不足，以及未来需要进一步深入探讨的问题。

第一，对于创意产业园区区域协同发展的相关研究尚属于空白状态。目前，极少的关于区域经济协同的研究，也都是狭义的区域协调问题的研究，而非协同本体的研究，且概念界定模糊，也没有统一的研究范式，这些对本书都不具有理论借鉴作用。本书创新的区域协同价值网络对于区域协同作用的实现分析，虽然能够很好地实现对区域协同作用机理的理论演绎推理，但仍然具有一定的局限性，本书的创意产业园区区域协同研究主要停留在理论推演阶段，对于区域价值网络协同创造价值表征的区域协同效应缺乏数理分析论证，对区域价值网络主体协同价值创造和创意产值增加区域 GDP 的能力并没有进行实证检验。因此，后续研究可以展开对区域协同效应的数量研究和数理检验。

第二，本书在构建创意产业园区区域协同竞争力指标体系时，为了尽可能准确有效地反映实情，必然会有一些"软"因素指标的存在，本书在对这些指标进行处理时运用了定性指标定量化处理方法，比如用园区举办的社会文化活动来度量园区的社会文化氛围，而事实上这些软设施、软创意实力等软要素指标是很难量化的，这些定性指标的量化处理会令本书的最终评价结果出现一些偏颇。对于创意产业这些定性指标的量化衡量方法，还可以进一步精确化的处理，使得测评体系更加符合实际情况。此外，一些指标之间存在着一定的相关性，对于这些指标的合理化处置，将使得测评体系更加科学化。

第三，创意产业园区区域协同竞争力评价模型选取的是系统有序度评价模型，传达了系统的有序度也即系统的协同竞争力，本书没有选用复合系统的协同度来进行测量，是因为受到调研数据的限制，调研的三年数据中，由于获取的指标单年份数据部分缺失，未能得到各个年度准确有效的数据，而协同度的测算需要知道每年不同时间的总指标评价值，比如从某一时刻 t_0 到时刻 t_1，需要这两个时点的指标值，才能根据子系统不同时点的有序度之差求几何平均数从而得到系统的协同度。本书的核心观点是创意园区区域协同的最终目标和协同效果即创意园区做大做强、提升区域竞争力，所以在实际操作中，依据这一研究思想得到区域整体协同竞争力的排名，而没有采用协同度的排名，这也是后续研究可以进一步完善的地方。

第四，本书研究的是上海市不同创意产业园区区域协同的横向比较，创意园区在实证测评部分指的是狭义的街区尺度的创意产业园区。创意园区区域协同的空间范畴是个泛化的概念，空间尺度对创意产业园区会有影响，本书将区域尺度限定为狭义的城市内部街区尺度集聚区域来研究区域协同问题有一定的局限性。事实上，目前区域经济学家、经济地理学家在研究产业集群区域时也没有系统研究空间尺度与产业园区和集群的关联性。这是本书乃至经济地理学者需要进一步明确的问题。

附　录

附录1　上海市创意产业内容分类表

类别	大类代码	中类代码	小类代码	行业名称
研发设计类	62	621	6211	基础软件服务
			6212	应用软件服务
		629		其他软件服务
	61	611		计算机系统服务
	60	602		互联网信息服务
	42	421	4211	雕塑工艺品制造
			4212	金属工艺品制造
			4213	漆器工艺品制造
			4214	花画工艺品制造
			4215	天然植物纤维编织工艺品制造
			4216	抽纱刺绣工艺品制造
			4217	地毯、挂毯制造
			4218	珠宝首饰及有关物品的制造
			4219	其他工艺美术品制造

类别	大类代码	中类代码	小类代码	行业名称
研发设计类	31	314	3145	日用玻璃制品及玻璃包装容器制造
		315	3153	日用陶瓷制品制造
			3159	园林、陈设艺术及其他陶瓷制品制造
	75			研究与试验发展
	74	744		广告业
		745		知识产权服务
	76	769		其他专业技术服务
建筑设计创意	76	767	7671	工程管理服务
			7672	工程勘察设计
			7673	规划管理
	81	812	8120	城市绿化管理
	49	490		建筑装饰业
文化传媒创意	88	881		新闻业
		882		出版业
	89	891		广播
		892		电视
		893	8931	电影制作
		894		音像制作
	90	901		文艺创作与表演
		905		博物馆
		909		其他文化艺术
咨询策划创意	74	743	7432	市场调查
			7433	社会经济咨询
			7439	其他专业咨询
		749	7491	会议及展览服务
			7499	其他表列明的商务服务
	69	694		证券分析与咨询
	70	703		保险辅助服务
	61	619		其他计算机服务
	62	629		其他软件服务
	77	772		科技中介服务
		779		其他科技服务
	90	908		文化艺术经纪代理
	82	824		理发及美容保健服务
		826		婚庆服务
		828		摄影扩印服务

类别	大类代码	中类代码	小类代码	行业名称
时尚消费创意	92	921		室内娱乐业
		923		休闲健身娱乐活动
	74	748		旅行服务
	81	813		游览景区服务

资料来源：根据《2006年上海创意产业发展报告》创意产业发展重点指南整理。

附录2 国内创意指数评价指标体系表

附录2.1 北京文化创意指数

分类指数		衡量指标	权数
文化创意总指数	文化创意贡献指数	文化创意产业的增加值占GDP的比重	20.73%
		文化创意产业从业人员占全市从业人员的比重	
	文化创意成果指数	每万人专利申请数	22.47%
		每万人技术合同成交额	
		每万人新书出版总数	
	文化创意环境指数	网民数量占全市人口数量比重	18.80%
		公共设施的每百万人占有量（包括群众艺术馆文化馆数量、公共图书馆数量、艺术表演场所数量、电影院数量、博物馆数量、旅游景区数量、常住人口数量）	
		文化服务的每百万人占有量（包括图书馆可借阅图书数量、电影放映场次、文艺表演场次、常住人口数量）	
		文化娱乐场所的每百万人占有量（包括网吧数量、歌舞娱乐场所数量、电子游艺场所数量、常住人口数量）	
		人均教育文化娱乐服务支出比重（包括人均教育文化娱乐服务支出额、人均消费支出额）	
	文化创意投入指数	研究与实验发展经费支出占GDP的比重	18.13%
		政府科学技术支出占GDP的比重	
		政府教育支出占GDP的比重	
	文化创意人才指数	高学历人员占文化创意企业从业人员的比重	19.87%
		中高级技术职称人员占文化创意企业从业人员的比重	

续表

分类指数		衡量指标	权数
文化创意总指数	文化创意人才指数	科技活动人员占全市从业人员的比重	19.87%
		高等教育文化创意人才培养比重（包括高等教育文化创意学生人数、全市高等教育学生人数）	

附录 2.2 上海创意指数

一级指标	二级指标	计量单位	2004 年	2005 年	计算结果	权重
A₁ 产业规模指数	B₁ 创意产业的增加值占全市增加值的百分比	%	5.8	6.0	107.2	30%
	B₂ 人均 GDP（按常住人口）	万元	4.63	5.14		
A₂ 科技研发指数	B₃ 研究与发展经费支出占 GDP 的比重	%	2.11	2.34	125.2	20%
	B₄ 高技术产业拥有的自主知识产权产品实现产值占 GDP 的比重	%	10.9	11.9		
	B₅ 高技术产业自主知识产权拥有率	%	26.9	27.5		
	B₆ 每 10 万人发明专利申请数（按常住人口）	件	39	59		
	B₇ 每 10 万人专利申请数（按常住人口）	件	118	184		
	B₈ 市级以上企业技术中心数	个	157	189		
A₃ 文化环境指数	B₉ 家庭文化消费占全部消费的百分比	%	8.65	8.26	94.4	20%
	B₁₀ 公共图书馆每百万人拥有数（按常住人口）	个	1.61	1.57		
	B₁₁ 艺术表演场所每百万人拥有数（按常住人口）	个	10.16	9		
	B₁₂ 博物馆纪念馆每百万人拥有数（按常住人口）	个	5.17	5.62		
	B₁₃ 人均报纸数量（按常住人口）	份	113.15	107.2		
	B₁₄ 人均期刊数量（按常住人口）	册	11.08	10.69		
	B₁₅ 人均借阅图书馆图书的数目（按常住人口）	册	0.77	0.58		
	B₁₆ 人均参观博物馆的数量（按常住人口）	次	0.27	0.32		
	B₁₇ 举办国际展览会数量（按常住人口）	项	383	276		
A₄ 人力资源指数	B₁₈ 新增劳动力人均受教育年限	年	13.0	13.5	105.2	15%
	B₁₉ 高等教育毛入学率	%	55.0	57		
	B₂₀ 每百万人高等学校在校生数量（按常住人口）	人	278	293		
	B₂₁ 户籍人口与常住人口比例		3.5∶1	3.3∶1		
	B₂₂ 国际旅游入境人数	万人次	491.92	571.35		
	B₂₃ 因私出境人数	万人	26.27	27.76		
	B₂₄ 外省市来沪旅游人数	万人次	6346.24	6804.98		
A₅ 社会环境指数	B₂₅ 全社会劳动生产率（按常住人口）	元/人	8889.3	98545	114.9	15%
	B₂₆ 社会安全指数		100.3	92.1		
	B₂₇ 人均城市基础设施建设投资额（按常住人口）	元	3861	4982		

一级指标	二级指标	计量单位	2004 年	2005 年	计算结果	权重
A₅ 社会环境 指数	B₂₈ 每千人国际互联网用户数（按常住人口）	户	363	452	114.9	15%
	B₂₉ 宽带接入用户数	万户	158.8	247.4		
	B₃₀ 每千人移动电话用户数（按常住人口）	户	750	812		
	B₃₁ 环保投入占 GDP 的比重	%	3.03	3.07		
	B₃₂ 人均公共绿地面积	平方米	10.1	11		
	B₃₃ 每百万人拥有的实行免费开放的公园数（按常住人口）	个	8	8		

附录 2.3　中国香港创意指数

一级指标	二级指标	相关阐述
A₁ 创意的 成果指数	B₁ 创意的经济贡献	本地创意产业、文化交易和由电子商务带动的经济效益的相对比重
	B₂ 经济层面的富创意的活动	本地企业建立品牌的能力，本地公司广泛应用科技的程度，以及以申请专利作为指标的知识制造
	B₃ 创意活动的其他成果	创新活动的数量，包括传媒产物、书籍及文本、音乐、电影、表演艺术和建筑
A₂ 结构/制度 资本指数	B₄ 司法制度的独立性	展示了规则性和机构性标准，便于思想交流、信息的获取和社会参与
	B₅ 对贪污的感觉	
	B₆ 表达意见的自由	
	B₇ 信息及通信科技的基础情况	社会和文化参与的可用设备。有利于加强社会联系、消息散播和意见交流
	B₈ 社会及文化基础建设的动力	
	B₉ 社区设施的可用性	
	B₁₀ 金融基础	形成创意经济中经济环境的重要变数
	B₁₁ 企业管理的动力	
A₃ 人力资本指数	B₁₂ 研究及发展的支出与教育的支出	一个社区对造就知识库的支持程度
	B₁₃ 知识劳动人口	一个社区的成长和知识劳动人口的可达性
	B₁₄ 人力资本的移动/流动	不同社会状况对文化交流、技术与知识的传播以及新概念普及的支持程度
A₄ 社会资本指数	B₁₅ 社会资本发展	社会资本发展可使用资源的程度，衡量公共部门、企业和个人对社会资本发展的支持度
	D₁₆ 网络素质：从世界价值调查得出的习惯与价值	香港在维持社会环境对创意人才培育、吸引和流动的潜质
	B₁₇ 网络素质：从世界价值调查得出的社区事务的参与	
A₅ 文化资本指数	B₁₈ 文化支出	社会对艺术与文化的投资程度
	B₁₉ 网络素质：习惯与价值	香港在维持文化环境对创意人才培养、吸引和流动的潜质
	B₂₀ 网络素质：文化事务的参与	

附录 2.4 中国台湾文化创意指数

一级指标	衡量依据
产业规模指标	总产值
	年增加值
	从业人员总数
	年末固定资产净值
	文化事业规模
	年增长率
	从业人员在全国劳动人口的比例
	文化创意经济产值在全国年产值的比率
政府投入指标	文化事业财政补助收入
	文化事业财政补贴占全部财政支出的比重
	人均文化事业财政补贴
	文化事业基建投资额
	年末固定资产原值
	财政补贴占总收入的比重
	建立投资案例数/金额总数/比重
竞争力指标	华人市场的营收总值、占有率及增长率
	亚洲市场的营收总值、占有率及增长率
	亚洲市场外（全球市场）的营收总值、占有率及增长率
研究与发展指标 R&D	研究投资金额的总数/成长率
	政府在研发部门的投资
	民间在研发部门的投资
	文化创意经济每年申请获准的智慧财产权总数/占全体的比率
市场化指标	民间文化事业单位的经营自给率
	民间文化事业单位在基础设施建设方面的投资额
经济效益指标	资金利税率
	劳动生产率
	百元固定资产实现增加值
	增加值率
人力资源指标	高级专业人员的总人数、比率及增长率
	教育/培训经费的金额、比重及增长率
	文教类非营利组织的总数及增长率
消费指标	民众文化消费占总支出的比重
	民众参与文艺活动的次数及平均人数

附录 3　创新指数评价体系表

欧洲创新计分表（European Innovation Scoreboard，EIS)

五类指标		具体指标	欧盟25 国	欧盟15 国	美国	日本	原始数据来源
创新驱动	1.1	科学与工程类毕业生/20~29 岁人口 （%）	12.2	13.1	10.9	13.2	EUROSTAT
	1.2	受过高等教育人口/25~64 岁人口 （%）	21.9	23.1	38.4	37.4	EUROSTAT, OECD
	1.3	宽带普及率 （%）	6.5	7.6	11.2	12.7	EUROSTAT
	1.4	参加终身学习人口/25~64 岁人口 （%）	9.9	10.7	—	—	EUROSTAT
	1.5	青年受高中以上教育程度/20~24 岁人口 （%）	76.7	73.8	—	—	EUROSTAT
知识创造	2.1	公共 R&D 支出/GDP （%）	0.69	0.7	0.86	0.89	EUROSTAT, OECD
	2.2	企业 R&D 支出/GDP （%）	1.26	1.3	1.91	2.65	EUROSTAT, OECD
	2.3	中、高技术 R&D/制造业 R&D 支出 （%）	—	89.2	90.6	86.8	EUROSTAT, OECD
	2.4	企业 R&D 支出中来自公共基金的投入比例	N/a	n/a	—	—	EUROSTAT (CIS)
	2.5	高校 R&D 支出中来自企业基金的投入比例	6.6	6.6	4.5	2.7	EUROSTAT, OECD
企业创新	3.1	开展内部创新的中小企业/中小企业总数 （%）	N/a	n/a	—	—	EUROSTAT (CIS)
	3.2	参与合作创新的中小企业/中小企业总数 （%）	N/a	n/a	—	—	EUROSTAT (CIS)
	3.3	创新支出/销售总额 （%）	N/a	n/a	—	—	EUROSTAT (CIS)
	3.4	早期阶段的风险资本投资/GDP （%）	—	0.025	0.072	—	EUROSTAT
	3.5	信息通信技术支出/GDP （%）	6.4	6.3	7.8	8	EUROSTAT
	3.6	采用非技术变革的中小企业/中小企业总数 （%）	N/a	n/a	—	—	EUROSTAT (CIS)
技术应用	4.1	高新技术服务行业的就业人口比重	3.19	3.49	—	—	EUROSTAT
	4.2	高新技术产品出口/总出口额 （%）	17.8	17.2	26.9	22.7	EUROSTAT
	4.3	市场新产品销售额/销售总额 （%）	N/a	n/a	—	—	EUROSTAT (CIS)

续表

五类指标	具体指标		欧盟25国	欧盟15国	美国	日本	原始数据来源
技术应用	4.4	企业新产品销售额/销售总额（%）	N/a	n/a	—	—	EUROSTAT (CIS)
	4.5	受雇于中/高技术制造业的就业人口比重	6.6	7.1	1.89	7.4	EUROSTAT
知识产权	5.1	百万人口拥有的欧洲发明专利数	133.6	158.5	154.5	166.7	EUROSTAT
	5.2	百万人口拥有的美国专利数	59.9	71.3	301.4	273.9	EUROSTAT
	5.3	百万人口拥有的其他第三方专利数	22.3	36.3	53.6	92.6	EUROSTAT, OECD
	5.4	百万人口新注册的区域性商标数	87.2	100.9	32	11.1	OHIM
	5.5	百万人口新注册的设计数	84	98.9	12.4	15.1	OHIM

全球创新指数（Global Innovation Index）——2010~2011年评价指数体系

模块	一级指标	2010年		2011年	
		二级指标	三级指标数量	二级指标	三级指标数量
输入模块	制度与政策	政治环境	3	政治环境	3
		监管环境	3	监管环境	3
		公共服务机构水平	3	企业环境	3
	人力资源（与研究）	教育投资	2	教育	5
		教育机构质量	3	高等教育	6
		创新潜力	3	R&D	3
	基础设施	ICT	3	ICT	4
		基础设施建设	2	能源	4
		基础设施利用与更新	4	公共基础设施	3
	市场成熟度	投资与信贷条件	4	信贷	4
		个人信贷力度	5	投资	4
		—	—	贸易与竞争	5
	企业成熟度	企业创新环境	3	知识劳动	4
		创新生态系统	3	创新关联	5
		对外开放与国内竞争	2	知识吸取	4
输出模块	科技产出	知识创造	4	知识创造	4
		知识利用	5	知识影响	3
		知识出口与就业	3	知识传播	4
	创新产出	创新效益	4	创新无形资产	4
		社会福利	2	创新产品及服务	5

注：人力资源（与研究）表示该指标2011年与2010年有所差异，2010年为人力资源，2011年为人力资源与研究。

附录4　上海市创意产业园区访谈记录

一、创意产业园区的产业定位和发展潜力

1. 该园区的产业定位是什么？政府政策支持潜力如何？

2. 政府优惠政策如何落实？对园区的影响如何？

3. 所在区域的经济活跃水平如何？对园区发展潜力的评价如何？

二、创意产业园区的产业服务

4. 园区内部管理制度的完善程度如何？

5. 园区是否提供增值服务如融资服务、市场拓展服务、孵化服务、知识产权服务等？

6. 对设计研发型创意企业是否有吸引其入驻的措施？

7. 园区举行哪些类型的活动？对社会关注度和影响力提升的作用如何？

三、其他

附录5　上海市创意产业园区区域协同竞争力评价调查问卷（园区）

园区名称＿＿＿＿＿＿＿＿＿＿　　　填表人＿＿＿＿＿＿＿＿＿＿

园区地址＿＿＿＿＿＿＿＿＿＿　　　联系方式＿＿＿＿＿＿＿＿＿＿

Part1　园区基本情况（请在选项处打√）

1. 园区所处的地理位置（　　　　）（可多选）

A. 内环线以内　　　　B. 内环—中环　　　　C. 中环—外环

D. 外环线以外   E. 有轨道交通站点   F. 有多条公交线路

2. 园区主导产业① （   ）（可多选）

A. 建筑设计   B. 工业设计   C. 服装设计

D. 动漫游戏   E. 新兴传媒   F. 数字出版

G. 广告会展   H. 演艺娱乐   I. IT业

J. 咨询业   K. 其他

3. 园区具备的公共服务设施 （   ）（可多选）

A. 商务中心   B. 产品展示中心   C. 会议中心

D. 娱乐健身中心   E. 实验室   F. 图书馆

G. 其他_____

4. 园区的公共服务平台 （   ）

A. 有，投入资金_____万，具备的功能有_____

B. 无

**** 如果 5~8 题选项中的估计区间与贵单位实际值相差较远，请您在选项 E 中自行填写 ****

5. 近三年的年均净资产收益率 （   ）

A. 5%以下   B. 5%~10%   C. 10%~15%

D. 15%以上   E. 其他_____

6. 近三年的总资产年均增长率 （   ）

A. 5%以下   B. 5%~10%   C. 10%~15%

D. 15%以上   E. 其他_____

7. 近三年的主营业务收入年均增长率 （   ）

A. 5%以下   B. 5%~10%   C. 10%~15%

D. 15%以上   E. 其他_____

8. 近三年净利润的年均增长率 （   ）

A. 5%以下   B. 5%~10%   C. 10%~15%

D. 15%以上   E. 其他_____

---

① 主导产业：是指园区建设的特色，包括建筑设计，工艺美术，工业设计，服装设计，广告服务，咨询服务，会展服务，新闻服务，出版发行服务，广播、电影、电视服务，文艺演出服务，文化保护服务，经纪服务，旅游服务，互联网信息服务，动漫游戏，软件产品设计等。

9. 近三年园区的年均出租率 （　　　）

　A. 40%以下　　　　　　　B. 40%~60%　　　　　　C. 60%~80%

D. 80% 以上

10. 入驻企业总数为＿＿＿＿＿家

11. 研发、设计类创意企业总数占总入驻企业的比例＿＿＿＿＿%

12. 您认为入驻企业上下游的产业链完善程度 （　　　）

　A. 非常完善　　　　　　B. 比较完善　　　　　　C. 一般

　D. 不太完善　　　　　　E. 非常不完善　　　　　F. 不清楚

13. 近三年孵化企业的孵化总数＿＿＿＿＿家，毕业总数＿＿＿＿＿家

14. 近三年平均每年新入驻企业的数量＿＿＿＿＿家，新入驻企业的类型包括

（　　　）（可多选）

　A. 软件设计　　　　　B. 动漫　　　　　　　　C. 网络游戏

　D. 互联网服务　　　　E. 工业设计　　　　　　F. 建筑设计

　G. 服装业　　　　　　H. 咨询业　　　　　　　I. 广告业

　J. 数字出版　　　　　K. 广播、电影、电视及音像制作

　L. 文艺创作与表演　　M. 珠宝首饰工艺品　　　N. 会展业

　O. 旅游业　　　　　　P. 演艺娱乐业　　　　　Q. 摄影

　R. 婚庆　　　　　　　S. 配套服务（餐饮、娱乐设施、超市等）

　T. 其他

15. 近三年平均每年从园区撤离企业数量＿＿＿＿＿家，撤离企业类别主要包

括 （　　　）（可多选）

　A. 软件设计　　　　　B. 动漫　　　　　　　　C. 网络游戏

　D. 互联网服务　　　　E. 工业设计　　　　　　F. 建筑设计

　G. 服装业　　　　　　H. 咨询业　　　　　　　I. 广告业

　J. 数字出版　　　　　K. 广播、电影、电视及音像制作

　L. 文艺创作与表演　　M. 珠宝首饰工艺品　　　N. 会展业

　O. 旅游业　　　　　　P. 演艺娱乐业　　　　　Q. 摄影

　R. 婚庆　　　　　　　S. 配套服务（餐饮、娱乐设施、超市等）

　T. 其他

16. 您认为企业撤离的主要原因是 （　　　）（可多选）

请按重要程度由高到低排序 （＿＿＿＿、＿＿＿＿、＿＿＿＿、＿＿＿＿、

_____、_____）。

A. 园区租金过高　　　B. 园区服务水平低　　C. 企业自身经营不善

D. 企业规模扩大　　　E. 其他

17. 园区是否享受政府的优惠政策（　　　　）

A. 有，具体包括 _____

B. 无

18. 您认为政府优惠政策对园区发展所起到的作用如何（　　　　）

A. 有非常明显的推进作用　　　　　　B. 略有推进作用

C. 无推进作用　　　　　　　　　　　D. 不清楚

E. 其他_____

19. 近三年园区是否获得政府支持类资金（　　　　）

A. 是，总金额_____（万元）

B. 否

20. 近三年园区的产学研合作项目数量（　　　　）

A. 0　　　　　　B. 1~2 个　　　　　　C. 3~5 个　　　　　　D. 5 个以上

E. 其他_____

21. 近三年与园区合作的高校、科研院所机构数量_____家，名称_____

22. 近三年与园区合作的行业协会、社会团体的数量_____家，名称_____

Part2　园区经营情况表（请您根据园区实际情况填写下表）

指标	2010 年	2011 年	2012 年
总资产额（万元）			
净利润额（万元）			
营业收入（万元）			
主营业务收入（万元）			
入驻企业获得政府专项资金总金额（万元）			
可出租面积（m²）			
已出租面积（m²）			
入驻企业总数			
创意企业数量			
入驻企业总收入			
新入驻企业数量			
撤离企业数量			

指标	2010 年	2011 年	2012 年
孵化企业总数			
毕业企业数量			
合作的高校、科研院所机构数量			
合作的行业协会、社会团体的数量			
产学研合作项目数量			

附录6 上海市创意产业园区区域协同竞争力评价调查问卷（企业）

企业名称＿＿＿＿＿＿＿＿＿＿＿　　填表人＿＿＿＿＿＿＿＿＿＿

企业地址＿＿＿＿＿＿＿＿＿＿＿　　联系方式＿＿＿＿＿＿＿＿＿

Part1　企业基本情况调查

说明：请您根据企业自身情况选择恰当选项

1. 企业所属行业为（　　　　）

A. 软件业　　　　　　B. 动漫　　　　　　C. 网络游戏

D. 工业设计　　　　　E. 广告业　　　　　F. 服装业

G. 咨询业　　　　　　H. 建筑设计　　　　I. 新闻出版

J. 广播、电影、电视及音像制作　　　　　K. 珠宝首饰工艺品

L. 文艺创作与表演　　M. 展览业　　　　　N. 旅游业

O. 休闲娱乐业　　　　P. 摄影　　　　　　Q. 婚庆

R. 其他＿＿＿＿＿（请注明）

2. 企业注册资本（　　　　）

A. 50 万元以下　　　　B. 50 万~100 万元　　C. 100 万~500 万元

D. 500 万~1000 万元　　E. 1000 万元以上

3. 主营业务年收入（　　　　）

A. 50 万元以下　　　　B. 50 万~100 万元　　　C. 100 万~200 万元

D. 200 万~500 万元　　　E. 500 万元以上

4. 企业员工总数 （　　　　）

A. 10 人以下　　　　　B. 10~20 人　　　　　C. 20~50 人

D. 50~100 人　　　　　E. 100 人以上

5. 企业年税款总额 （　　　　）

A. 5 万元以下　　　　　B. 5 万~10 万元　　　　C. 10 万~15 万元

D. 15 万~20 万元　　　E. 20 万~30 万元　　　F. 30 万元以上

6. 企业年利润总额 （　　　　）

A. 10 万元以下　　　　B. 10 万~30 万元　　　C. 30 万~50 万元

D. 50 万~100 万元　　　E. 100 万元以上

7. 大专以上人员占企业员工人数比例 （　　　　）

A. 10% 以下　　　　　B. 10%~30%　　　　　C. 30%~50%

D. 50%~70%　　　　　E. 70% 以上

8. 创意人员 （设计、创作人员）占企业员工人数的比例 （　　　　）

A. 10% 以下　　　　　B. 10%~30%　　　　　C. 30%~50%

D. 50%~70%　　　　　E. 70% 以上

9. 人员培训平均频率 （次/年）（　　　　）

A. 0　　　　　B. 1~2　　　　　C. 2~3　　　　　D. 3 以上

10. 近三年获取的自主知识产权数量 （　　　　）

A. 0　　　　B. 1~3　　　　C. 3~5　　　　D. 5~10

E. 10 以上

11. 近三年新产品销售额占总产品销售额的比例 （　　　　）

A. 5% 以下　　　　　B. 5%~10%　　　　　C. 10%~20%

D. 20%~30%　　　　　E. 30% 以上

12. R&D 费用占销售额的比例 （　　　　）

A. 1% 以下　　　　　B. 1%~3%　　　　　C. 3%~5%

D. 5%~10%　　　　　E. 10%~15%　　　　　F. 15% 以上

13. 近三年新产品研发的投入金额＿＿＿＿＿＿＿（万元），新产品的产出金额＿＿＿＿＿＿＿（万元）

14. 企业是否有创意创新激励制度

A. 是，具体有＿＿＿＿＿＿＿＿　　　　　　B. 否

15. 是否享受政府的优惠政策

A. 是，具体有＿＿＿＿＿＿＿＿　　　　　　B. 否

16. 近三年是否获得政府支持类资金

A. 是，具体金额＿＿＿＿＿＿＿＿（万元）　　B. 否

17. 您所在的企业所享受到的政府优惠政策对贵公司发展起到的作用如何

A. 有非常重要的推进作用　　　　　　　　B. 有一定的推进作用

C. 作用一般　　　　　　　　　　　　　　D. 略有推进作用

E. 无推进作用

Part2　企业对所在园区满意度调查表

说明：首先请您对选择入驻园区时所看重的因素的重要程度进行评价，如您认为在选择园区入驻时非常看重园区是否"交通便利"，则评为"5"分。其次请您对目前所在园区在各因素上的表现进行满意度评价，如您对目前所在园区"交通便利程度"非常满意，则评为"5"分。

整体评价	因素重要程度评价					现状满意度评价				
	非常不重要	不重要	一般	重要	非常重要	非常不满意	不满意	一般	满意	非常满意
交通便利程度	1	2	3	4	5	1	2	3	4	5
基础设施（照明、能源设施、电梯、停车等）	1	2	3	4	5	1	2	3	4	5
公共服务平台	1	2	3	4	5	1	2	3	4	5
信息化程度（网络、信息处理与共享等）	1	2	3	4	5	1	2	3	4	5
信息发布服务（提供各种信息、出版物等）	1	2	3	4	5	1	2	3	4	5
物业服务（租金、安保、维护）	1	2	3	4	5	1	2	3	4	5
基础公共服务（超市、餐饮、图书馆等）	1	2	3	4	5	1	2	3	4	5
基础商务服务（会议室、多媒体设施、商务中心等）	1	2	3	4	5	1	2	3	4	5
协助企业落实政策	1	2	3	4	5	1	2	3	4	5
内部管理完善程度	1	2	3	4	5	1	2	3	4	5
融资服务（风投、专项资金等）	1	2	3	4	5	1	2	3	4	5
孵化服务	1	2	3	4	5	1	2	3	4	5

续表

整体评价	因素重要程度评价					现状满意度评价				
	非常不重要	不重要	一般	重要	非常重要	非常不满意	不满意	一般	满意	非常满意
市场拓展服务	1	2	3	4	5	1	2	3	4	5
园区知名度和美誉度	1	2	3	4	5	1	2	3	4	5
园区创新能力	1	2	3	4	5	1	2	3	4	5
园区产业与本企业的关联程度	1	2	3	4	5	1	2	3	4	5
园区文化与企业文化的匹配度	1	2	3	4	5	1	2	3	4	5
园区未来发展潜力	1	2	3	4	5	1	2	3	4	5

Part3 企业财务数据调查表

说明：请您根据企业实际情况填写下表。

指标　　　　　　　年份	近三年的数据		
	2010 年	2011 年	2012 年
主营业务收入（万元）			
企业员工总数（人）			
企业税款总额（万元）			
企业利润总额（万元）			
获取政府资金总额（万元）			
新产品销售额（万元）			
总产品销售额（万元）			
新产品研发的投入金额（万元）			
新产品研发的产出金额（万元）			

附录7　上海市经济和信息化委员会创意产业园区调查表与统计表

附录7.1　创意产业园区基本情况调查表

名称（盖章）		原（厂）名称		
英文名称		所属区县		
地址				
建成时间		原来用途①		
联系人		电话（手机）		传真
网址		电邮		
主导产业②	□设计创意服务□文化创意服务□网络与信息创意服务□其他：			
土地产权所有者		土地性质	□工业□商业□其他：_____	
投资主体③		改造建设总额（万元）		
总占地面积（m²）		总建筑面积（m²）		
可出租面积（m²）				
管理机构	名称			
	法人代表			
	注册资金	单位：		
	组织机构代码			
	使用期限④	共___年，自___年___月___日至___年___月___日		
	管理人员数量（人）	共___人，其中博士：____硕士：____学士：____大专：____其他：____		

---

① 原来用途：指改建成创意产业集聚区前的用途（如厂房、仓库等）。

② 主导产业：指园区建设的特色，设计创意服务业包括建筑设计、工艺美术、工业设计、服装设计、广告服务、咨询服务、会展服务等为表现形式的行业，文化创意服务业包括新闻服务，出版发行服务，广播、电影、电视服务，文艺演出服务，文化保护服务，经纪服务，旅游服务，文化休闲服务等为表现形式的行业，网络与信息创意服务业包括互联网信息服务、动漫游戏、软件产品、系统集成、软件技术服务、计算机系统服务、数据处理服务为表现形式的行业。

③ 投资主体：所有参与投资的机构或个人。

④ 使用期限：如园区土地所有权属于管理机构，使用期限填写工商执照上的营业期限，土地所有权不属于管理主体的，使用期限填写土地租赁期限。

续表

管理机构	聘用"4050"人员数量（人）	
	提供大学生实习岗位数量（个）	
宽带接入覆盖率		
宽带接入情况（带宽、接入方式、运营商）	共_____个，分别为：	
公共服务平台数量及名称①	共_____个，分别为：	
荣誉②		
名企/名家/名牌		

单位负责人：_____ 统计负责人：_____ 填表人：_____

联系电话：_____ 报出日期：_____年___月___日

附录 7.2 创意产业园区经营情况统计表

统计内容/统计时间		2010 年	2011 年	2012 年
收入	租金（元/m²/天）	最高：_____最低：_____ 平均：_____	最高：_____最低：_____ 平均：_____	最高：_____最低：_____ 平均：_____
	租金收入（万元）			
	非租金收入（万元）③			
税收	集聚区上缴税收（万元）			
	入驻企业上缴税收（万元）			
入驻企业经营（销售）收入（万元）				
企业数量	企业入驻数量（个）			
	规模以上企业数量（个）④			

---

① 公共服务平台：指市区立项的为集聚区企业提供服务的公共服务平台。

② 荣誉：园区获得的区级以上的奖项或授牌。

③ 非租金收入：指园区管理主体除房屋租金外的收入。

④ 规模以上企业：指年销售额大于 500 万元的企业。

续表

统计内容/统计时间		2010 年	2011 年	2012 年
企业数量	配套企业数量（个）①			
	配套服务面积（m²）			
能耗/用电量（千瓦时）				
入驻企业从业人员数量（人）				
集聚区接待批次				
集聚区举办活动次数②				

单位负责人：_____ 统计负责人：_____ 填表人：_____

联系电话：_____ 报出日期：_____年_____月_____日

附录 7.3　创意产业园区企业基本情况调查表

名称（盖章）			所属园区		
地址					
法人代表			注册资金		单位
联系人			电话（手机）		传真
网址			电邮		
企业登记注册类型	□国有　□私营　□中外合资　□外商独资				
经营范围（工商执照一致）					
工商注册号			税务登记号		
组织机构代码			统计登记证编号		
租用面积（m²）			配套企业③	□是□否	
所处产业链环节④	□设计研发□生产□营销□综合				
创意行业（可多选）	□建筑设计□工艺美术□工业设计□服装设计□广告服务□咨询服务□会展服务□新闻服务□出版发行服务□广播、电影、电视服务□文艺演出服务□文化保护服务□经纪服务□旅游服务□文化休闲服务□互联网信息服务□动漫游戏□软件产品□系统集成□软件技术服务□计算机系统服务□数据处理服务□其他_____				
主要产品或服务事项					
从业人员	总数（人）	共_____人，其中博士：_____硕士：_____学士：_____大专：_____其他：_____			
	聘用应届大学生数量（人）				

①③ 配套企业：在园区内提供配套服务，主要以园区内企业或客户为服务对象。如咖啡馆、书店、银行等。

② 园区举办活动：指园区自办或承办的各类公开会议、论坛和活动。

④ 所处产业链环节：指入驻集聚区的企业从事的有关创意产业链的具体环节，可多选。

续表

从业人员	聘用"4050"人员数量（人）	
	提供大学生实习岗位数量（个）	
宽带接入情况（带宽、接入方式、运营商）		
获区级以上奖项人次	数量，详细请填写附表5	
企业资质①	证书名称、编号	
企业认证②	证书名称、编号	
知识产权（商标、专利、著作权）	证书名称、编号	

单位负责人：_____统计负责人：_____填表人：_____

联系电话：_____报出日期：_____年____月____日

附录7.4 创意产业园区企业经营情况统计表

统计内容/统计时间		2010 年	2011 年	2012 年
企业收入	经营（销售）收入（万元）			
	主营业务收入（万元）			
进出口额	进口额（万美元）			
	出口额（万美元）			
上缴税收（万元）				

单位负责人：_____统计负责人：_____填表人：_____

联系电话：_____报出日期：_____年____月____日

---

① 企业资质：指企业获得的政府机构或政府授权机构颁发的各类资质或行业准入证书，如高新技术企业、软件企业等。

② 企业认证：指企业获得的第三方机构颁发的认证证书，如 ISO、CMM 等。

附录8　创意产业园区区域协同竞争力评价指标处理数据

一级指标	A₁创意主体功能性协同系统								
二级指标	B₁人力技能				B₂管理能级		B₃综合服务能力		
三级指标	C₁产学研合作项目	C₂研发设计企业比例	C₃大专以上学历人员占文化创意企业从业人员的比重	C₄创意人员（设计、创作人员）占文化创意企业从业人员的比重	C₅管理效率	C₆获得的管理认证情况	C₇信息化服务	C₈提供的专业服务	C₉客户满意度评价
P₁	0	86.70%	62.50%	50.00%	6.25	1	0	1	0.51
P₂	0	50.00%	57.14%	71.43%	2.65	0	0	1	0.548
P₃	3	97.00%	55.00%	0.00%	21.40	1	2	2	0.171
P₄	10	2.00%	31.58%	26.32%	0	2	1	3	0.078
P₅	0	0.00%	60.00%	40.00%	0.10	3	0	0	0.442
P₆	1	92.00%	25.00%	25.00%	75.65	2	1	4	0.685
P₇	2	71.67%	0.00%	28.57%	87.56	3	1	1	0.443
P₈	0	70.00%	20.00%	40.00%	82.42	2	0	2	0.297
P₉	1	44.00%	37.50%	87.50%	32.79	3	0	2	1
P₁₀	0	60.00%	66.67%	0.00%	74.89	3	0	0	0.67
P₁₁	0	66.70%	66.67%	44.44%	40.33	0	1	1	0.745
P₁₂	0	38.90%	30.77%	23.08%	0.13	0	1	1	0
P₁₃	0	30.00%	86.67%	20.00%	6.33	1	2	2	0.398
P₁₄	0	65.38%	50.00%	50.00%	15.20	1	2	2	0.558
P₁₅	0	9.14%	31.25%	62.50%	1.44	1	0	1	0.451
P₁₆	0	5.00%	14.29%	14.29%	0.50	1	1	1	0.441
P₁₇	0	5.00%	41.67%	25.00%	10.50	3	1	1	0.043
P₁₈	3	45.00%	81.82%	27.27%	−33.18	1	0	2	0.053

A₂创意资源要素性协同系统									
B₄创意资本存量						B₅基础设施			
C₁₀年均营业收入	C₁₁年均上缴税款	C₁₂出租率	C₁₃入驻企业总数	C₁₄企业的平均租用面积	C₁₅入驻企业员工总数	C₁₆平均租金	C₁₇配套服务设施	C₁₈园区服务设施	C₁₉公共服务平台
335.00	25.48	89.06%	15	233.33	150	4.3	0	0	0
818.44	140.5	100.00%	24	560.29	333	2.02	0	1	0
2052.33	171.33	100.00%	136	262.68	800	1.64	1	4	1
563.52	88.32	94.59%	87	130.47	430	1.62	1	6	1
1319.00	152.00	89.05%	98	161.05	800	3	1	0	1
498.03	83.70	100.00%	61	209.84	530	1.3	1	4	0

A₂ 创意资源要素性协同系统									
B₄ 创意资本存量						B₅ 基础设施			
C₁₀ 年均营业收入	C₁₁ 年均上缴税款	C₁₂ 出租率	C₁₃ 入驻企业总数	C₁₄ 企业的平均租用面积	C₁₅ 入驻企业员工总数	C₁₆ 平均租金	C₁₇ 配套服务设施	C₁₈ 园区服务设施	C₁₉ 公共服务平台
956.05	161.50	96.67%	60	483.33	1200	1.5	1	5	1
667.33	100.77	100.00%	30	406.72	800	2	1	4	0
268.20	46.35	73.62%	58	863.13	850	0.95	0	5	1
280.67	32.66	100.00%	30	145.47	450	1.98	1	0	0
470.00	61.44	100.00%	90	226.04	850	1.17	1	2	0
915.67	43.68	60.09%	57	630.56	1100	0.82	1	1	0
1558.50	86.50	93.09%	70	274.63	1138	3.065	0	2	1
669.67	30.33	97.90%	52	269.23	224	1.87	1	0	0
468.00	29.33	98.84%	175	48.57	2000	2.1	0	3	1
444.33	27.88	100.00%	20	1030.00	500	0.7	1	2	0
1233.00	93.00	86.06%	59	173.14	600	2.91	1	3	0
3184.00	170.50	73.93%	67	335.97	1700	4.09	1	2	1

A₃ 创意环境支持性协同系统					
B₆ 社会文化环境			B₇ 制度环境		
C₂₀ 市区级以上来访接待	C₂₁ 园区的媒体关注度	C₂₂ 园区内举办的文化活动	C₂₃ 园区获得政府政策支持情况	C₂₄ 园区获取政府专项资金金额	C₂₅ 合作的社会机构
0	0	0	1	0	0
0	1	0	0	0	0
45.67	29.33	133.33	0	0	20
49.67	3.33	11.67	1	700	7
0	0.33	1.33	0	0	0
0.00	1	2.33	1	200	4
4.5	2.5	4.5	1	350	4
3.333333	3.33	7.33	1	50	1
30	12.5	2.5	1	600	3
0	0.67	0	0	0	0
9	2.5	2	1	230	2
3.33	3.33	0.67	1	60	2
2	7	5.5	1	80	2
0	0	2	0	50	1
5.33	4.67	7.33	1	0	3
5.00	3	2.33	1	60	0
0.00	4.67	3.00	1	50	1
7.5	90	19	1	680	18

			A_4 创意成果可持续性协同系统							
		B_8 创意绩效					B_9 可持续性增长潜力			
C_{26} 单位年营业收入	C_{27} 单位年上缴税款	C_{28} 单位年净利润额	C_{29} 年均净利润额	C_{30} 年均净资产收益率	C_{31} 改建投资回报率	C_{32} 入驻企业产品更新能力	C_{33} 净利润年增长率	C_{34} 自主知识产权数量	C_{35} 园区的授牌和奖项	C_{36} 入驻的名企/名家/名牌
802.59	61.04	−200.05	−83.50	−4.80%	−11.93%	172.73%	130.72%	0	2	0
919.60	157.87	29.47	26.22	0.21%	2.68%	23.80%	−26.92%	0	2	1
493.28	41.18	132.99	553.33	33.55%	110.67%	1.69%	−2.77%	0	12	30
130.24	20.41	0	0	0.00%	0.00%	−1.73%	0	0	2	5
703.22	81.04	0.21	0.40	0.04%	0.02%	63.80%	91.67%	0	1	1
377.30	63.41	255.05	336.67	20.66%	42.08%	6.41%	11.47%	2	4	4
289.71	48.94	169.02	557.75	21.00%	42.90%	49.94%	62.59%	0	3	6
432.27	65.27	294.04	453.93	24.38%	45.39%	10.33%	11.34%	24	7	9
36.24	6.26	17.80	131.75	4.01%	2.64%	32.52%	57.98%	8	1	10
643.14	74.84	568.30	248.01	19.97%	62.00%	7.60%	7.68%	0	1	1
219.10	28.64	169.21	362.97	14.37%	16.50%	32.52%	17.50%	0	2	2
137.18	6.54	0.35	2.37	0.24%	0.15%	10.53%	78.60%	0	2	4
652.09	36.19	72.80	174.00	6.16%	6.21%	19.95%	−49.93%	0	3	3
447.94	20.29	75.14	112.33	14.69%	29.56%	41.29%	189.17%	0	3	12
415.48	26.04	10.36	11.67	0.19%	1.06%	95.03%	589.39%	3	4	2
215.19	13.50	−1.76	−3.63	−0.72%	−0.72%	5.99%	89.71%	0	4	1
901.32	67.98	64.81	88.66	1.90%	2.96%	3.65%	290.53%	0	3	6
772.50	41.37	−208.89	−861.00	−7.87%	−7.83%	9.27%	26.41%	0	4	9

附录9 上海市各区县创意产业园区名单

区县	重点产业	挂牌创意园区
徐汇区（15）	研发设计、数字内容应用设计、咨询筹划	500视觉园、设计工厂、文定生活、西岸创意园、筑园、数娱大厦、D1国际创意空间、尚街LOFT、X2创意空间、虹桥软件园、汇丰创意园、2577创意大院、SVA越界、浦原科技园、乐山软件园

区县	重点产业	挂牌创意园区
杨浦区（11）	城市规划设计、建筑设计、工业设计	东纺谷、海上海、上海国际设计交流中心、上海国际家用纺织品产业园、创意联盟、铭大创意广场、五维空间、建筑设计工场、中环滨江128、昂立设计创意园、环同济设计创意集聚区
虹口区（12）	节能环保等研发设计、文化旅游	1933老场坊、建桥69、空间188、彩虹雨、绿地阳光园、优族173、新兴港、通利园、花园坊、物华园、智慧桥、大柏树数字设计创意产业集聚区
静安区（10）	广告设计、时尚设计、传媒和出版	静安创艺空间、800秀、静安现代产业大厦、传媒文化园、汇智创意园、同乐坊、98创意园、安垦绿色、3乐空间、源创创意园
长宁区（13）	时尚设计、软件设计和信息服务业	新十钢（红坊）、天山软件园、映巷创意工场、聚为园、创邑·源、湖丝栈、时尚品牌会所、时尚产业园、原弓艺术创库、周家桥、华联创意广场、创邑·河、法华525创意树林
卢湾区（4）	建筑设计、广告设计等	卓维700、江南智造、8号桥、田子坊
闸北区（9）	工业设计	孔雀园、工业设计园、名仕街、新慧谷、老四行仓库、合金工厂、JD制造、创意仓库、兴中兴
普陀区（5）	动漫设计、软件设计、工业设计和文化艺术	E仓库、M50、创邑·金沙谷、天地软件园、景源
浦东新区（3）	研发设计、动漫、网游等	张江"创星园"、鑫灵创意园、张江文创产业基地
黄浦区（3）	旅游纪念品设计	上海滩、旅游纪念品设计园、南苏河
闵行（1）	文化、设计、网络，艺术品展览展示和设计类企业	西郊鑫桥
嘉定区（1）	文化旅游、研发设计、广告和咨询策划	智慧金沙3131
宝山区（1）	动漫衍生品的研发、设计、展示，以及以节能环保为主题的研发设计	上海国际节能环保园
松江区（1）	影视制作、传媒等	第一视觉创意广场

资料来源：上海市经济与信息化委员会 http://www.sheitc.gov.cn。

参考文献

［1］约翰·哈特利. 创意产业读本 ［M］. 曹书乐等译. 北京：清华大学出版社，2007.

［2］吕方. 世界文化发展与英国创意产业 ［J］. 世界经济与政治论坛，2007（6）：106-109.

［3］John Howkins.The Creative Economy：How People Make Money from Ideas ［M］. Penguin Books Limited，2005：44-67.

［4］熊彼特. 经济发展理论 ［M］. 北京：北京出版社，2008.

［5］刘吉发. 创新与文化创意：关系辨析及产业发展趋势 ［J］. 现代经济探讨，2009：34-37.

［6］Throsby. Economics and Culture ［M］. Cambridge：CUP，2001.

［7］Howkins J. The Creative Economy： Knowledge–driven Economic Growth ［J］. Jodhpur India，2005：26-30.

［8］厉无畏，王慧梅. 创意产业促进经济增长方式转变——机理·模式·路径 ［J］. 中国工业经济，2006（11）：5-13.

［9］Richard E.Caves. 创意产业经济学——艺术的商业之道 ［M］. 孙绯等译. 北京：新华出版社，2004.

［10］John Howkins. The Creative Economy：How People Make from Ideas ［M］. The Penguin Press，2005.

[11] Beyers W. B. Culture, Services and Regional Development [J]. Service Industries Journal, 2002 (22): 4-34.

[12] Dominic Power. Cultural Industries in Sweden: An Assessment of Their Place in the Swedish Economy [J]. Economic Geography, 2002, 78 (2): 103-127.

[13] Florida R. The Rise of the Creative Class [M]. New York: Basic Books, 2002.

[14] Allen J. Scott. Cultural-products Industries and Urban Economic Development [J]. Urban Affairs Review, 2004 (39): 461-490.

[15] 厉无畏，王慧敏. 创意产业促进经济增长方式转变——机理·模式·路径 [J]. 中国工业经济，2006 (11): 5-13.

[16] 尹宏. 论创意经济与城市可持续发展能力 [J]. 经济纵横，2007 (3): 32-34.

[17] 李卓华，田亚平. 创意产业促进我国区域经济协调发展的研究 [J]. 经济问题探索，2009 (8): 44-46.

[18] 王林，顾江. 文化产业发展与区域经济增长——来自长三角地区 14 个城市的经验证据 [J]. 中南财经政法大学学报，2009 (2): 84-88.

[19] 韩顺法，李向民. 创意产业影响经济增长的测度研究 [J]. 统计研究，2010 (1): 110-112.

[20] 尹宏. 论创意经济与城市可持续发展能力 [J]. 经济纵横，2007 (3): 32-34.

[21] 张秀生，卫鹏鹏. 区域经济理论 [M]. 武汉：武汉大学出版社，2005 (65): 141-142.

[22] 李卓华，田亚平. 创意产业促进我国区域经济协调发展的研究 [J]. 经济问题探索，2009 (8): 44-46.

[23] 张秀生，卫鹏鹏. 区域经济理论 [M]. 武汉：武汉大学出版社，2005 (65): 141-142.

[24] 厉无畏，王慧敏. 创意产业促进经济增长方式转变——机理·模式·路径 [J]. 中国工业经济，2006 (11): 5-13.

[25] 厉无畏. 创意产业：转变经济发展方式的策动力 [M]. 上海：上海社会科学院出版社，2008.

[26] 肖雁飞，刘友金，沈玉芳. 上海创意产业区空间创新特点和趋势研

究——一个"新经济空间"的视角 [J]. 现代城市研究，2007 (12)：40-43.

[27] Ashworth G., Voogt H. Marketing and Place Promotion.in Gold J., Ward S.. Place Promotion：The Use of Publicity and Marketing to Sell Towns and Regions [M]. Chichester：Wiley，1994.

[28] Molotch, H. Los Angeles as Design Product：How Art Works in Regional Economy. In The City：Los Angeles and Urban Theory at the End of the Twentieth Century. Berkerlery and Los Angeles [C]. CA：University of California Press，1996：225-275.

[29] Scott A. The Cultural Economy of Cities [J]. International Journal of Urban and Regional Research，1997 (21)：323-339.

[30] Caves R. Creative Industries：Contracts between Arts and Commerce [M]. Cambridge，MA：Harvard Universtiy Press，2002.

[31] Andy Pratt. Creative Clusters：Towards the Governance of the Creative Industries Production System [J]. Media International Australia，2004 (112)：50-66.

[32] Richard E.Caves.Creative Industries：Contracts between Art and Commerce [M]. Cambridge，MA：Havard University Press，2002.

[33] Pumhiran N. Reflection on the Disposition of Creative Milieu and Its Implications for Cultuaral Clustering Strategies [R]. 41ˢᵗ ISOCARP Congress，2005.

[34] Scott A. Creative Cities：Conceptual Issues and Policy Questions [M]. Spain：OECD International Conference on City Competitiveness，2005.

[35] Landry Charles. The Creative City [M]. India：Earthscan Publications，2000：132.

[36] Florida R. The Rise of the Creative Class；Why Cities without Gays and Rock Bands are Losing the Economic Developmen Trace [OL]. http：//www.creative class.org，2002，5 (34).

[37] Brain Knudsen，Richard Florida. Urban Density，Creativity and Innovation [OL]. www.creative class.org.

[38] Glaeser L. Review of Richard Florida's，The Risc of the Creative Class. http：//www.Creative class.org，2004.

[39] Meric S. Gertler. Creative Cities：What are They for，How do They Work，and How do We Build Them？[EB/OL]. Canadian Policy Research Networks (CPRN).

http：//www.cpm.org，2004.

[40] Reynis Lee A.，Mitchell Jeffrey.The Economic Importance of the Arts & Cultural Industries in Santa FeCounty [D]. University of New Mexico，Bureau of Business and Economic Research，2004（11）.

[41] Zukin. Loft Living Culture and Capital in Urban Change [M]. London：Radius，1988.

[42] Hutton，T. The New Economy of the Inner City [J]. Cities，2004，21（2）：89-108.

[43] Allen Scott. On Hollywood，The Place The Industry [M]. New Jersey：Princeton University Press，2005.

[44] Justin O'Connor. Art，Popular Culture and Cultural Policy：Variations on a Theme of John Carey [J]. Critical Quarterly，2006，48（4）：49-104.

[45] Ann Markusen，Greg Schrock，Marina Cameron. The Artistic Divided：The Arts'Hidden Contributions to Regional Development [R]. Universtiy of Minnesotam，2003（7）.

[46] Caves R. E. Creative Industries：Contracts between Arts and Commerce [M]. Cambridge，MA：Harvard Universtiy Press，2002.

[47] Landry Charles. The Creative City [M]. India：Earthscan Publications，2000：132.

[48] 厉无畏，王慧敏. 创意产业促进经济增长方式转变——机理·模式·路径 [J]. 中国工业经济，2006（11）：5-13.

[49] Ashworth G.，Voogt H. Selling the City [M]. London：Belhaven，1994.

[50] Hutton T. Reconstructed Production Landscapes in the Postmodern City：Applied Design and Creative Services in the Metropolitan Core[J]. Urban Geography，2000，21（4）：285-317.

[51] 胡彬. 创意产业促进城市发展的内容与途径 [J]. 城市问题，2007（7）.

[52] 尹宏. 现代城市创意经济发展研究 [M]. 北京：中国经济出版社，2009.

[53] Allen Scott. On Hollywood，The Place the Industry [M]. New Jersey：Princeton University Press，2005.

[54] Allen Scott.Creative Cities：Conceptual Issues and Policy Questions.

Journal of Urban Affairs, 2006 (28): 1-17.

[55] Scott A. The Cultural Economy of Cities [J]. Internatinal Journal of Urban and Regional Research, 1997: 323-339.

[56] Caves, R. Creative Industries: Contracts between Art and Commerce [M]. Cambridge, MA: Harvard University Press, 2004.

[57] Pumhiran, N. Reflection on the Disposition of Creative Milieu and its Implications for Cultuaral Clustering Strategies [R]. 41ˢᵗ ISOCARP Congress, 2005.

[58] Yusuf S., Nabeshima K. Creative Industries in East Asia [J]. Cities, 2005 (2).

[59] Grabher G. The Weakness of Strong Ties: The Lock-in of Regional Development in the Ruhr Area [M]. London: Routledge, 1993.

[60] Molotch H. LA as Design Product: How Art Works in a Regional Economy. In The City: Los Angeles and Urban Theory at the End of the Twentieth Century [M]. Berkeley and Los Angeles: University of California Press, 1996: 225-275.

[61] 周绍森. 科技创新论 [M]. 北京: 高等教育出版社, 2002.

[62] 陈倩倩, 王缉慈. 论创意产业及其集群的发展 [J]. 地域研究与开发, 2005 (5): 5-8.

[63] 布迪厄, 华康德. 实践与反思 [M]. 北京: 中央编译出版社, 1998: 133-134.

[64] Allen J. Scott. Creative Cities: Conceptual Issues and Policy Question [J]. 现代城市研究, 2007 (2): 70.

[65] A.J. Scott, N.E.Pope.Hollywood, Vancouver, and the Word: Employment Relocation and the Emergence of Satellite Production Centers in the Motion-picture Industry [J]. Environment and Planning A, 2007, 39 (6): 1364-1381.

[66] 陈颖. 创意产业集聚区环境对创意企业竞争优势的作用机制研究 [D]. 东华大学博士学位论文, 2010.

[67] O'Connor J.The Definition of Cultural Industries [OL]. http//www.mipc.mmu.ac.uk/iciss/reports/defin.pdf, 2000.

[68] Walcott S. Analyzing an Innovatives Environment: San Diego as a Bioscience Beachhead [J]. Economic Development Quarterly, 2002, 16 (2): 99-114.

［69］ Florida R. Cities and the Creative Class ［M］. New York：Routledge，2005.

［70］ 盈利. 创意产业集群网络结构研究 ［D］. 北京交通大学硕士学位论文，2008.

［71］ 张梅青，盈利. 创意产业集群网络结构演进机制研究［J］. 中国软科学，2009（S1）.

［72］ 王发明. 创意产业园区的网络式创新能力及其集体学习机制［J］. 科技与经济，2009（6）.

［73］ 余晓泓. 创意产业集群模块化网络组织创新机制研究［J］. 经济与管理，2010（8）.

［74］ Pratt A.C. The Cultural Industries Produetion System：A Case Study of Employlnent Changein Britain（1984–1991）［J］. Environment and Planning，1997（27）.

［75］ Pratt A.C. Creative Clusters：Towards the Governance of the Creative Industries Production System？［J］. Media International Australia Incorporating Culture and Policy，2004.

［76］ Robert G. Picard.Changing Business Models of Online Content Services：Their Implications for Multimedia and Other Content Producers ［J］. The International Journal on Media Management，2000，（2）：60–68.

［77］ 贺寿昌. 创意产业增值研究 ［D］. 上海交通大学博士学位论文，2006.

［78］ 潘瑾. 基于价值链分析的创意产业知识产权保护方法与途径探讨［J］. 知识产权，2006（2）.

［79］ 孙福良，张逎英.中国创意经济比较研究 ［M］. 上海：学林出版社，2008.

［80］ O'Connor J.The Definition of Cultural Industries ［R］. http//www.mipc.mmu.ac.uk/iciss/reports/defin.pdf，2000.

［81］ Brecknock R. Creative Capital：Creative Industries in the "Creative City"［R］. Creative Capital，2004（15）.

［82］ Normann R.，R. Ramirez. Designing Interactive Strategy：From Value Chain to Value Constellation［J］. Harward Business Review，1993，71（4）：65–77.

［83］ Adrian J. Slywotzky，David J.Morrison，Bob Andelman. The Profit Zone

[M]. Crown Archetype，2002.

[84] 大卫·博维特. 价值网 [M]. 北京：人民邮电出版社，2000.

[85] A.Brandenburger，B. Nalebuff. Co-opetition [M]. New York：Doubleday，1996.

[86] Prabakar Kathandaraman，David T. Wilson. The Future of Competition：Value-creating Networks [J]. Industrial Marketing Management，2001 (30).

[87] 苟昂，廖飞. 基于组织模块化的价值网研究 [J]. 中国工业经济，2005 (2).

[88] 李海舰，原磊. 基于价值链层面的利润转移研究 [J]. 中国工业经济，2005 (6).

[89] Andy C.Pratt. The Cultural Economy：A Call for Spatialized "Production of Culture" Perspectives[J]. International Journal of Cultural Studies，2004，7 (1)：117-128.

[90] 厉无畏. 创意产业价值创造机制与产业组织模式 [J]. 学术月刊，2007 (8).

[91] 胡彬. 创意产业价值创造的内在机理与政策导向 [J]. 中国工业经济，2007 (5).

[92] 谭娜. 基于价值生态系统的创意产业价值创造能力评价研究 [D]. 东华大学博士学位论文，2012.

[93] 迈克尔·波特. 集群与新竞争经济学 [J]. 哈佛商业评论，1998.

[94] 吕肖华. "第三意大利" 对东北振兴的启示 [N]. 中国经济时报，2003-11-28.

[95] 孟韬. 网络视角下的产业集群组织研究 [M]. 北京：中国社会科学出版社，2009 (45).

[96] Richard Florida. 创意经济 [M]. 北京：中国人民大学出版社，2006.

[97] Allen Scott. Entrepreneurship，Innovatian and Industrial Development：Geography and the Creative Meld Revisited [J]. Small Business Economics，2006 (26)：1-24.

[98] Mommaas Hans. Cultural Clusters and the Postindustrial City：Towards the Remapping of Urban Cultural Policy，Urban Studies [J]. UrbanStudies，2004，41 (3)：507-532.

［99］ Santagata Walter. Cultural Districts，Property Rights and Sustainable Economic Growth ［J］. International Journal of Urban and Regional Research，2002，26（1）：9-23.

［100］韩庚三. 中央商务区文化创意产业集群发展类型与特点［J］. 经济与管理研究，2009（3）.

［101］孔建设. 文化经济的融合兴起与北京想象——基于北京文化创意产业集聚区发展的再研究［J］. 艺术与投资，2009（2）.

［102］王缉慈. 超越集群——中国产业集群的理论探索 ［M］. 北京：科学出版社，2010.

［103］ Richard Florida. The Rise of the Creative Class ［M］. United States：Basic Books，2002.

［104］ UNESCO. What are Creative Clusters ［R］. http：//portal.unesco.org，2006.

［105］陈颖. 创意产业集聚区环境与创意企业竞争优势的关联性 ［M］. 浙江：浙江大学出版社，2012：25.

［106］ Currid E.，Williams S. The Geography of Buzz：Art，Culture and the Social Milieu in Los Angeles and New York ［J］. Working Paper，2006.

［107］王缉慈. 超越集群：中国产业集群的理论探索 ［M］. 北京：科学出版社，2010.

［108］ Florida. The Rise of the Creative Class ［M］. New York：Basic Books，2004.

［109］ Santagata. Creative Economy Report ［R］. UNCTAD，2010.

［110］王发明. 创意产业集群化：基于地域根植性的理论演进及其政策含义 ［J］. 经济学家，2010（5）：63-66.

［111］王缉慈. 创意产业集群机制的思考 ［A］. 2004 上海中国创意产业发展论坛，2004-4-30.

［112］解学梅，隋映辉. 科技产业集群持续创新的周期演化机理研究［J］. 科研管理，2008（1）：107-114.

［113］ Richard Pouder，Caron H. St. John. Hot Spots and Blind Spots：Geographical Clusters of Firms and Ovmion ［J］. Academy of Management Review，1996，21（4）：1192-1225.

［114］迈克尔·波特. 产业簇群与竞争：企业、政府和机构的新议题［M］//迈克尔·波特. 竞争论. 北京：中信出版社，2003.

［115］Edward M. Bergman.Cluster Life–Cycles：An Emerging Synthesis［J］. Published online by epub.2007. http：//epub.wuwien.ac.at.

［116］盖文启. 创新网络：区域经济发展新思维［M］. 北京：北京大学出版社，2002：37–40.

［117］魏守华. 产业集群的动态研究以及实证分析［J］. 世界地理研究，2002（3）：23–25.

［118］陶永宏，冯俊文，陈军. 产业集群生命周期的定性描述研究［J］. 集团经济研究，2005（10）：23–26.

［119］池仁勇，等. 产业集群发展阶段理论研究［J］. 软科学，2005.

［120］毛磊：基于生命周期理论的文化创意产业集群演化分析［J］. 科技管理研究，2010.

［121］毛磊：基于生命周期理论的文化创意产业集群演化分析［J］. 科技管理研究，2010.

［122］http：//baike.baidu.com/link？url=JMnFhJvp–Fe–5aUzQk4MJbGRatZrHa 0wwbVVarq8IQuuOJ9MA1OLMHZholdtyxcRQzzNGQ8uW8sQIkCWZMyMka.

［123］韩明安. 新语词大词典［S］. 哈尔滨：黑龙江人民出版社，1991：539.

［124］李高奎. 协同理论与会计协同论［J］. 山西财经大学学报（高等教育版），2002，56（3）：12–14.

［125］赫尔曼·哈肯. 协同学［M］. 上海：上海译文出版社，2001.

［126］孙天琦. 合作竞争型准市场组织的发展与产业组织结构的演进［J］. 改革，2001（1）：18–22.

［127］王琛，赵英军，刘涛. 协同效应及其获取的方式与途径［J］. 学术交流，2004（10）：47–50.

［128］迈克尔·波特. 竞争优势［M］. 北京：华夏出版社，1997.

［129］H.Igor Ansoff.Corporate Strategy［M］. Sidgwick & Jackson，1986.

［130］Robert D. Buzzell，Bradley T. Gale. The PMS Principles：Linking Strategy to Performance［M］. The Free Press，1987：51–76.

［131］Hiroyuki Itami. Mobilizing Invisible Assets［M］. Cambridge，MA：Havrrard Universiyt Press，1991.

[132] 刘友金，杨继. 集群中企业协同竞争创新行为博弈分析 [J]. 系统工程，2002，20（6）：22-26.

[133] Corinne Bendersky. Organizational Dispute Resolution Systems: A Complementatities Model [J]. Academy of Management Review, 2003, 28 (4): 643-656.

[134] 韵江，刘立，高杰. 企业集团的价值创造与协同效应的实现机制 [J]. 财经问题研究，2006（4）：79-86.

[135] 苗东升，系统科学原理 [M]. 北京：中国人民大学出版社，1990：517-566.

[136] Iammarino S. An Evolutionary Integrated View of Regional Systems of Innovation: Concepts, Measures and Historical Perspectives [J]. European Planning Studies, 2005, 13 (4): 497-519.

[137] Cooke P., Hans Joachim Brazyk H. J., Heidenreich M. Regional Innovation Systerms: The Role of Govermance in the Globalied Word [M]. London: UCL Press, 1996.

[138] 吴贵生，谢伟. 国家创新系统的要素：作用与影响 [C]. 第二届中韩产业技术政策研讨会会议文集，1993.

[139] R.R. Nelson. National Innovation System: A Comparative Analysis [M]. Oxford University Press, 1993.

[140] Cooke P., Hans Joachim Brazyk H. J., Heidenreich M. Regional Innovation Systerms: The Role of Govermance in the Globalied Word [M]. London: UCL Press, 1996.

[141] Schumteper J. A. 经济发展理论：对于利润、资本、信贷、利息和经济周期的考察 [M]. 北京：商务印书馆，1997.

[142] Aseim B, Isaksen A.Location. Agglomeration and Innovation: Towards Regionalinnovation Systems in Norway [J]. European Planning Srudies 1997, 5 (3): 299-330.

[143] Autio E. Evaluation of RTD in Regional Systems of Innovation [J]. European Planning Studies, 1998, 6 (2): 131-140.

[144] Cooke P., Schienstock G. Structural Competitiveness and Learning Regions [J]. Enterprise and Innovation Management Studies, 2000, 1 (3).

［145］Doloreux D. What We Should Know about Regional Systems of Innovation ［J］. Technology in Society，2002，24（3）：243 –263.

［146］Philip Cooke. The Role of Research in Regional Innovation Systems：New Models Meeting Knowledge Economy Demands. International Journal of Technology Manasement ［J］. 2004，28（36-6）：507-533.

［147］Stefan Kuhimann. European/German Efforts and Policy Evaluation in Regional Innovation ［R］. Univertity Utrechat Fraunhofer Institute Systems and Innovation Research. International Workshop on the Comprehensive Review of the S&T Basic Plans in Japan –Towards the Effective Benchmarking of Interated S&T policy–Tokyo，NISTEP，September，13-1，2004：1-25.

［148］陈广. 区域技术创新系统研究论纲——兼论中国西部地区的技术创新 ［J］. 世界科技研究与发展，1999（1）：30-32.

［149］黄鲁成. 关于区域创新系统研究内容的探讨 ［J］. 科研管理，2000，21（2）.

［150］顾新. 区域创新系统的内涵与特征 ［J］. 同济大学学报（社会科学版），2001，12（6）：32-37.

［151］王核成，宁熙. 硅谷的核心竞争力在于区域创新网络 ［J］. 经济学家，2001（5）：125-127.

［152］朱付元. 区域创新系统及其识别方法研究 ［J］. 科技管理研究，2005（3）：41-45.

［153］Cooke，P. Regional Innovation Systems：General Findings and Some Newevidence from Biotechnology Clusters ［J］. Journal of Technology Transfer，2002，27（1）：133-145.

［154］胡志坚，苏靖. 区域创新系统理论的提出与发展 ［J］. 中国科技论坛，1999（6）.

［155］周亚庆，张方华. 区域创新系统研究 ［J］. 科技进步与对策，2001（2）：44-45.

［156］孙伟，黄鲁成. 产业群的类型与生态学特征 ［J］. 科学学与科学技术管理，2002，7.

［157］Asheim B.，Isaksen A. Regional Innovation Systems：The Integration of Local "Sticky" and Global "Ubiquitous" Knowledge ［J］. The Journal of Technology

Transfer, 2002, 27 (1): 77-86.

［158］ Isaksen A., Kalsaas B. T. Suppliers and Strategies for Upgrading in Global Production Networks: The Case of a Supplier to the Global Automotive Industry in a High-cost Location ［J］. European Planning Studies, 2009, 17 (4): 569-585.

［159］ Tödtling F., Kaufmann, A. SMEs in Regional Innovation Systems and the Role of Innovation Support—the Case of Upper Austria ［J］. The Journal of Technology Transfer, 2002, 27 (1): 15-26.

［160］ 毛艳华. 区域创新系统的内涵与政策含义 ［J］. 经济学家, 2007 (2).

［161］ Doloreux, D. Regional Innovation Systems in Canada: A Comparative Study ［J］. Regional Studies, 2004, 38 (5): 481-494.

［162］ Buesa M., et al. Regional Systems of Innovation and the Knowledge Productionfunction: The Spanish Case ［J］. Technovation, 2006, 26 (4): 463-472.

［163］ 彭纪生. 中国技术协同创新 ［M］. 北京: 中国经济出版社, 2000.

［164］ 杨耀武, 张仁开. 长三角产业集群协同创新战略研究 ［J］. 中国软科学, 2009 (S2).

［165］ Collaborative Innovation Network ［OL］. http//en.ikipedia.org/wiki/Colla-Borative Innovation Network.

［166］ Serrano V., Fischer T. Collaborative Innovation in Ubiquitous Systems ［J］. International Manufacturing, 2007 (18): 599-615.

［167］ 方澜. 中国纺织产业集群的演化理论与实证研究 ［D］. 东华大学博士学位论文, 2006.

［168］ 陈劲, 阳银娟. 协同创新的理论基础与内涵 ［J］. 科学学研究, 2012 (2): 161-164.

［169］ Collaborative Innovation Network ［EB/OL］. http: //en.ikipedia.org/wiki/Collaborative Innovation network.

［170］ 陈光. 企业内部协同创新研究 ［D］. 西南交通大学博士学位论文, 2005.

［171］ 迈克尔·波特. 竞争优势 ［M］. 北京: 华夏出版社, 1997.

［172］ John Shank, V.Gowindarajan.Strategic Cost Management and the Value Chain ［J］. Journal of Cost Management, 1992.

［173］ Peter Hines. Integrated Management：The Value Chain Redefined ［J］. International Journal of Logistics Management，1993，4（1）.

［174］刘健.基于价值链的战略联盟研究 ［D］.河北工业大学硕士学位论文，2002.

［175］ Gulati Ranjay，Nitin Nohria，Akbar Zaheer. Strategic Networks ［J］. Strategic Management Journal，2000，21（3）：203-215.

［176］张弘.基于价值网络的企业竞争优势来源与构建 ［J］.湖南社会科学，2007（5）.

［177］吴海平，宣国良.价值网络的本质及其竞争优势 ［J］.经济管理，2002（24）.

［178］孟庆红.基于顾客满意度的电信运营商竞争优势研究 ［D］.电子科技大学博士论文，2012.

［179］耿帅.基于共享性资源观的集群企业竞争优势研究 ［D］.浙江大学博士论文，2005.

［180］耿帅.基于共享性资源观的集群企业竞争优势研究 ［D］.浙江大学博士论文，2005.

［181］ Penrose E.The Theory of the Growth of the Firm ［M］. Oxford，UK：Oxford University Press，1959.

［182］ Birger Wernerfelt. A Resource-based View of the Firm ［J］. Strategic Management Journal，1984（5）：171-180.

［183］ C. K. Prahalad，Gary Hamel.The Core Competence of the Corporation ［J］. Harvard Review Magazine，1990.

［184］王晓娟.知识网络与集群企业竞争优势研究 ［D］.浙江大学博士学位论文，2007.

［185］ Teece D. J.，Pisano G.，Shuen A. Dynamic Capabilities and Strategic Management ［J］. Strategic Management Journal，1997，18（7）.

［186］ Mintzberg Henry. The Rise and Fall of Strategic Planning：Reconceiving the Roles for Planning，Plans，Planners. Free Press，1994：458.

［187］ Dickson P. R. The Static and Dynamic Mechanics of Competition：A Comment on Hunt and Morgan's Comparative Advantage Theory ［J］. Journal of Marketing，1996：102-106.

［188］ Friedrieh A.Hayek.The Use of Knowledge in Society ［J］. American Economic Review，1945（9）.

［189］ Grant R. M. Toward a Knowledge-based Theory of the Firm ［J］. Strategic Management Journal，1996（17）：109-122.

［190］ Teece David J. Capturing Value from Knowledge Assets：The New Economy，Markets for Know-How，and Intangible Assets ［J］. California Management Review，1998，40（3）：55-79.

［191］ Borg Erik A. Knowledge，Information and Intellectual Property：Implications for Marketing Relationships ［J］. Technovation，2001（21）：515-524.

［192］迈克尔·波特. 竞争优势 ［M］. 北京：华夏出版社，2002.

［193］程恩富. 构建知识产权优势理论与战略——兼论比较优势和竞争优势理论 ［J］. 当代经济研究，2003（9）.

［194］郭民生. 知识产权优势理论之我见 ［EB/OL］. http：//www.hnpatent.gov. cn.2006-01.

［195］张金昌. 国际竞争力评价的理论和方法 ［M］. 北京：经济科学出版社，2002.

［196］张廷海，武云亮. 产业集群竞争力研究述评 ［J］. 郑州航空工业管理学院学报，2009（6）.

［197］刘爱雄，朱斌. 产业集群竞争力及其评价 ［J］. 科技进步与对策，2006（1）：145.

［198］杨智，曾伟等. 针对武汉城市圈产业竞争力评价问题 ［J］. 统计与决策，2009（15）.

［199］高秀艳，高亢. 区域高技术产业竞争力评价与对策分析——以辽宁省为例 ［J］. 企业经济，2012（1）.

［200］刘友金. 产业集群竞争力评价量化模型研究——GEM 模型解析与 GEMN 模型构建 ［J］. 中国软科学，2007（9）.

［201］曾光. 创意产业城市集聚论 ［J］. 当代财经，2009（4）：87-90.

［202］厉无畏，于雪梅. 关于上海文化创意产业基地发展的思考 ［J］. 上海经济研究，2005（8）：48-53.

［203］花建. 产业丛与知识源——论文化创意产业集聚区的内在规律和发展动力 ［J］. 上海财经大学学报，2007（8）：3-8.

[204] 包晓雯，陈达舜.上海创意产业集聚区的发展研究 [J].上海城市规划，2008（3）：17-21.

[205] 张祖林.基于波特集群理论的创意产业园区发展路径探析 [J].上海管理科学，2008（1）：69-74.

[206] 褚劲风.上海创意产业空间集聚的影响因素分析 [J].中国人口，2009（2）：170-174.

[207] 江柿.杭州文化创意产业集聚区竞争力研究 [D].浙江师范大学硕士论文，2009.

[208] Uzzi B.The Sources and Consequences of Embeddedness of the Economic Perofmrance of Ogranizations：The Newtork Effect [J].American Sociological Review，1996，61（4）：674-698.

[209] Culati R. Alliances and Newtorks [J]. Strategic Management Journal，1998，19（4）：293-317.

[210] Cohen W. M.，Levinthal D. A. Absorptive Capacity：A New Perspective on Learning and Innovation [J]. Administrative Science Quarterly，1990，35（1）：128-152.

[211] Fossa J. N. Network，Capabilities and Competitive Advantage [J]. Scandinavian Journal of Management，1999，15（1）：1-15.

[212] 单泹源，彭忆，高阳.一种协同生产管理实现模式 [J].中国机械工程，2002，11（7）：773-776.

[213] 王少海.资源均衡配置的体制供给选择 [J].经济理论与经济管理，2004（2）：42-46.

[214] 李琳.创新集群、合作网络与地区竞争力 [J].云南财贸学院学报，2008，5（20）：99-103.

[215] Saxenian A. Regional Advantage：Culture and Competition in Silicon Valley and Route 128 [M]. Cambridge，MA：Harvard University Press，1994：56-88.

[216] Anna Lee Saxenian. Silicon Valley Versus Route 128 [J]. California Management Review，1994，16（2）：25-26.

[217] 刘友金，黄鲁成.产业集群的区域创新优势与我国高新区的发展 [J].中国工业经济，2001（2）：33-37.

[218] 范如国，李星. 产业集群内多企业动态合作创新博弈分析 [J]. 学习与实践，2011（12）.

[219] Richard E. Caves. Creative Industries：Contracts between Art and Commerce [M]. Cambridge，MA：Harvard University Press，2004.

[220] Freeman. Networks of Innovation：a Synthesis of Research Issues [J]. Research Policy，1991，20（5）：499-514.

[221] 潘瑾，李山金，陈媛. 创意产业集群的知识溢出探析 [J]. 科学管理研究，2007（8）.

[222] Hall B. H.，Link A. N.，Scott J. T. Barriers Inhibiting Industry from Partnering with Universities：Evidence from the Advanced Technology Program [J]. Journal of Technology Transfer，2001，26（12）：87-98.

[223] 李大平. 高技术企业技术标准联盟知识产权战略研究 [D]. 长沙：湖南大学博士论文，2007.

[224] Capello R. Spatial Transfer of Knowledge in High Technology Milieux：Learningversus Collectival Learning Processes [J]. Regional Studies，1999（33）.

[225] Kamann D. F. The Distribution of Dominance in Networks and its Spatial Implication，Edited by Bergman E.M.Regions Reconsidered：Ecinomic Networks，Innovation，and Local Development in Industrialized Corntries [M]. New York：Manshell Publishing Limited，1991.

[226] 李林，肖玉超，王永宁. 基于产业集群的产学研战略联盟合作机制构建研究 [J]. 重庆大学学报（社会科学版），2010，2（16）.

[227] 王雎，曾涛. 开放式创新：基于价值创新的认知性框架 [J]. 南开管理评论，2011（2）.

[228] 芮明杰，李想. 差异化、成本领先和价值创新——企业竞争优势的一个经济学解释 [J]. 财经问题研究，2007（1）.

[229] Benjamin Gomes-Casseres. The Logic Alliance Fads：Why Collective Competition Spreads [D]. Massachusetts：Brandeis University，2012.

[230] 龚勤林. 论产业链构建与城乡统筹发展 [J]. 经济学家，2004（3）：121-123.

[231] 蒋国俊，蒋明新. 产业链理论及其稳定机制研究 [J]. 重庆大学学报（社会科学版），2004（10）.

[232] 杨公仆，夏大慰. 现代产业经济学 [M]. 上海：上海财经大学出版社，2005：137-141.

[233] 芮明杰，刘明宇. 产业链整合理论述评 [J]. 产业经济研究，2006（3）：60-66.

[234] 潘承云. 解读产业价值链——兼析我国新兴产业价值链的基本特征 [J]. 当代财经，2002（5）.

[235] Adam M. Brandenburger & Harborne W. Stuart. Value-based Business Strategy [J]. Journal of Economics & Management Strategy，1996，5（1）：5-24.

[236] 吴德进. 产业集群论 [M]. 北京：社会科学文献出版社，2006：84-85.

[237] 伍琴，张汉江，李巍. 整合供应链管理推进产业集群化优势与对策分析 [J]. 系统工程，2005，23（4）：75-78.

[238] 黎鹏. 区域经济协同发展及其理论依据与实施途径 [J]. 地理与地理信息科学，2005（7）.

[239] 金龙，陈梅，李石山. 构建协同的供应链 [J]. 科技与管理，2005（1）.

[240] 邱国栋，白景坤. 价值生成分析：一个协同效应的理论框架 [J]. 中国工业经济，2007（6）.

[241] Greg Hearn，Stuart Cunningham，Diego Ordonez. Commercialisation of Knowledge in Universities：The Case of the Creative Industries [J]. Prometheus，2004（7）.

[242] 胡晓鹏. 价值系统的模块化与价值转移 [J]. 中国工业经济，2006.

[243] Teece D. J. Profiting from Technological Innovation：Implications for Integration, Collaboration, Licensing and Public Policy [J]. Research Policy，1986（15）.

[244] 薛红志，张玉利. 突破性创新、互补性资产与企业间合作的整合研究 [J]. 中国工业经济，2006（8）.

[245] 黎继子. 集群式供应链及其管理研究 [D]. 华中农业大学博士学位论文，2006.

[246] Prabakar Kathandaraman，David T.Wilson. The Future of Competition Value Creating Networks [J]. Industrial Marketing Management，2001（30）.

[247] 徐子青. 区域经济联动发展研究 [D]. 福建师范大学博士学位论文，2010.

[248] 黄志刚. 交通基础设施建设与区域经济协调发展研究 [D]. 长沙理工大学硕士学位论文，2005.

[249] Brülhart M., Torstensson J. Regional Integration, Scale Economies and Industry Location in the European Union [A]. CEPR Discussion Paper, 1998.

[250] 马中东. 基于分工视角的产业集群形成与演进机理研究 [D]. 辽宁大学博士学位论文，2006.

[251] Porter. 竞争优势 [M]. 北京：华夏出版社，1997.

[252] 邱国栋，白景坤. 价值生成分析—— 一个协同效应的理论框架 [J]. 中国工业经济，2007 (6).

[253] Florida R. The Rise of Creative Class [M]. New York：Basic, 2002.

[254] Charles Landry. The Creative City——A Toolkit for Urban Innovators [M]. London：Earthscan Publications LTD, 2000.

[255] John Howkins. The Creative Economy：How People Make Money from Ideas [M]. London：Penguin Global, 2004.

[256] 郑刚，梁欣如. 全面协同：创新致胜之道——技术与非技术要素全面协同机制研究 [J]. 科学学研究，2006，26 (S1).

[257] 彭纪生，吴林海. 论技术协同创新模式及建构 [J]. 研究与发展管理，2000，12 (5)：12-16.

[258] 解雪梅，曾赛星. 创新集群跨区域协同创新网络研究述评 [J]. 研究与发展管理，2009，21 (1).

[259] 胡恩华，刘洪. 基于协同创新的集群创新企业与群外环境关系研究 [J]. 科学管理研究，2007，25 (3)：23-26.

[260] Young Hae Lee, Sook Han Kim. Optimal Production Distribution Planning in Supply Chain Management Using a Hybrid Simulation Analytic Approach [C]. Proceeding of the Winter Simulation Conference, 2000.

[261] 袁付礼，喻红阳. 协作产品创新平台及其构建 [J]. 当代经济，2005 (7).

[262] 楼高翔，曾赛星. 区域技术创新协同能力的测度及其评价体系构建 [J]. 企业经济，2006 (11).

[263] 贺灵. 区域协同创新能力测评及增进机制研究 [D]. 中南大学博士学位论文，2013.

［264］易华. 创意阶层理论研究述评［J］. 外国经济与管理，2010（3）.

［265］Freeman C., Networks of Innovators：a Synthesis of Research Issues［J］. Research Policy，1991（20）.

［266］ Scott A. J. The Cultural Economy of Cities［M］. London：SAGE Publications，2000：30-39.

［267］彭勇行. 管理决策分析［M］. 北京：科学出版社，2000.

［268］邱菀华. 管理决策与应用熵学［M］. 北京：机械工业出版社，2002.

［269］张令荣. 供应链协同度评价模型研究［D］. 大连理工大学博士学位论文，2011.

［270］马仁锋，沈玉芳. 中国创意产业区理论研究的进展与问题［J］. 世界地理研究，2010（6）.

［271］ CMS. Creative Industries Economic Estimates Report［EB/OL］. http：//www.culture.gov.uk/publications/8682.Aspx，2007.

［272］美国知识产权联盟. 美国经济中的版权产业：2011研究报告［R］. 2011.

［273］梁运文，谭力文. 商业生态系统价值结构、企业角色和战略选择［J］. 南开管理评论，2005，8（1）.

［274］Sharon Zukin，包亚明. 城市文化［M］. 包廷诠等译. 上海：上海教育出版社，2006：46.

［275］柴志妍. 我国动画产业链构建原则［J］. 经济论坛，2009（8）：120.

［276］花建. 产业界面上的文化之舞［M］. 上海：上海人民出版社，2002.

［277］江若尘. 迪士尼的制胜之道［J］. 科学发展，2010（7）.

［278］赵玉莲，袁国方，王亚南. 迪士尼乐园——体验式营销的成功践行者［J］. 营销策略，2008（3）.

［279］吕海霞，陈光. 平台经济将成为产业发展新引擎［J］. 中国电子报，2012（3）.

［280］苹果与三星：平台模式与垂直整合模式的竞争［J］. 商业经济，2015（8）.

后　记

时光荏苒，我自2009年开始研究创意经济相关领域，至今已有7年的时间。本书稿以博士论文为蓝本，几番修改和完善，行文至此，思绪万千，这将是本人人生的第一部学术专著。回顾本书稿的顺利完成，满怀感激之情。

首先，由衷地感谢我的博士生导师高长春教授。恩师是我学术道路上的启蒙者和领路人，我内心一直非常感激。高老师思维敏捷、学识渊博、治学严谨，又宽厚挚诚、平易近人，高老师的精心指导及关怀激励令我一路前行。在恩师的循循善诱和严格指导下本书才能够顺利完成，同时要感谢恩师所主持的国家自然科学基金项目和海派时尚设计及价值创造知识服务项目为本书提供的研究支持。

在求学道路上，我还要特别感谢父亲、母亲和两位姐姐。他们一直支持着我，不论学习与生活中碰到什么困难，父母都帮助我，鼓励我要迎难而上，摆正态度，认真完成。家人无微不至的关怀让我没有后顾之忧，能够专心科研，感谢你们给予我的物质及精神上的支持。我的家人也盼望着本书的顺利出版。

其次，要感谢上海市高校青年教师培养资助计划"价值网络视角的创意产业集群协同度评价研究"（ZZGCD15015）和上海工程技术大学引进人才科研启动项目（E1-8500-15-01050）等对本书的出版提供的稳固的理论保障，本书也将作为项目研究阶段性成果之一推动各个项目的顺利进行。

此外，还要感谢我所在的工作单位上海工程技术大学，感谢管理学院和投资金融系的各位领导及同事对我的支持和帮助。从学校到学院，各位领导非常注重对青年教师科研素养的训练，经常举办各种学术研讨会，为青年教师提供良好的科研氛围，这为本书的撰写提供了有利的科研保障。

最后向经济管理出版社的各位编辑老师表示最诚挚的谢意。

本书从区域协同机理以及协同竞争力评价角度对创意产业园区协同实现这一热点研究问题展开了深入的分析，在认真思考和研究总结的基础上，形成了本书的书稿。在此过程中，我深感自身学术水平有待进一步提升，书中有待完善之处还需日后不断更新。现有研究成果是对创意产业协同发展研究空白的弥补和完善，我也将不断进行这一方面的研究，期待能有新的研究发现和探索成果早日呈现。

董秋霞

2016 年 2 月